# LA RUE

PARIS. — IMPRIMERIE POUPART-DAVYL ET COMP., 30, RUE DU BAC.

# LA RUE

PAR

JULES VALLÈS

PARIS
ACHILLE FAURE, LIBRAIRE-ÉDITEUR
23, BOULEVARD SAINT-MARTIN, 23
—
1866
Tous droits réservés

# LA RUE

## LA RUE

Elles y sont nées, en ont quelquefois vécu, y passent insolentes, y mourront misérables!

Malheureuses que quelques-unes envient et dont l'existence agitée, fiévreuse, se termine par une agonie obscure, une mort honteuse dans le ruisseau ou la rivière!

Je veux parler de ces reines du demi-monde et du quart de monde qui brûlent le pavé en voiture avant de battre le trottoir à pied; elles éclaboussent en route les gens modestes et éblouissent les vaniteux; oisifs qui tuent le temps à coups d'éperon, à coups de cartes, et comblent avec des extravagances le vide affreux de leur vie!

Ah! je me demande comment on peut dépenser ainsi jeunesse, fortune, au service de ces filles qui tirent vanité de leur indifférence et mesurent à la longueur d'une bourse la durée de leurs amours!

Il en est que cette vénalité et cette impudence n'offensent pas, mais qu'elles attirent. Tant pis pour eux! tant pis, car ils ne sauront rien des amours honnêtes et n'auront pas non plus ces agitations cruelles et charmantes, qui sont à la fois l'attrait et le châtiment des passions coupables. Ils n'y mettent pas de passion : ils ont des maitresses comme ils ont des chevaux, pour les faire voir, et ils ne s'indignent pas, mais ils s'amusent de leur insolence et de leur folie.

Ils s'amusent! Est-ce bien vrai?

J'ai connu un de ces dandys du jour. Il était toujours pâle, agité, fiévreux. Le matin, il se réveillait les mains brûlantes, la tête lourde, las de fatigue et las de honte. L'orgie de la nuit avait brisé son corps, sali son âme. Il m'a dit que, quelquefois, en voyant étendue là, près de lui, celle qui était la muse de ses débauches, il lui avait passé par l'esprit des idées folles : il avait eu envie de la tuer, de se tuer ensuite, tant il avait de dégoût dans le cœur !

Pourtant la vanité reprenait le dessus ; il se rappelait que, la veille, on les avait admirés tous deux, elle et lui, dans une loge, au bois, et que d'autres moins hardis, moins riches, avaient jeté des regards d'envie sur ces cheveux qui pendaient maintenant au mur et ces diamants qui traînaient à terre.

Il était interrompu souvent, au sortir de l'alcôve, par la visite de quelque fournisseur béat ou brutal qu'il devait flatter ou se donner la peine de chasser. Avec une fortune de deux millions, cent mille livres de rente, il était toujours *gêné*. — C'est leur histoire à tous. — Un château, une terre, ne se vendent pas comme une paire de gants, un sac de pommes : il faut emprunter là-dessus, écrire au notaire, voir l'usurier ; on a joué, la veille, *un jeu d'enfer*, perdu sur parole : la maîtresse a exigé une parure, un attelage ; il y a engagement d'honneur ou de vanité. Il faut libérer l'un, satisfaire l'autre, et l'on voit des millionnaires courir après cent louis comme des déclassés après cent sous.

Et elles, sont-elles heureuses?

Celles qui ne connaissent pas le dessous des cartes le croiraient.

On fait autour d'elles tomber le velours, chanter la soie ; elles ont un logis coquet, merveilleux, on les enchâsse dans un bijou. Les chevaux les emportent vers la cascade, hennissants, joyeux. Leurs voitures, armoriées de fantaisie, tournent autour du lac comme aux jeux olympiques les chars des Amazones ; pour elles, les plongeurs sont allés chercher au fond des océans les perles rares et l'on a arraché à la terre des diamants qui se vengent d'être restés enfouis pendant des siècles en jetant, le soir, des éclairs de feu. On abat pour elles encore, dans les îles parfumées, les ébéniers, les palissandres, dont elles feront des prie-Dieu ou des lits ; on ravage les champs de violettes, on moissonne les roses, sous leurs pieds on met des tapis qui représentent des hécatombes. On amasse enfin toutes les raretés, on fait rayonner tous les éclats, comme autour des reines.

Pauvres reines dont le sceptre tombe un jour en béquille et que découronnent un matin les ciseaux du coiffeur de Saint-Lazare !

On dirait que c'est pour elles le paradis, et c'est le bagne.

Les fleurs se fanent, les plumes s'affaissent, les tapis s'usent, les feux des diamants s'éteignent dans la nuit des monts-de-piété, se rallument dans l'arrière-boutique des juifs ; ils changent de fronts, d'épaules, et, comme des titres au porteur, circulent à la Bourse du vice insolent...

Elle a ses fluctuations, cette Bourse, et telle qui l'autre jour était au pinacle, est maintenant à terre ; les heureuses passent sur elle au grand galop de leur dédain !

C'est que c'est un métier difficile, et quand elles parlent d'insouciance, elles mentent ! Leur insouciance est simplement une nécessité de la profession et la peur de l'abîme.

Insouciantes? mais elles sont éternellement sur le qui-vive! Les heures qu'elles ne donnent pas à la curiosité, au vice, elles les dépensent à chercher un fard nouveau pour leur visage, une coupe bizarre pour leur robe : la vogue est à celle qui a le plus d'étrangeté dans le costume et d'insolence dans l'allure; il faut trouver cette étrangeté et mesurer cette insolence; si elles ne réussissent pas, les rivales se moquent, l'amant s'en va!

Eussent-elles un jour la fièvre dans la tête et la mort dans le cœur, elles doivent garder le sourire aux lèvres et porter tous leurs deuils en rose! Il ne faut pas, parce que leur sœur ou leur mère est morte, que l'orgie soit triste, que l'ivresse attende!

Il faut avoir quand même l'accent cynique, le geste obscène, mettre sa pudeur à la porte et son cynisme à la fenêtre, casser les bouteilles, vider les verres et parler argot! Ta poitrine râle, la sueur coule de ton front, tu souffres! Va toujours! Il faut que le moulin tourne pour broyer notre ennui! Allons, dénoue tes cheveux, dégraffe ta robe, et si tu as envie de pleurer, bois tes larmes!

On croit au moins qu'elles peuvent s'enrichir à ce métier? Duperie, mensonge! Leur luxe est factice comme leur gaieté.

Il n'y a pas dix francs quelquefois dans leur bourse, et elles n'ont pas de quoi acheter du pain, le lendemain du jour où celui qui les paye les a quittées. Elles trouvent vingt louis pour jouer, parce que le jeu fait partie de leur métier comme la dentelle de leur costume : un soupirant les donne, un ami les prête, on emprunte, on s'aide, mais de cet argent il ne reste rien que la crasse aux mains.

Quant aux écus comptants, aux louis qui sonnent, le crédit les a mangés d'avance, ou ils sont saisis quand ils arrivent. Tout le monde attend : la modiste et la couturière, le marchand d'avoine et le porteur d'eau; les robes coûtent cher, et il faut des bains pour laver les souillures.

Ce n'est pas écus sur bonde qu'on paye dans ce commerce-là.

Un homme envoie des chevaux, une voiture, fait passer une rivière de diamants au travers du lit, achète un hôtel, le meuble. Cela vaut cinq cent mille francs, même un million, mais ce million coûte et ne rapporte pas : il faut que les chevaux mangent, que les laquais boivent, et qu'on balaye les escaliers.

L'argent qu'on laisse sur la cheminée n'est point pour ça : il sert à acheter des bougies, des fleurs, dans les bals étincelants, dans les parties brillantes. Elles sont obligées à ce luxe pour LUI, pour elles. Elles gaspillent dix fortunes et ne peuvent pas garder mille francs.

Pour payer leurs dettes, ou essayer de la caisse d'épargne, il faut qu'elles fassent, de temps en temps, passer des annonces, coller des affiches, on dit que le mobilier est à vendre; et voilà comment le premier venu peut acheter aux enchères les souvenirs de jeunesse, les gages d'amour, la bague donnée par un prince, le lit offert par un banquier; on adjuge au plus offrant ce médaillon, cette cuvette, ce bénitier...

Cela a coûté — à divers — huit cent mille francs, en valait trois cent mille, se revend cent mille; voilà le compte.

Et toutes, certes, n'en sont pas là! Elles sont tout au plus quinze en France, quinze! qui ont pu garder ainsi un mobilier et s'en faire ce chiffre en liquidation! Ce sont les habiles et les heureuses, celles qui ont pour expliquer les générosités de leurs amants, outre les grâces de la beauté, le charme de l'esprit et du talent.

Les autres voient vite les huissiers venir, et entendent les recors les tutoyer. Elles sont saisies, poursuiviés, traquées, avec toutes les angoisses des fugitifs ou des voleuses; un jour elles n'ont pas de quoi acheter du coton pour leur corset et sont à la discrétion du premier blasé, aristocrate ou parvenu, qui écornera son domaine ou cédera son usine pour redorer cette femme à la mode tombée! Il pourra se ruiner pour elle, l'épouser peut-être; — je vous jure, dans ce cas, que le passé sera vengé.

Et combien de temps dure cette royauté pénible?
Leur bon moment, si l'on appelle cela le bon moment, passe bien vite! La vieillesse arrive, tout part : les cheveux, la vogue! C'est de bonne heure qu'elles sont laides! Le fard a brûlé leurs joues, l'orgie fait tomber leurs cils, l'insomnie rougi leur paupière. Elles essayent de lutter encore et de replâtrer l'édifice qui croule, mais le châtiment s'avance, les gens se détournent; les jeunes s'écartent; les vieux marchandent, le prix de la honte baisse.

Elles descendent un à un les barreaux de l'échelle, vont du dîner à un louis au dîner à cinq francs, à cinquante sous! passent du gentilhomme au boursier, du boursier à l'homme d'affaires, de l'homme d'affaires à l'homme des rues, de la maison propre à la maison borgne, jusqu'à ce qu'enfin elles finissent balayeuses, chiffonnières, que sais-je?

Elles boiront le vin des cabarets, l'eau du ruisseau!
Souvent, elles demandent à la mort l'oubli; et le flot de la Seine ou la vapeur lourde du charbon étouffe dans leur corps épuisé leur âme avilie!

L'une d'elles, se souvenant des jours heureux, voulut mourir encore dans la soie et s'étrangla avec son ancien cordon de sonnette!

Les enviez-vous toujours, et croyez-vous que les joies du vice valent les bonheurs du cœur?

Malheur à ceux qui n'ont pas de dignité, à celles qui n'ont pas de pudeur!

# LA RUE MAUDITE

Elle va, cette rue, passer comme un malheur à travers la grande allée du Luxembourg, descendre comme un traître dans la *Pépinière*. On va couper par le pied les platanes, et il y aura du plâtre pendant des mois sur les feuilles des roses et les feuilles des arbres. Je ne fais pas d'opposition, certes, mais il me semble que les roues des charrettes qui traîneront les poutres et les pierres écraseront bien des souvenirs heureux !

Le Luxembourg !

Quel est celui parmi les inconnus ou les célèbres, avocat, médecin, magistrat, qui n'ait passé de longues heures dans la grande allée, autour des carrés pleins de réséda, ou aussi dans les bas-fonds de la *Petite-Provence !*

Il avait sous le bras une jeune fille ou un vieux livre; mâchonnait un crayon ou une rose, parlait amour ou politique, anatomie ou sentiment.

Il pensait à l'examen de fin d'année ou à la lettre de change fin courant ; plaisant ou grave, sage ou fou, qu'il fût un puritain ou un bohème, un paresseux ou un piocheur; qu'il visât à la fortune ou à l'immortalité, les yeux sur une étude de notaire ou un fauteuil de l'Institut ; il trouvait là du soleil et de l'ombre, voyait pousser ou tomber les feuilles, et il entendait le vent souffler dans les branches comme dans les peupliers de son pays.

En deux minutes, on passait de la rue boueuse à l'allée sablée, on se trouvait à dix lieues des monts-de-piété et des crèmeries, et les insouciants ou les pauvres avaient leur jardin à eux. Pendant les jours d'été, la musique des régiments y jouait sur la pelouse les airs nationaux et joyeux ; par tous les temps, une galerie de reines en robe de marbre écoutait et regardait ces insouciances et ces folies.

Dans cette *Pépinière*, calme et tiède aux heures chaudes de l'été comme un nid de province, le rêveur et l'amoureux venaient caresser dans le silence leur amour, leur rêve. Ah! que de fois j'ai attiré à moi les lilas qui sentaient bon ! Je les mordais avec mes lèvres et j'y baignais mon front brûlant ! Je sortais de ce bain d'odeurs, rafraîchi, navré ; il s'échappait de ces bouquets d'arbres, de ces touffes de fleurs comme un encens d'espérance et de jeunesse !

On venait là avec son livre ouvert au chapitre des *Servitudes* ou à la page des fiançailles ; c'était un code ou un roman, un bouquet de vers, un bouquin de droit, Mourlon ou Musset, c'était ce que l'on voulait! On s'asseyait sur un banc vert, on feuilletait ses notes, on rappelait ses souvenirs ; et moitié flânant, moitié lisant, le nez baissé ou le cœur au diable, on oubliait la mansarde obscure, le restaurant aveugle ; on oubliait Viot l'empoisonneur, et Rousseau l'aquatique. La promenade et la songerie ouvraient l'estomac, ou le consolaient, suivant qu'on venait à l'heure de l'absinthe ou à celle de la digestion.

L'absinthe? Elle trouvait dans la promenade sous les arbres une rivale ! J'entends dire partout qu'elle tue ou rend fou, cette liqueur verte ; c'est possible, et je le crois si bien que, depuis dix ans, je n'en ai pas approché une goutte de mes lèvres. Mais n'est-il point vrai qu'il valait mieux aller boire l'air pur vers quatre heures, sous les grands arbres, que s'enfermer dans les caboulots où l'on se grise en jouant aux cartes?

Le Luxembourg était le terrain joyeux et large sur lequel les opinions, comme dans un bal de village, se faisaient vis-à-vis, sans se *cogner;* c'étaient les cailloux qui pâtissaient, on les écorchait avec sa canne, on les chassait devant soi avec fureur, on cassait aussi quelquefois en cachette des fleurs : mieux vaut couper la tête aux roses que la gorge aux hommes!

Où iront-ils causer maintenant les farceurs et les passionnés, et sous quel dôme flâneront l'ambition, l'amour? Faudra-t-il donc qu'ils se réfugient, les jeunes, sous le plafond enfumé des cafés, sous le toit triste des hôtels garnis, qu'a roussis la flamme des punchs et qui suent le rhum à travers le papier et le plâtre?

C'est la jeunesse de France, *spes patriæ*, qui campe tout entière autour du Luxembourg, et c'est elle qui est atteinte au cœur par le coup de pioche des démolisseurs.

Ce sont aussi ceux qui avaient fait leur nid en face, à qui l'expropriation va mettre devant les yeux un bandeau de murailles; ils croyaient voir des cimes vertes, ils apercevront des cheminées noires; ils écoutaient les oiseaux dans les branches, ils regarderont les chats sur les gouttières.

On croyait que c'était fini! Desbarolles, qui reste rue d'Enfer, et prédit l'avenir, n'avait pas prévu qu'on bâtirait des maisons en face de son laboratoire coquet, charmant; et vous, madame, que j'apercevais, en sortant de la *Pépinière,* debout à votre croisée pleine de fleurs, je ne vous verrai plus vous pencher, de loin! Ce Luxembourg, où l'on se connut, où nous nous trouvâmes, où nous nous perdîmes, demain ce sera une rue comme toutes les autres!

On y verra des marchands d'habit, des porteurs d'eau, et là où l'on ramassait un œillet tombé, une feuille morte, un chiffonnier, comme une poule noire, picotera l'ordure avec le bec de son crochet! A la hotte, les os et les guenilles! Et il y aura les bruits vulgaires, la misère et les épluchures, où il y avait l'éclat de rire de la jeunesse, des robes roses, des lilas blancs!

La misère y rôdait bien, sans doute, mais elle se rafraichissait à l'air pur et se réchauffait au soleil. C'était l'oasis des souffrants.

L'hiver même, il y faisait bon! C'était un champ de course pour les grands marcheurs. On y frappait la terre dure d'un talon joyeux, et le sang, après ces promenades violentes, courait riche comme Crésus à travers les veines; on battait la semelle, en riant, contre les arbres chaussés de glace et coiffés de neige.

J'aurais préféré qu'on mutilât ce grand jardin des Tuileries! — C'est là un terrain plus banal. Ce sont les fatigués et les oisifs, qui vont s'asseoir sous les hauts marronniers: des hommes *comme il faut*, des femmes charmantes! mais il y règne une tradition de bourgeoisie et des habitudes de tranquillité dont on se rit tout haut près de la Closerie des Lilas, autour du Panthéon.

Il y a bien, dans ce Luxembourg, quelques folies, le mépris de l'austérité! mais il y a aussi, ce qui fait tout pardonner, il y a la jeunesse et l'espérance!

A l'espérance, il faut un cadre de feuilles vertes comme elle. Quand il n'y a plus d'arbres, il n'y a plus de feuilles: on va couper les arbres.

# LE CONVOI DU PAUVRE

### L'AUTEUR

Je veux remettre en lumière un nom qu'a enveloppé l'oubli et parler d'un homme que la mort va prendre. Mais il n'est jamais trop tard pour être reconnaissant, et une œuvre est toujours jeune quand elle est immortelle.

Vous connaissez le *Convoi du pauvre*. Un chien suit muet et seul le corbillard sinistre...

J'avais vu la gravure à l'étalage d'un brocanteur, un jour, et n'avais pas même songé à regarder la signature. Une impression qui étreint le cœur étouffe la curiosité, et l'on savoure en égoïste la mélancolie ou la joie. On est volontiers ingrat. Le nom de l'artiste disparait, noyé dans le brouillard de l'émotion.

C'est plus tard qu'on pense, par honnêteté et reconnaissance, à savoir de qui l'on est le débiteur ; le débiteur, oui, car c'est un trésor qu'une émotion, et celui-là nous enrichit qui nous en met une au cœur.

J'ai voulu connaître celui qui avait fait le *Convoi du pauvre*.

Je supposais qu'il était mort. Voici comment j'appris qu'il était vivant.

En remontant le soir, à Montmartre, je me croisais souvent, sur les onze heures, avec un petit vieillard, tenant la tête un peu penchée, et qui trottinait par tous les temps à travers ces rues mal pavées où l'on patauge dans la boue et où l'on glisse dans la neige. Je le vis un jour sortir de la mairie.

Je m'adressai là pour savoir qui il était : il piquait ma curiosité.

On me dit que c'était M. Vigneron : Vigneron, l'auteur du *Convoi du pauvre*.

J'appris en même temps que ce grand homme inconnu était professeur de dessin dans les écoles de la ville de Paris, et qu'il avait dix francs par tête d'élève pour venir toute l'année enseigner à faire des nez, des lignes, de sept à onze heures du soir!

Il en était là.

Je résolus d'aller demander à l'artiste lui-même son histoire.

A l'Hôtel-de-Ville, au bureau des mandats, on voulut bien me donner son adresse, et je me dirigeai sur le champ du côté de la rue Saint-Jacques où, au quatrième d'une maison propre et vaste, je me trouvai en face d'une porte surmontée d'un petit bas-relief en plâtre. C'était là.

L'artiste lui-même vint m'ouvrir et me fit entrer dans un petit logement propre comme un sou, tapissé de tableaux et parfumé d'honnêteté. Il était en robe de chambre avec des chaussons de province aux pieds; je le reconnus : petit, jaune de teint, avec ses lunettes dont les deux verres, exprès ou par hasard, étaient fendus par le milieu; sa barbe avait grisonné encore, ses cheveux tenaient bon, et il me demanda l'objet de ma visite d'une voix perçante, quoiqu'un peu cassée.

Je m'expliquai et lui dis comment, moi écrivain, je

serais heureux de rappeler le nom d'un artiste oublié, à propos d'une œuvre illustre. Je lui parlai de l'étonnement où me plongeait son obscurité, je lui rappelai Montmartre, l'école de dessin du soir, enfin les mots travail et pauvreté vinrent sur mes lèvres.

— Il ne faut pas, me répondit-il sans emphase, d'une voix simple, il ne faut pas que les artistes se plaignent. Je ne voudrais pas, monsieur, qu'on crût que je gémis. Je ne gémis pas; j'ai travaillé et j'ai vécu. Le monde ne doit pas entrer dans le secret de nos luttes.

En parlant ainsi, il ne prenait pas d'attitude, il tenait dans ses mains maigres et un peu tremblantes une tabatière où il puisait avec discrétion; un sourire courait sur sa bouche assez fine, et il y mettait autant de bonhomie que de sincérité.

Je n'insisterai donc pas sur ce point délicat, d'autant mieux que, s'il y a eu pauvreté, cette vertu me dit qu'il n'y a pas eu famine; mais on comprendra que la gloire et le talent de cet homme se soient obscurcis, quand on saura qu'à lui seul, un moment, il dut pétrir le pain de neuf personnes... Les ailes se replient, se cassent, dans ce cadre de fer de la nécessité!

Vigneron est un vieillard de soixante-seize ans. Il est né à Vosnon (Aube) en 1789. Ses parents étaient pauvres. De bonne heure, on lui chercha un métier pour qu'il pût gagner sa vie; il fut d'abord apprenti chez un lunetier, puis petit commis chez un marchand de bas, mais il esquissait des bons hommes sur le dos des factures, et, sur les vitres du lunetier, avec le doigt, l'hiver, traçait en fresques des batailles; on le plaça enfin chez un ornemaniste pour voiture, où il fit l'*attribut* d'argent et d'or. C'est là que s'affirma définitivement sa vocation. Un pauvre dessinateur nommé Jourdan fut son premier maitre.

Vigneron fut transplanté dans le Midi par les circonstances et fit ses premières études artistiques à l'Académie de Toulouse. Il fut sculpteur d'abord, et il remporta assez de médailles touchant la ronde-bosse, le bas relief, l'antique et son train, pour qu'au jour de la conscription, Napoléon ne fit pas de lui un soldat. On intercéda en sa faveur, et il resta libre. Il vint à Paris et fut élève de Gautherot, David et Gros.

Son premier tableau exposé s'appelle les *Apprêts du mariage*, ou la *Jarretière de la mariée*.

Je l'ai rencontré pendu dans plus d'une chambre à coucher bourgeoise.

C'était en 1817.

En 1819, il expose *Christophe Colomb montrant ses bras chargés de chaînes à Ferdinand et à Isabelle*, tableau trois quarts de nature, commandé par le ministre de l'intérieur, et LE CONVOI DU PAUVRE.

On ne lui avait pas commandé celui-là ; mais un jour qu'il se promenait avec sa femme sur le boulevard extérieur, un corbillard vint à passer, que ne suivait personne.

— Pas même un chien ! fit-il avec tristesse.

Ce fut le germe, l'idée grandit, et il peignit le *Convoi du pauvre*.

Le duc de Choiseul acheta le tableau 1,000 fr. ; il est encore dans la galerie de sa maison. Vigneron vendit 500 fr., à un nommé Jazet, le droit de graver un certain nombre de planches. Mais il n'y eut pas de traité signé, et la gravure du *Convoi du pauvre* a rapporté à l'éditeur 70,000 fr., sans que Vigneron ait touché un sou de plus que ses 500 francs !

Je ne sais point ce qu'était le tableau et quel service lui rend ou quel tort lui fait la gravure ; mais n'est-il pas triste de voir une œuvre où l'idée est tout, enrichir le graveur et laisser le peintre si pauvre ?

Les fois suivantes, il éleva à 1,500 fr. ses prétentions, et pour ce prix vendit le droit éternel de la gravure pour l'*Exécution militaire*, le *Duel* et le *Soldat laboureur*.

Il y a du talent dans ces trois œuvres; le chien reparait dans l'*Exécution*; il est debout contre la main du soldat, qui le repousse et qu'on met en joue.

Dans le *Duel*, on voit un des témoins, et celui qui a tué, avoir l'attitude et le geste que M. Gérôme a prêtés aux mêmes héros dans son *Duel des deux Pierrots*. Est-ce une coïncidence ou un souvenir?

A partir de cette époque, Vigneron se laisse oublier. Il a composé, depuis, plus de 5,000 tableaux, portraits ou études lithographiées, dessins à la mine de plomb, à l'estompe, au lavis, et est arrivé ainsi, toujours travaillant, luttant, jusqu'au jour où, vaincu par l'âge, tremblant, il a dû prendre le pinceau à deux mains pour peindre. C'est dans ces conditions qu'il a fait, en 1863, le portrait de M. Philippe de Saint-Albin, beau-frère de M. Achille Jubinal.

En 1865, il dessine, à deux mains encore, pauvre et courageux artiste, un Christ. L'artiste y a mis « les restes d'un pinceau qui tombe et d'une ardeur qui s'éteint. »

Si j'étais riche, j'achèterais ce Christ, pour honorer, encore plus que pour enrichir, ce travailleur de 76 ans, si digne sur son Calvaire.

L'auteur du *Convoi du pauvre* a pour toute récompense nationale, à cette heure, un secours annuel de 600 fr. que lui a accordé la ville après 16 ans de professorat, de ce professorat du soir qui lui a pris sa vie de 60 à 76 ans!

Il vit avec sa fille, une femme à la figure sympathique et franche, aux beaux cheveux gris, qui n'a point pris d'époux, et porte, fière, dans son obscurité injuste, le nom de son père. Elle est son élève aussi, et pendant que je visitais l'atelier, elle peignait, silencieuse et douce, près de la fenêtre.

Vigneron est chevalier de la Légion d'honneur. Il a attendu longtemps, et, pour qu'il fût décoré, il a fallu un hasard.

Un jour, dans un salon, on parlait du *Convoi du pauvre*, de l'*exécution militaire*, du *Duel*, peut-être, et l'on vantait, à ce propos, le génie d'Horace Vernet. Une voix s'éleva pour revendiquer les éloges au nom du vieux Vigneron, méconnu et oublié. On parla de lui ; un ministre qui était présent, M. Fould, je crois, résolut de venger l'erreur, de réparer un oubli... et, à quelque temps de là, un ruban rouge brillait à la boutonnière de l'auteur du *Convoi du pauvre*, — quarante-six ans après !

Pendant ces quarante-six ans, nous l'avons vu peintre d'histoire et de portraits, toucher à tout, avec le pinceau ou le crayon, faire des têtes de saints, de héros et d'hommes d'État, allégoriser le vice et la vertu. Il ne restera rien de tout cela, rien ! tandis que le *Convoi du pauvre* sera dans la galerie des chefs-d'œuvre, — tant il est vrai que cela seul est éternel qui parle à l'âme !

Leçon éloquente et haute ! Lui-même et d'autres, ils ont feuilleté la Bible et l'histoire, traité l'épique et le divin, sans que leur pinceau ait sur la toile fixé un éclair ! Avec un chien derrière un corbillard, on avait fait venir les larmes aux yeux de l'humanité.

Oui, un chien derrière un corbillard, sur un chemin qui tourne ; deux arbres maigres sous un ciel gris...
C'est tout : et l'on se sent pris d'une indéfinissable tristesse ! L'homme ne paraît pas : les croque-morts sont en avant, causant de choses banales... L'horizon est vide, le champ est libre, et cette solitude éveille les réflexions profondes. Elle se peuple de regrets, de craintes. Toutes les images des deuils passés et le fantôme des misères futures se dressent sous les pas de ce chien muet : pauvre bête, et qui semble avoir une âme !

D'autres, près de la mort, aboient ou gémissent ; ils

hurlent avec fureur ou se lamentent en désespérés; ils mordent dans l'air vide le suaire de la faucheuse et ils dévoreraient ses os, si elle passait à portée de leurs dents!

Lui aussi peut-être, celui qui suit le corbillard, il a rempli de ses cris et de ses plaintes la chambre triste où son maître est mort. On lui a à moitié écrasé la tête en fermant le cercueil, où il voulait entrer pour lécher encore ces joues froides, mais, tout d'un coup, à bout de forces, et comme s'il comprenait qu'on ne l'entend plus, il s'est tu, et, quand le corbillard s'est mis en marche, après avoir cherché de ses yeux humides et vu que personne ne vient, il a suivi la voiture noire...

Il va, tête baissée, tout seul. Il ira ainsi jusqu'au cimetière, jusqu'à la fosse, à moins qu'on ne l'arrête à la porte ou qu'on ne le chasse à coups de pied, loin du trou béant. Le mort disparaîtra sans avoir pour adieu un dernier gémissement. Ils sont, la bête et l'homme, séparés pour jamais!

Pauvre chien! son maître l'avait peut-être trouvé un soir au coin d'une borne ou contre une porte, grelottant de froid, les pattes sanglantes, assommé, mourant! Il l'avait ramené chez lui, réchauffé, sauvé, et depuis ils avaient traversé la vie ensemble. Quelquefois l'homme, perdant courage, aurait laissé faire la faim et se fût couché le cœur las et le ventre vide, mais il regardait le chien, et il essayait un effort de plus, cherchait de l'ouvrage encore, acceptait une humiliation, se tuait à la peine, pour que son compagnon de misère mangeât. Ils partageaient ainsi les douleurs, la joie, le pain et l'eau.

Quand le pauvre tomba malade, il dit à une voisine de vendre son dernier gilet et un petit médaillon d'or qu'il regarda longtemps, pour avoir de la tisane pour lui, des os pour son chien! Il ne voulait pas que l'animal souffrît pendant qu'il agonisait.

Le chien ne mangeait guère! Il suivait de son œil

doux les yeux creux de son maître, et frottait sa tête contre les doigts amaigris du mourant. Cette main qui l'avait caressé l'avait battu aussi, mais il ne se souvenait que des caresses et point des coups, et il poussa un cri, comme un être humain, quand il entendit sortir, désespérée, la dernière parole. Il avait senti passer la mort.

Non, je ne sais rien de touchant et de triste comme ce tableau. Jamais la simplicité n'eut une telle éloquence et la mélancolie un si vaste horizon!

# AUTOUR DU PANTHÉON

Il y a des rues célèbres.

La rue Saint-Jacques et la rue de la Harpe, la rue de l'École-de-Médecine et la rue Monsieur-le-Prince sont, sur la rive gauche, les avenues qu'ont traversées les générations pour arriver aux professions, aux places, à l'honneur, à la peine. Elles sont pleines de souvenirs, et l'on y entend mourir le refrain de l'antique chanson :

« Non, tu n'es plus, mon vieux quartier Latin ! »

Celle-ci est ancienne et pauvre, à deux pas de la Sorbonne, tout près du Panthéon ; elle va de l'ancienne rue Cluny à l'éternelle rue Saint-Jacques. On l'appelle la rue des Cordiers. Elle sent la misère ; on dirait un quartier d'ouvriers en province.

Là, pourtant, ont demeuré les plus grands et les plus illustres.

Dans cet hôtel qui fait le coin, numéro 14, Jean-Jacques a eu sa chambre que j'ai vue.. Jean-Jacques est bien loin ! Mais le plus illustre de ses disciples, le plus glorieux de ses élèves, y passa les heures curieuses et chaudes de sa jeunesse. C'est là que, pour la première fois, elle s'habilla en homme et se mit à fumer, comme un soldat, du caporal.

Madame Sand a écrit là son premier roman, c'est entre ces murs humides et ces cloisons vermoulues qu'*Indiana* est venue au monde ; *Marianna* aussi, dit-on ; car Jules Sandeau habitait sur le même carré.

La mère Honoré m'a parlé d'eux.

C'était une petite vieille, au nez crochu, à la voix aigre, qui n'avait pas le respect inné de l'intelligence humaine, et refusait carrément au génie son flambeau, quand il n'avait pas payé la quinzaine ! Se vantait-elle ? Je ne sais pas. Mais je me souviens qu'elle parlait de tout ce monde, aujourd'hui glorieux, avec une liberté et une audace qui m'effrayaient. J'avais bien seize ans, j'étais sur le pavé de Paris, seul, et j'avais pour gagner ma vie, uniquement mon désir d'arriver à l'immortalité ! On est si bête quand on est jeune !

La mère Honoré me désespérait, et je me demandais si elle n'aurait pas plus de respect pour moi quand j'aurais publié mon poëme épique ou fait jouer cette tragédie que j'ai perdue, où il y avait tant d'adjectifs et d'assassinats.

Il y a longtemps que j'ai abandonné l'hôtel et la tragédie, mon épopée et la chambre 2 ; et pourtant, j'ai encore eu l'occasion de voir souffrir, entre ces murs, un homme dont j'ai déjà raconté l'histoire.

Gustave Planche qui, dans sa jeunesse, avait ri sous ce toit triste, avec madame Sand, Jules Sandeau, Chaudesaigues, Bonnaire, Gustave Planche y était venu échouer au plus fort de sa gloire. Il est mort à quarante-sept ans ; il y avait à peine deux ans qu'il avait dit adieu à la rue des Cordiers, à l'hôtel Jean-Jacques ! et ce n'était pas pour aller dans un palais qu'il avait quitté son garni. Dans son nouveau logement, il avait trois cents marches à monter pour atteindre son lit !

Rue Vavin. — Il y a de l'air ici, le vent arrache leurs cheveux aux arbres, on sent comme une odeur de campagne qui passe.

Voici l'ancien cabaret Génin.

On en a parlé souvent, si souvent, que je n'entrerai pas dans les détails. On sait que le propriétaire avait eu l'idée de faire tapisser ses murs avec des dessins tracés à grands traits, à coups de crayon et de fusain, par des Raphaël de bonne humeur et des Michel-Ange sans emploi. Médicis du petit verre, il avait à ce métier gagné beaucoup d'argent. C'était laid et bruyant chez lui, mais il y avait de la gaieté et de l'entrain, sur les murs étaient dessinés les têtes crânes, les portraits bigarrés, des habitués du lieu; il y avait dans le nombre des gens à moitié célèbres ou dignes de l'être, qui depuis se sont fait oublier ou connaître !

Le public changeait souvent, du reste ; les travailleurs ne faisaient que passer, les ivrognes trouvaient qu'il y avait trop de génie sur les murs et pas assez d'esprit dans les trois-six. C'était un va-et-vient perpétuel de curieux, d'artistes. La dernière fois que j'y allai, j'y rencontrai le docteur Ménier, celui-là même qui est allé mourir, dans un voyage d'exploration, au milieu de la mer Glaciale.

Génin est mort aussi, et c'est ce qui me permet d'imprimer aujourd'hui ce que je me faisais un scrupule de ne pas écrire de son vivant.

On voyait à son comptoir une femme au teint jaune, borgne, qui d'ailleurs était simple d'allure, et avait presque de la douceur dans la voix; quelque chose de mystérieux planait sur elle; il semblait qu'elle avait dû traverser des milieux plus hauts, et dans l'œil qui lui restait, parfois des éclairs passaient.

Cette femme, l'épouse de Génin, avait été la maîtresse de Fieschi. C'était Nina Lassave.

On se souvient d'elle ; on sait qu'après l'exécution du

régicide, elle fut engagée à l'estaminet de la *Renaissance*, place de la Bourse, où de tous les coins du monde on venait la voir. Elle avait à son comptoir l'air d'une reine, une reine qui a une couronne de sang !

Pauvre femme ! si j'ai bien vu, la vie avait jeté des ombres, peut-être des larmes sur l'impudeur sanglante de jadis ! Elle semblait rongée par je ne sais quel mal secret qui lui faisait la parole traînante et le geste triste. Elle n'avait plus rien de l'aventurière et vivait là, dans ce trou, adorée de celui qui avait succédé à Fieschi.

Elle mourut : Génin devint fou, mais dans son délire il demanda qu'on l'enterrât près d'elle, dans le même cercueil.

La maison a perdu aujourd'hui son caractère. Elle est à sa place toujours, et les murs en planches sont encore debout ; on la reconnaîtra au milieu de la rue Vavin. Mais les fresques s'effacent, et il n'y a plus qu'un garçon honnête et banal, à cette place, où, jadis, déchue et repentie, s'asseyait Nina Lassave. J'ai passé de longues heures en face d'elle ; je voulais lire dans ce visage l'émotion du passé, la pensée du présent : ma curiosité sembla la gêner plus d'une fois, elle devina que je savais, et son regard me demanda grâce !

# L'HOMME ORANGE

Je me demandais quel était cet homme aux souliers troués comme des écumoires, aux doigts pleins d'anneaux comme des tringles, qui a de l'oriental en vacances et du capitaine de la garde nationale à pied, et sur la poitrine duquel les décorations pendent par grappes, comme les boudins en bois à l'enseigne des charcutiers; qu'on rencontre rue Trousse-Vache et rue du Bac, dans toutes les stations d'omnibus et sur les trottoirs de toutes les rues.

Est-ce la misère qui a fait ces accrocs à la chaussure et terni le drap d'ordonnance? Sur cette tunique râpée, les franges se dédorent et tous les galons — hormis un seul — sont fanés par l'usage. La main du temps, le crin de la patience ont éteint l'éclat, entamé le grain. Je me suis figuré quelque temps que c'était un sauveteur qui, ayant joué sa vie vingt fois, avait reçu vingt médailles; seulement comme j'apercevais des croix bizarres, je me disais qu'il avait travaillé pour l'étranger, arraché le noyé à tous les flots du monde, et qu'il avait, par amour de l'humanité, fait dans l'eau des traits à la mère-patrie.

Peut-être était-ce l'amiral d'un de ces petits États

inconnus qui respirent comme des mollusques sur les rochers de l'Océan, peut-être le roi de quelque Araucanie? Un déclassé qui avait quitté un beau jour Paris, à la suite d'une ambassade ou le lendemain d'un duel, pour aller refaire sa fortune ou simplement tuer l'ennui sous un ciel nouveau?

Il avait été Grand Esprit chez les sauvages, amant de la reine.... Je me demandais si c'était un héros ou un aventurier, et ce qui avait fait un maniaque de cet homme à la marche lente, au front orange?

Je connais maintenant sa vie extérieure et publique. Je me suis assis à ses côtés, en omnibus; j'ai joué aux dominos dans le café où il va, et je l'ai suivi jusqu'à sa porte.

Il demeure sur les hauteurs du quartier Breda comme une lorette.

C'est un homme pourtant, il a au menton des poils et non du crin, et s'il n'a pas le droit de porter sa culotte de l'officier, il est autorisé par la nature à passer les vêtements de notre sexe.

Le numéro de sa maison est 38 bis, rue Fontaine. Il habite là depuis quelques années, *dans son meuble*.

Il n'a pour garnir sa chambre qu'un lit entrelardé, moitié paillasse et moitié matelas.

Pour cinq francs par mois, une femme fait son ménage, elle vient le matin, balaie, s'en va et ne reparaît plus.

On m'a dit qu'il n'était pas pauvre; on lui prête vingt mille francs de rentes, mais il ne faut pas penser à lui emprunter cent sous; il descend d'Harpagon, d'un Harpagon de Bruxelles.

Car il est Belge — jusqu'à présent.

Je veux dire qu'on croit qu'il est né à Bruxelles. Il a, paraît-il, des terres de ce côté; il est propriétaire à Maubeuge.

C'est comme Belge qu'il a servi; il faisait partie de certaine garde civique qui est partie pour la guerre ou est restée au coin du feu ; il faut consulter pour cela l'histoire. Il avait un grade dans cette garde ; la garde n'est plus, mais l'homme orange n'a pas donné sa démission.

C'est son costume d'officier qu'il porte ; seulement, comme le temps a couru depuis, il a changé l'épaulette de place, puis il a grossi les grains. Il croit toujours faire partie des cadres, et il se donne de l'avancement lui-même. Ennemi né des passe-droits, il n'a rien voulu accepter de la faveur, et il s'est nommé capitaine, chef d'escadron, colonel, général — à l'ancienneté. Il attend le temps moral nécessaire pour le maréchalat : son bâton pousse.

Il l'aurait déjà si on avait su apprécier ses services.

D'ici au jour où l'on réparera l'injustice, il se contente de réparer lui-même ses fonds de culotte. C'est lui qui recoud, reprise son pantalon rouge, quand il se pèle ou que dans l'ombre il se fend...

Lorsque la blessure est trop grave, il appelle un médecin, un *gnaf* du drap, qui panse la plaie, mais il fournit lui-même le taffetas, et n'en donne que ce qu'il faut, comme pour les cors, de quoi juste couvrir le trou. Il paye la visite un franc. Les tailleurs feraient de mauvaises affaires s'ils n'avaient à toucher que les fonds de l'homme orange !

Il est vieux, on le voit, mais il a la vie dure, un tronc de fer dans cette écorce d'érable. Il y a quinze ans qu'il n'a eu un rhume ; j'ai vu pourtant ses pieds se griser d'eau de pluie. Il a l'habitude de pratiquer des ventouses à ses chaussures. D'aucuns croient que c'est une manie : point. C'est afin de faire de la place pour les bagues qu'il porte aux doigts de pieds.

Il se promène tout le jour ; le soir, il dîne le plus souvent dans une crèmerie de la rue Saint-Georges, où l'on a ses trois plats pour deux francs.

Vers les neuf heures il rentre, et la bougie brille à sa fenêtre jusqu'à minuit. Quelquefois un homme est avec lui, un homme *dans son jus*, comme m'a dit une voisine : quelque camarade de régiment, sans doute, un officier comme lui; ils se content leurs mutuelles disgrâces et se racontent leurs campagnes.

Il croit en avoir fait, et des plus récentes. Il a même, sur la guerre de Crimée, des idées à lui, et, s'il faut l'en croire, Sébastopol n'est pas pris.

Est-ce cela que nous prouvera son livre? On dit qu'il écrit un ouvrage et que c'est pour la postérité qu'il travaille, à la lueur de la bougie, quand il a fini ses raccommodages.

Il a d'ailleurs toute la simplicité du grand homme et le *bon-enfant* du soldat. On l'a vu prendre la corde aux mains d'une petite fille, et, tout vieux qu'il est, sauter, faire des *doublés*, dit la légende. Pourquoi pas du *vinaigre?*

J'ai entendu dire qu'il serait mieux dans une maison de santé! Ah! ne dites point cela! Pourquoi faire d'un innocent un supplicié?

Le guérirait-on? Le voisinage des fous laisse fous ceux qui le sont et peut rendre fous ceux qui ne le sont pas! Quel mal font-ils, ces pauvres gens? Laissez l'homme orange se promener muet et doux avec l'idée que Sébastopol est à prendre et qu'il est seul capable de s'en emparer. Laissez-le se croire général et décoré. Il n'empêchera pas les colonels d'avoir leur tour puisqu'il n'admet que l'ancienneté, et pour les décorations, n'est-ce pas? il n'est point le seul qui en achète, et qui les porte sans les mériter.

## DE LA CROIX-ROUGE A VAUGIRARD

C'est le petit commerce qui emplit les boutiques, couche, à l'entre-sol ou au premier : les étages supérieurs sont peuplés d'ouvriers en chambre, bien pauvres, sinon misérables. Les termes doivent être difficiles à recouvrer dans ces parages, et quand on monte les escaliers, à travers les portes entre-bâillées, on entend chanter la graisse, on sent l'ognon : la soupe cuit sur le poêle : le linge sèche sur des ficelles.

Ce sont des ménages de besogneux ; ce n'est pas l'intérieur de l'artisan : ce n'est ni la barrière ni le faubourg.

Il doit demeurer peu de célibataires dans ces logements à deux pièces ou ces cabinets grands comme la main. Ni l'artiste, ni l'employé, ni l'ambitieux, ni le bohème ne peuvent trouver là leur réduit ou leur nid. Il n'y a pas le calme ni la gaieté, pas de vaste horizon et point de feuilles vertes, on n'entend pas d'oiseaux, on ne voit point d'eau ! S'il loge par là un poëte, croyez bien que sa maîtresse est couturière, qu'elle le nourrit, et l'on appelle le mari ou l'amant : *mon homme*, à partir du second étage.

J'ai suivi cette rue mille quatre cent vingt et une

fois, toujours aux mêmes heures, au temps affreux où j'étais expéditionnaire. Triste chemin, mais j'avais des relais dans mon ennui.

Avez-vous remarqué jamais cette rôtisserie située à gauche en partant de la Croix-Rouge, dont la devanture est pleine de poulets blancs, d'oies jaunes? C'est un tapis de volailles et comme un rideau de pendus. On y voit bardés de lard, vidés, troussés, grassouillets, rougeâtres, le fin perdreau, l'ortolan qui bedonne, la grive qui a bu; le sang se caille au flanc humide des lièvres roux, et tombe en gouttes épaisses du museau luisant des chevreuils aux yeux doux.

Dans le fond, le tourne-broche, pal immense, accomplit sa révolution pacifique devant un feu clair qui flambe, comme un fagot dans une cheminée de garde chasse.

C'était mon bonheur, les soirs d'hiver, de m'arrêter devant le bûcher joyeux; et je réchauffais à cette flamme les ailes transies de mes espérances.

Puis, j'allais à droite vers la boutique d'un cordonnier.

Il y a là pendues contre la porte, deux bottes *de sept lieues*, faites pour les mollets d'un monstre, à semelles de fer plantées sur des clous aiguisés et hauts comme des dents de brochet ou des crocs de chien : on dirait des instruments de torture, une invention de Denys le Tyran, les sabots de Phalaris ou les chaussons de Régulus. Mais non : ce sont les bottes du colonel Duriveau et de l'amiral Duquesne.

Il y a un exemplaire de chaque paire. L'une est faite en entonnoir et aurait pu être le hanap de Bassompierre. Il y a au talon de l'autre un éperon qui semble arraché au pied d'Attila.

Chacune a son écriteau accroché à la tige comme une pancarte à un cou d'aveugle.

Le premier est ainsi conçu et imprimé :

BOTTINES EN PEAU D'ÉLÉPHANT COUSUES EN ESCARPINS
POUVANT SERVIR POUR ALLER SUR LES GLACES
ET SUR LES MONTAGNES
ELLES SONT MUNIES DE PATINS
ELLES ONT APPARTENUES PENDANT NEUF ANNÉES AU CÉLÈBRE
AMIRAL DUQUENNE
SOUS LE RÈGNE DE LOUIS XIV

Voici le second document :

JE CERTIFIE QUE CES DITES BOTTES ONT APPARTENUES
AU COLONEL DURIVEAU
ET QU'IL EN A FAIT L'ACHAT AU CAIRE
CAPITALE DE LA BASSE-ÉGYPTE, EN 1798, A UN HOSPODAR (oh!)
PARIS, LE 1ᵉʳ JUILLET 1853
BERTHIER, EX-SECRÉTAIRE DU COLONEL DURIVEAU

Je connais l'amiral Duquesne, de nom. Mais le colonel Duriveau? Le secrétaire Berthier? Bastien, d'où viennent ces bottes? Finiront-elles au Panthéon ou dans l'égout? Resteront-elles à l'étalage, dix ans, comme une énigme?

Souvent, au coin de la rue de la Chaise, près de la fontaine, je m'arrêtais pour écouter rire les Auvergnats. C'est là aussi que je rencontrais presque tous les soirs une vieille femme littéralement cassée en deux, que le restaurateur Ragache me fit connaître, FRANÇOISE, l'ancienne fiancée de Borie.

Ils s'aimaient! Le bourreau vint, qui rompit le mariage d'un coup de hache; mais, devant l'échafaud des quatre sergents de la Rochelle, Françoise avait juré fidélité par delà la tombe au héros décapité, et depuis le jour où on les exécuta jusqu'au matin où elle mourut, il ne se passa pas une heure sans qu'elle n'embrassât, dans sa folie d'amour, cette tête coupée.

Borie lui avait jeté, du haut de la charrette, un bouquet qu'avait en quelques heures fané le feu de ses lèvres et brûlé l'eau de ses larmes ; mais elle avait saintement gardé le souvenir, et, sur son cœur, elle portait éternellement, comme un symbole, une touffe de roses fraîches ou de fleurs mortes. Elle n'avait pas toujours de quoi renouveler l'offrande ! Elle se faisait mendiante alors, et demandait la charité : *l'aumône pour l'amour d'un mort !*

Elle ne le disait point ainsi, car je crois que la folie avait éteint sa voix ou du moins égaré sa parole, mais elle tendait sa main ridée, et l'on y mettait des violettes avant d'y mettre un morceau de pain.

Elle ne sortait pas de ces quartiers ; c'était par là qu'elle avait entendu et vu Borie avant sa mort. Sa tête touchait ses genoux ; c'était à force de s'être penchée pour écouter si Borie ne lui parlait pas du fond de sa tombe. Elle croyait entendre ce cœur de héros qui battait sous la terre.

Telle est l'histoire de ce juif-errant en haillons que tout le Paris de la rive gauche a vue sans savoir qui se cachait sous ce masque de fée et ces guenilles de sorcière. Elle est allée rejoindre Borie l'autre année. Elle avait des fleurs dans les mains quand elle mourut, Ophélie du souvenir ! On mit le bouquet dans son cercueil ; il refleurira dans l'autre monde !

Il y a encore dans la rue de Sèvres un couvent, un hôpital.

On devine facilement le voisinage des maisons religieuses : sur le trottoir se saluent et causent les missionnaires et les bonnes sœurs ; on rencontre des prêtres au visage amaigri et fin et des nonnes abbesses aux joues fraîches, la poitrine cuirassée de flanelle sainte. Ce sont des coiffes blanches, des camails violets, le ruban rouge sur la soutane noire, le Christ d'argent sur le tablier bleu.

A la porte du couvent des *Oiseaux* s'arrêtent les

grands équipages; c'est le collége des filles gracieuses de l'aristocratie.

A gauche on rencontre l'hôpital Necker, où était encore, il y a quelques mois à peine, Auguste Blanqui. C'est là que le célèbre révolutionnaire achevait les années de prison auxquelles un jugement de la cour d'assises l'avait condamné. Ce Vieux de la Montagne avait l'allure simple, l'œil doux.

Je me trouvai en face de lui quelques jours après que ses dix ans de Mont-Saint-Michel et de Doullens étaient finis; je le prenais pour un pêcheur à la ligne, avec son pantalon de coutil et son chapeau de paille.

Je pourrais placer le portrait de cet homme qui fut le démon de la rue. Mais non : la rue ne doit être que le théâtre des observations tranquilles ou des souvenirs personnels; on éveille ceux des autres en évoquant les siens, et voilà pourquoi je suis revenu un moment en face de cet hôpital et de ces bottes, devant les sacristains, les dindes, avec la rôtisserie flambant à l'horizon!...

Je ferai votre portrait ailleurs, ô Blanqui!

## LES FAILLIS

J'ai rencontré l'autre soir un de ces hommes qui font qu'on se détourne, et dans le regard desquels on cherche à lire.

Déjà je l'avais remarqué je ne sais où, dans quelque quartier suburbain, et son aspect m'avait frappé. En le revoyant cette fois, ma curiosité a été plus vive ; le hasard a voulu que cette curiosité fût satisfaite. Je voulais savoir cette histoire, et je la sais.

L'homme est grand, assez vieux ; mais il semble surtout accablé par la fatigue, un poëte dirait, usé par le remords.

La première fois que je le vis, il était en casquette et en chaussons, avec une cravate en ficelle autour du col ; il avait un ruban à sa boutonnière. L'autre matin il était mieux mis, quoique boutonné trop haut ! le rouge de la décoration était plus vif.

Ce décoré vit d'une petite sinécure administrative en province, dans son pays. Il vient à Paris souvent, et on le voit rôder silencieux et seul par les rues, sans le reconnaître. Peut-être, dans quelques tripots, le reconnaît-on pourtant ? Il est joueur.

Un jour, dans sa jeunesse, il gagna à un officier de

marine cinquante ou cent louis. Pour se rattraper, le capitaine demanda revanche sur revanche: il perdit à la fin sur parole vingt mille francs. X... était rentré chez lui et comptait tout au plus reprendre la partie le lendemain pour que le marin se racquittât. Mais celui-ci, avec une exactitude héroïque, apporta les 20,000 francs perdus. Tous ceux qui ont eu de ces chances en ont porté la peine, et, toute leur vie, à travers vent et marée, ils ont couru après le gain du premier jour.

Il en a été ainsi de cet homme. On m'a dit qu'il était à cette heure encore tourmenté par la passion frénétique du jeu. On m'a dit aussi que pour elle il avait un jour vendu son âme : oui, son âme.

Il était le Juvénal d'une époque agitée et bruyante. Sa parole, comme un fouet, atteignait au front les sots, les lâches. Un matin (avait-il perdu dans la nuit?), la corde d'airain se cassa, et l'on crut voir à la place un lien d'argent! Depuis, il a disparu de la scène publique; on l'a entendu chanter quelquefois encore, mais avec une voix qui n'a plus d'écho. Il perdit, du même coup, en désertant, son autorité et son génie.

Qu'était-il devenu? Je me demandais si je n'avais pas laissé passer le numéro du journal annonçant sa mort. Vous le voyez, il est vivant, il ne s'est pas suicidé pour avoir déserté, mais ses trente sous lui brûlent les mains, comme à Judas. La honte et le mépris des autres ou de lui-même ont fané son visage comme ils ont flétri sa pensée.

On m'a parlé d'une manie qu'il a de s'entourer, quand il est chez lui, de bougies et de flambeaux. Il les allume tous et il écrit à leur lumière! Est-ce la folie de l'orgueil, qui lui fait prendre ces feux de cire pour des rayons de gloire, et veut-il se tromper sur son obscurité?

Il n'a plus souci de son corps, depuis qu'il ne contient plus d'âme. Il se laisse aller sur la pente du regret ou du dégoût, et la vie doit lui être bien triste à ce joueur qu'on surprit à biseauter sa muse!

Je ne raconte ici qu'une légende, remarquez bien, et il ne peut pas se reconnaitre s'il est innocent.

Mais en dehors de celui-là, dont la retraite s'explique par la désertion, il y en a d'autres qui n'ont pas mérité l'oubli et le silence, et autour desquels pourtant le silence s'est fait et qu'a submergés l'oubli.

Je ne les citerai pas, ils croient peut-être vivre encore dans le souvenir de quelques-uns, et en déchirant le voile qui recouvre leurs yeux, je ferais comme si j'arrachais un bandage; par cette blessure, leur consolation dernière s'échapperait comme du sang. Qu'ils gardent leur illusion suprême!

Cherchez bien pourtant et vous trouverez tous dans un coin de votre mémoire un nom, le nom d'un viveur célèbre ou d'un artiste populaire, d'un conteur ou d'un poëte qui, après une vogue bruyante, tout d'un coup a disparu. Il est archiviste ou bibliothécaire en province, le gouvernement lui a fait cette retraite; on l'a envoyé là comme on envoyait jadis les invalides à Avignon. J'en sais un qui était à Pau, un autre qui est à Marseille. Celui-ci est employé au gaz.

J'appelle ces oubliés-là des FAILLIS.

Ils ne reviendront jamais sur l'eau et ils ne revivront qu'au lendemain de leur mort, pour un jour ou deux; ils serviront aux journalistes à court de copie, qui mettront sur le compte de l'enterré quelque mot rance, une anecdote antique, puis tout sera dit! Ce qu'ils eurent de gloire s'éteindra avec la flamme du dernier cierge, si cierge il y a!

A côté de ceux dont on ne parle plus, il y a ceux

dont on parle toujours, mais qu'on ne voit pas ou qu'on ne lit plus.

Comme Auguste Barbier, ils se sont retirés dans la tranquillité de la vie bourgeoise, et s'endorment ignorés et paisibles au coin du feu. L'auteur des *Iambes* habite la rive gauche près du Panthéon, loin de la Colonne. C'est par aventure ce que je sais qu'il est devenu.

Tous les jours je le coudoie au cabinet de lecture de la rue Casimir Delavigne, près l'Odéon.

Il est habitué de l'endroit, mais je ne crois pas commettre une indiscrétion en le faisant savoir. Je défie qu'on reconnaisse le poëte de la *Curée* et de l'*Idole* dans cet homme à tournure de provincial, en calotte de laine noire, en petit manteau, qui ressemble, à s'y méprendre, à un professeur de collége communal, ayant peur des rhumes, portant un carrick et mettant des socques. J'ai eu les oreilles tirées par des gens qui avaient cette tête.

Il n'était point ainsi, sans doute, il y a trente-cinq ans. Trente-cinq ans !

La gloire du poëte n'a pas grandi, mais elle n'a pas diminué. L'homme qui a écrit la *Curée*, la *Cuve* et l'*Idole*, les vers sur Westminster, Bedlam et la Tamise, les cent premiers vers d'*Il Pianto*, cet homme-là est immortel.

Ceux qu'on ne lit plus !

Ceux-là sont les galériens d'un succès qui a épuisé leurs forces, et qui portent leur triomphe comme une couronne d'épines. Ils saignent sous le diadème. Toute leur âme a passé dans une œuvre, et ils n'ont plus rien à offrir au monde !

Qu'importe, si le seul cri qu'ils ont poussé a remué l'âme de l'humanité ? Je croirais volontiers qu'un homme n'a vraiment dans le cœur qu'une corde ; quand il en joue trop bien, elle se casse !

Des *faillis* encore, ces enfants gâtés de la première heure qui connurent les joies du triomphe avant d'avoir connu les douleurs de la vie! Ils commencent de bonne heure et finissent tôt, —tout se compense. Dans le pays de la popularité, on ne mérite après tout peut-être que ce qu'on a, et l'on n'a que ce qu'on mérite. On méprise ceux qui trahissent, et l'on dédaigne ceux qui baissent. Guerre aux indignes! place aux nouveaux! — C'est juste.

## LA RUE DE PROVINCE

Elle longeait un mur, le mur triste d'un collége. Je pouvais bien avoir cinq ans, et j'allais déjà à l'école. Pauvre mioche! Tous les matins, je passais, avec mon grand *cartable* pendant sur mes petites jambes, le nez barbouillé de confitures, les mains pleines d'encre, accroché au jupon de ma bonne.

En route, les camarades venaient.

Ils sortaient de petites maisons proprettes et basses qui avaient un jardinet sur le devant et des bouts de treilles près des croisées. Il faisait tiède, ça sentait bon. On remontait ensemble, chacun portait son déjeuner; c'était du beurre dans un pot, des radis dans du sel, un restant de gâteau; on faisait des échanges, on s'en donnait, on jacassait, on se battait. Il y a longtemps de cela, et je n'ai pas oublié encore la rue, le mur; je vois d'ici les deux tilleuls qui à mi-chemin montaient la garde comme deux tambours-majors à plumet vert, et je reconnais les trous pleins de poussière et de plâtre d'où s'échappaient en criant les hirondelles.

Par là était le jardinet où nous allions jouer et que je voyais du haut du banc qui était ma place à l'école. Tandis qu'on me menaçait de l'enfer, parce que je causais toujours avec Alfred, j'arrêtais mes yeux d'enfant sur ce paradis où tenaient un rosier nain et deux ou trois touffes de pensées...

Mais j'aimais mieux le grand jardin de mon vieil oncle. J'adorais surtout les fleurs brillantes, le reflet rouge des pivoines, la bigarrure des tulipes, l'orgueil des lis. Je me repaissais de la joie des yeux : il me fallait les hautes tiges, les grands panaches, et je préférais une rose vermeille sans odeur à une rose pâle qui embaumait.

Plus tard, j'avais dix-huit ans. C'était dans le parc là-bas; nous entendions sous nos pieds vivre la terre et sur nos têtes expirer la brise.

Il avait plu; mais le soleil séchait les feuilles, et il montait du sol une fumée comme un encens.

Mon cœur se gonfla dans l'extase et je crus — est-ce qu'il vous en souvient, madame? — que j'allais mourir.

Il y avait près de nous des plants d'œillets, d'où s'échappait l'ivresse : vous arrachâtes une fleur... Je la respire encore! Le souvenir de cette heure chaude court en moi comme un frisson d'amour.

Bonne rue des petites villes! Les coqs criards y font leur tête et les poules leurs œufs. Un paysan mène une vache; une fille, pieds nus, conduit par un bout de corde une chèvre blanche, et sur le seuil des portes les bonnes femmes assises en rond, filent ou tricotent; l'une d'elles dit le chapelet et les autres marmottent un refrain monotone. A midi, c'est l'*Angelus*, les petits enfants s'arrêtent et font le signe de la croix, l'horloge de la mairie sonne, l'église répond avec sa cloche. Oh! quel silence! On entend sur le pavé sonner les pas, et sous la brise, en haut, se fâcher les feuilles.

Les fenêtres sont closes; seulement, on voit derrière les vitres, de temps en temps, une jeune fille qui risque un œil, soulevé un coin de rideau; le vent malsain des grandes villes n'a pas terni son teint, ni fané son cœur.

Il y a des fleurs dans de grands vases, des cages qui chantent contre les murs, pleines de canaris d'or, de chardonnerets à tête rouge. En face, un gros chat rêve, qui porte au cou un ruban rose attaché par un doigt d'enfant.

C'est le calme qui ressemble au sommeil; on dirait en hiver un grand village abandonné, et en été on se croirait autour d'un presbytère. C'était ainsi, du moins, dans ma petite ville, au Puy, il y aura dans trois ans trente ans.

J'avais toutes les innocences alors, la naïveté, la foi; je croyais aux revenants, je priais Dieu. Le jour de sa fête, j'aidais à cueillir les roses dont le parfum se mêlait à l'encens.

Des mains innocentes jetaient vers le ciel les feuilles; le vent secouait sur nos fronts tendres nos cheveux blonds, et l'on entendait les officiers qui criaient : « Genou en terre! reposez armes! » Tous baissaient la tête, et l'évêque, sous le dais de velours grenat, panaché de blanc et frangé d'or, levait dans ses belles mains l'ostensoir brillant comme un soleil! puis il donnait la bénédiction.

On repartait à travers les rues. Les maisons étaient tendues de grands draps blancs où l'on avait accroché des rameaux, des roses ; quelques vieux tapis pendaient, représentant des paysages de la Bible ou bien des fontaines d'Orient. Je m'arrêtais pour regarder les prophètes en *crochet* et les arbres en laine bleue. La foule m'entraînait, les pompiers qui fermaient la marche nous poussaient en avant, le soleil arrachait des éclairs au cuivre des casques, à l'acier des sabres!

La rue était, ce jour-là, comme un chemin antique de la Bible menant au paradis.

Cette rue parfumée et sainte, je ne la connais plus, et, sous le soleil de Paris, j'ai vu des régiments marcher derrière les tambours, et s'agenouiller — mais pour faire feu !

Quelquefois aussi, c'était la fête du quartier. Il y avait des inimitiés de rue à rue ; les moutards de Saint-Laurent venaient braver les moutards de Saint-Gille, et l'on se tapait ! Il y avait des yeux au beurre noir, des oreilles en capilotade ; on se cognait au cri de Vive Saint-Laurent ! Vive Saint-Gille ! on éteignait mutuellement son enthousiasme et ses lampions ; on jetait de l'eau sur les brasiers et des cailloux dans les fenêtres ; il y avait des nez morveux qui prenaient le commandement, et des pans de chemise qui flottaient comme des drapeaux. On appelait cela la *petite guerre;* on aurait pu l'appeler la Fronde, car on y avait des frondes, qu'on s'était amusé à tresser soi-même et qu'on essayait ce jour-là.

Je me demande comment on ne s'estropiait point ! J'aurais peur aujourd'hui de ces jeux d'enfant, j'y allais alors de tout mon corps, de toute mon âme ! Aussi je n'étais qu'une plaie pendant la quinzaine qui suivait la Saint-Gille ; c'était ma paroisse.

En revanche, la quinzaine qui avait précédé m'avait vu assidu à la classe, obéissant à la maison ! J'avais les lâchetés d'un portier en décembre. Je travaillais, moi aussi, pour mes étrennes. Il me fallait des sous pour acheter des pétards, quelques *soleils;* nous ne rêvions qu'artifice et que fusées ; je taillais des sabres, je faisais de la poudre. J'ai mis des grains à sécher devant le feu, le soir, quand tout le monde était couché, assez pour faire sauter la ville ; j'avais des recettes à moi : je pilais du charbon sous des bouteilles, et je le mêlais à du salpêtre ! Pour le trouver ce salpêtre, je me cachais dans la cave et je léchais les murs !

C'était dans la rue aussi qu'on flambait le cochon ! — Est-ce qu'on ne tue pas un cochon chez vous?

Tous les ans, à la maison, nous saignions le nôtre. On entendait des grognements à fendre l'âme, le hin, le han du porc martyr! Enfin, on le couchait sur un lit de paille qu'on allumait, et sa soie brûlait. Nous nous amusions dans l'incendie; on sautait par-dessus la bête, on s'enivrait de cette fumée de paille et de cette odeur de peau brûlée; on contrefaisait l'animal, quelquefois même on le volait. J'en ai vu de ces pachydermes qui avaient laissé leur queue grillée dans le bûcher.

Mais comme le boudin était bon le soir! On arrosait d'un vin clairet le sacrifice :

> Allons, buvons, à saint Antoine,
> La faridon don,
> La faridon *doine !*

On raccompagnait à minuit le cousin, la tante, et la rue encore était joyeuse, sous le réverbère tremblotant ou bien aux rayons de la lune...

J'étais, pour ma part, un affreux polisson; je m'échappais par toutes les fentes; j'allais jouer aux billes avec des ramoneurs, et aux noyaux avec des marchands d'allumettes! Ces noyaux, Dieu sait d'où venaient quelques-uns, d'où sortaient quelques autres! Je faillis m'aveugler en voulant glisser dans celui d'une pêche du plomb fondu. Je dois à l'abricot et à la cerise les taloches les mieux appliquées que j'ai reçues. Mon oncle me disait qu'on commençait par jouer aux noyaux avec des Savoyards et qu'on finissait par serrer la main à des galériens.

Vous voyez quel rôle la rue a joué dans ma vie de gamin. Eh, mon Dieu! souvenez-vous bien; elle a dû en jouer un dans la vôtre ! Il est tel coin, ici ou là, dans les hauts quartiers ou la basse ville, près d'un arbre à fleurs ou d'une maison en ruines, le long d'un cimetière ou d'un jardin, dont l'image est restée gravée dans votre cœur et s'est reflétée sur votre vie !

Si je n'avais vu un régiment de chasseurs à cheval passer un matin dans une rue de Saint-Étienne, peut-être aurais-je suivi une autre voie que celle où j'ai d'abord engagé ma jeunesse ! Mais la vue de ces hommes en bonnet d'ours, dont les poils longs pleuvaient sur leurs yeux, ces manteaux blancs qui couvraient depuis l'épaule du cavalier jusqu'à la queue du cheval, le sabre qui battait la botte, le cuir des gibernes, le fer des éperons, l'attitude et l'armure, tout cela éblouit mes yeux et saisit mon cœur. Je me dis que je serais soldat; et comme ce matin-là il y avait dans les rues un tapis de verglas, que les arbres étaient coiffés de neige et les fontaines cernées de glace, je rêvai les luttes austères, les combats pénibles, et le fantôme de l'héroïsme se dressa dans l'air froid. Je me raidis dans cette impression d'hiver, et j'en ai porté pendant des années la marque.

Pour d'autres, c'est le départ ou l'arrivée du régiment de ligne, par la rue large du faubourg, qui amène l'émotion et décide peut-être de l'avenir.

Le populaire et la momerie se portent à la rencontre du bataillon qui vient. On dévisage le tambour-major et la cantinière, on regarde le baril, la canne, le petit chapeau, le grand plumet, on regarde la bouche de l'ophicléide et le dos de la grosse caisse, le colonel et les sapeurs, le sous-lieutenant blond, le sergent tout gris; derrière la musique on marque le pas, et le cœur bondit dans la poitrine au cri sonore des clairons !

Au fond des départements, tout s'entend et tout fait trace. Le flot des révolutions, la main des démolisseurs ne vient pas, en un jour de malheur, sous un ciel d'orage, mutiler ou détruire la maison devant laquelle on a joué tout petit, où les grands parents vous ont vus naître et où on les a vus mourir! Les pierres restent pour parler du passé, et l'on peut marquer sa place pour l'avenir. Après tout, c'est vers le coin où l'on a grandi qu'on aime plus volontiers à porter ses yeux, à tourner son cœur — là où s'est trouvé le berceau et où se cherchera la tombe.

Y repassera-t-on jamais tranquille, heureux, par cette rue qu'on trouvait triste, quand on partit? On avait seize ans, soif d'ambition et du péril! On s'est perdu dans les chemins agités de Paris, et sur ce pavé tout plein de boue, qui coupe les pieds ou les salit, la nécessité ou la fièvre vous retient...

On aurait pu vivre dans la sérénité. Toutes les ruelles, dans les villes humbles, conduisent à la prairie ou à la rivière. Il n'y a pas les fiacres où les boursiers se jettent, où l'adultère s'enferme; il y a des charrettes traînées par des bœufs et qui portent un foin qui embaume! Comme calèches nous avons celles du sous-préfet et de deux ou trois riches; on reconnaît le pas des chevaux, on sait le train qu'elles font.

Ce sont parfois des tapissières qui prennent toute une maisonnée sur un seuil de porte et filent au trot d'un cheval blanc, chargées de pâtés et de jeunes filles pour un bal champêtre, la moisson ou la vendange...

Il y a encore le *coucou* du canton dont le conducteur sonne de la corne quand il passe devant l'église!

Mais que disais-je? la civilisation fait partout des blessures! Cette rue que j'aime, le chemin de fer l'a peut-être coupée en deux et l'on a abattu la maison natale, le grand noyer, et détruit ce coin plein de roses où j'allais chercher des bouquets pour ma cousine?

3.

## VIOLETTES

Voici que par les rues, sur le pavé boueux, depuis huit jours, les violettes fleurissent, et les violettes me font rêver...

Que de fois j'en ai mis un bouquet d'un sou dans un verre cassé, sur ma table d'étudiant pauvre ! Je me sentais l'âme rafraîchie à les voir dans l'eau fraîche, et mon espérance s'enivrait de leur parfum.

Quelquefois je partais sous un soleil d'hiver pour Verrière ou pour Velizy, et j'allais faire la cueillette le long des fossés, à travers les bois; je cherchais dans la mousse molle ou l'herbe humide.

Il fut un temps où nous étions deux...

Nous descendions dans les chemins verts, le long des sentiers solitaires et nous marchions du côté des champs tapissés de violettes — nous en volions plein ton manchon !

Quand passait une petite fille rousse en guenilles ou un mendiant à long bâton, nous lui demandions pour notre péché l'absolution, nous jetions dans la main de la pauvresse ou du vagabond de quoi payer quatre fois les fleurs volées.

Ou bien nous mettions à la place de la touffe arrachée une pièce blanche, comme une gouttelette d'argent.

Mais un jour, — c'était un soir de mars, — nous maraudions à pleines mains, comme des fous, insultant de notre gaieté la mélancolie du crépuscule : nos rires clairs tintaient joyeux dans le silence.

J'entends des pas.

Et je vois venir à nous le garde champêtre; la plaque en cuivre brillait sur sa poitrine, son sabre lui battait les cuisses, il était coiffé d'un melon de velours à côtes vertes.

Nous interpellant au nom de la loi et tirant un papier de sa poche, il nous ordonna de le suivre. — L'autre avait peur.

Elle joignit ses petites mains, demanda grâce : il allait céder.

Je gâtai tout...

Je ris au nez du garde champêtre, et faillis l'asseoir dans les violettes. Mais je me rappelai la série d'ennuis qu'entrainait toute résistance à un agent de la force publique, même coiffé d'un simple melon; j'avais tort, du reste. Je suivis.

Nous allâmes ainsi jusqu'à la gendarmerie. On m'interrogea.

Je connaissais par bonheur le fils du maire; j'en appelai au père qui vint, sourit, et j'en fus quitte pour une amende, que je payai sur place; nous repartîmes heureux, sous une lune claire, qui, comme un soleil froid, éclairait la plaine jaune, les coteaux verts...

Puis enfin arriva
L'heure triste où chacun de son côté s'en va!

Elle était partie la première.

Je me souvenais toujours des violettes, et, quand passait au loin une robe de leur couleur, un chapeau mauve, je sentais mon cœur battre à se rompre. Ce reflet irritait ma peine comme le rouge irrite les bœufs : je poussais un soupir quand je rencontrais un évêque !

Il ne me reste aujourd'hui de ma peine qu'un souvenir doux comme le parfum des fleurs volées ; et ces violettes au coin des rues ne me rappellent que des joies. Je suis heureux quand je rencontre pour bouquetière une de ces filles des champs avec qui je me croisais quelquefois, et qui vont elles-mêmes cueillir les fleurettes par les chemins.

Mais — nous sommes en février — les jours sont trop courts encore ; elles n'osent s'aventurer seules de si grand matin à travers les bois.

Vienne mars, vous les verrez descendre, cigales rousses du printemps.

En décembre, vous les retrouverez peut-être, mais elles auront, au lieu du bonnet de Jeanneton, le chapeau de Pomponnette ; elles mépriseront ces violettes qui les faisaient vivre ; elles voudront des fleurs de serre, les camellias rouges, le dahlia bleu ! Elles ne vendront plus des fleurs, mais de l'amour.

Veux-tu, ma fille, ce bouquet d'un sou ?

# SOUVENIRS

# MAI

Paris n'est plus chez lui, les millionnaires, les joueurs, les peintres ont fait leurs malles. Dans les châteaux on époussète les beaux meubles, et dans les auberges de Champigny et de Fontainebleau on a remis à l'heure les vieux coucous.

Moi, j'ai porté pour huit jours ma tente au bord d'une grande route où passent nuit et jour les rouliers et les *toucheux* de bœufs. La maison est seule, entourée de bois. Le village le plus voisin est à trois quarts d'heure; il y a une église, dont je vois d'ici le clocher, mais pas de prêtre. C'est un curé des environs qui, le dimanche, y vient dire la messe.

Pour avoir des provisions, il faut atteler le cheval et prendre à travers la forêt jusqu'à la commune. Seulement, il y a toujours pendu au plafond noir de la cuisine un gros saucisson de campagne, et l'on coupe à même dans un quartier de lard fumé.

Ma vie s'écoule là joyeuse et claire comme l'eau d'un ruisseau.

Le matin, dès quatre heures, j'ouvre ma fenêtre au vent qui vient, et j'écoute chanter les premiers oiseaux :

la voix enrhumée des coqs fait le clairon dans la musique. Puis c'est la trompette d'un cuirassier qui sonne sur la grand'route, et je vois de loin se dandinant sur leurs chevaux tous les hommes de l'escadron. Ils passent au pas, chantant, comme un régiment en campagne, quelque gaie chanson de caserne. J'ai entendu l'un d'eux l'autre jour qui, les yeux tournés sur les grands arbres, et regardant là-bas un petit village assoupi dans la plaine, disait :

— Comme il ferait bon au pays !

Puis l'auberge elle-même s'éveille ; Caroline, gourmande le charretier, le gardeur de vaches, et verse la goutte aux bûcherons et aux rouliers. Ils me saluent à ma fenêtre quand ils s'en vont.

Je descends alors en blouse grise, chapeau de paille, armé d'un bâton vert avec lequel je casse les bouquets d'orties, et je rôde à travers les bois bordés de marguerites et tout pleins de jacinthes. Les rossignols effarouchés s'envolent ; des lapins, le museau et la queue en l'air, me regardent d'un air comique, et je sens mon âme baignée de fraîcheur et de sérénité.

Je rentre d'ordinaire pour travailler ; il le faut bien ! Souvent aussi je m'oublie, me contentant de vivre, d'enfoncer mes pieds dans la terre qui cède ou de confier au nuage qui passe mes espérances.

Mais la journée gagne : les poules ont eu leur grain, et les laboureurs déjà sont assis contre la charrue ou rangés le long d'un fossé, leur couteau ouvert, la miche entamée, le lard fendu. — J'ai faim.

Sur une table dressée dans la cour de l'auberge, à deux pas d'une grande mare où les canards barbotent, deux œufs à la coque m'attendent, un morceau de salé fume, et l'on va m'arracher un artichaut dans le jardin. J'arrose mon repas d'un petit vin qui coûte dix sous la fiole, et qui rit aux yeux.. Puis le café arrive, que l'on *console* comme il convient ; Finaud, le chien qui attrapait si bien les morceaux au vol, vient en geignant demander son canard. Puis il court s'étendre sous les pommiers ; j'en fais autant, et je dors sur la paille ou l'herbe,

> ...la tête à l'ombre et le ventre au soleil.

Souvent c'est près d'une mare qui dort elle-même au fond du clos ; les papillons volent autour, les demoiselles courent dessus, et dans l'eau s'amusent les lézards et les salamandres. Une grenouille de temps en temps sort sa tête et montre son gros œil rond. Le vol monotone d'un bourdon donne le *la* dans le silence, et mes paupières peu à peu s'abaissent, tandis que se ferment chaudes et lourdes les corolles embaumées des fleurs.

Je prends toutes les fois un livre, et toutes les fois il glisse sans que je me souvienne de ce que j'ai lu. A quoi bon ? quand on peut lire dans le livre vert de la nature, tacheté par les marguerites d'argent et d'or, et dont la brise fait trembler les feuilles ! Je contemple les prés, les champs, en logeant dans leur solitude mon cœur suspendu dans son rêve, comme cet épervier perdu dans le ciel bleu.

C'est moins, je crois, parce que le spectacle est beau que parce qu'il est vaste, qu'on aime l'Océan, la plaine : cadres sans bords que l'horizon arrête, où la pensée étend à son aise ses ailes, où l'homme peut tenir tout entier !

Pour moi, dans la campagne, à travers son silence, j'entends murmurer le flot des lointains souvenirs. Mon berceau fut au pied des montagnes. J'aime la ville, parce que j'y ai beaucoup lutté, un peu souffert, que j'ai des revanches à prendre ! Mais je tiens par les racines à la terre des champs, et si je vaux quelque chose jamais, je le devrai surtout à mon origine, fils d'une race robuste et dure qui a compté des gens héroïques en route, tombés de fatigue, morts à la peine. J'irai attendre la mort près d'eux quand j'aurai à mon tour ennobli ma vie.

Aussi, j'aime à courir et rôder dans l'herbe, et je l'arrache à pleines mains pour la sentir ! J'écoute, ému, la musique que font les ruisseaux, les arbres, et je reste à regarder sur les branches coupées saigner la séve.

C'est qu'on ne peut arracher de son cœur les premières sensations de joie et de liberté, et mes souvenirs heureux datent du temps où je courais les champs !

C'était dans le mois des vacances, quand on m'exilait chez mon grand-oncle le curé, au sommet du mont Mezinc.

On y arrivait sur de lourds chevaux de campagne, par les chemins pierreux, les bois sauvages. La route était affreuse et belle : on marchait, la moitié du temps, entre des rochers, sur la lave éteinte des volcans. Des pierres grises, au flanc verdâtre, dormaient sur leur ventre énorme, comme des monstres jetés là par un déluge, et, sur la terre, des torrents avaient creusé des routes comme des cicatrices.

En arrivant à la cure, on trouvait en face de soi la maison avec l'écurie à gauche, l'église à droite ; dans la grande cour, au milieu, deux ou trois arbres dont les feuilles étaient toujours vertes, et adossé contre un mur tapissé de fleurs jaunes un vivier, boîte de pierre où l'eau d'une source tombait glacée et crue, pour s'échapper par des fissures et descendre en ruisseau dans la prairie. Dans cette eau qui, à la voir, donnait froid aux dents, se baignaient des truites piquées de rouge dont on pêchait avec la main les plus belles, quand passait le grand vicaire ou arrivait le petit neveu.

Il soufflait sur ces hauteurs un vent aigu dont l'aile avait touché le front neigeux des Alpes, vif à tuer les faibles et à rendre centenaires les forts.

A deux pas était le cimetière, où mon oncle venait se promener en surplis et en sabots et s'asseoir près des tombes sous un berceau de fleurs violettes. La terre foisonnait de roses et les croix perçaient de leurs bras noirs les groseillers rouges.

C'est dans cette maison tranquille que je passais les derniers quinze jours d'août et le mois tout entier de septembre. C'est moi qui menais la jument de l'oncle au pâturage, et je montais en croupe derrière lui quand il allait à Fay-le-Froid. Tous les gens sur le chemin ôtaient pour nous saluer leur bonnet de laine ou leur chapeau. Quelquefois mon oncle descendait de cheval pour aider un paysan lassé à jeter les dernières gerbes dans le chariot ou dessanglait sa grosse bourse pour mettre un peu de monnaie dans la main d'un pauvre. On l'accablait de bénédictions et j'avais, moi tout petit, ma part de cette sainte popularité.

J'allais à la chasse avec un ancien soldat tout jeune, qui avait déposé son uniforme de sergent du génie pour prendre la veste du fermier campagnard. Je jouais à la maison avec son sabre, dans les champs avec son fusil. C'est moi qui portais tout fier son carnier et allais prendre les perdrix dans la gueule de son grand chien. Une fois, *nous* tuâmes un loup.

Souvent je suivais les bergers, et avec de la bouse sèche, du bois mort, nous allumions au haut des montagnes un grand feu qu'on voyait de loin. On eût dit un œil rouge qui regardait la plaine. Sous les cendres nous faisions cuire des pommes de terre arrachées toutes fraîches au champ voisin, et à coups de gaule nous coupions la colonne de fumée blanche qui montait au ciel.

Tous ces souvenirs m'envahissent quand aujourd'hui je rôde où il y a du blé qui pousse, des fleurs qui s'ouvrent. Je viens de vivre huit grands jours les pieds dans l'herbe, le cœur dans le passé.

# LE DERNIER SOIR

Je quitterai l'auberge demain. Quand reviendrai-je ? Quand aurai-je encore huit jours complets de vie des champs ? Jamais peut-être ! Laissez-moi, comme un bœuf dans l'herbe, ruminer et me souvenir. Voici ma journée d'hier, mon chant du cygne.

J'étais allé à Paris le matin et je revenais : c'était midi. Chacun en route était bavard, jusqu'au chef de gare de Clamart lui-même, qui semblait avoir pour un moment ôté sa barbe. A partir de Meudon, tout le long, le long, les arbres en fleurs portaient joyeux sur l'oreille leur bonnet rose, leur chapeau blanc. La rivière là-bas coulait tranquille, et je me souviens qu'il faisait ce temps-là une après-midi que nous nous promenions songeurs, elle et moi, sur la berge, rêvant d'amour et de friture.

Je descends.

Je bois un verre de cidre frais dans un cabaret où se trouve encore collée aux vitres une affiche jaune : — GRAND BAL LE JEUDI DE LA MI-CARÊME. — Que put bien être cette soirée ? Est-ce que Cora Pearl y vint, et Margoton avait-elle cent mille francs de violettes de Parme dans les cheveux?

Je traverse le bois, on dirait qu'il a changé depuis ce matin; je trouve ce buisson plus vert, ces fleurs plus hautes; l'herbe est plus grasse dans la prairie et la chevelure plus épaisse au front des arbres. Tout respire la santé, la joie, la vie.

Je m'assieds au bord du chemin désert, et je regarde devant moi les plantes frémir et le feuillage se pencher sous la brise; je bois à pleins poumons l'air qui vient de là-haut, j'arrache une plante et je repars.

— Voici l'auberge.

On m'a vu venir à travers la plaine : un chapeau de paille que je connais bien me salue de loin, et, quand j'entre, on me jette au visage des fleurs. A leur parfum se mêle une odeur de lapin, de vrai lapin, dont la peau est encore fraîche. Le roux est fait, les oignons sont cuits, on se met à table dans une chambre d'où nous voyons, par la fenêtre tapissée d'acacias, le coucher du soleil.

On cause, on trinque. Marinier, le bûcheron, est revenu; Florent, le charretier, ramène les chevaux des champs, et le petit gardeur de vaches rapporte un nid qu'on met... dans le chapeau de paille. Les langues vont bientôt leur train, on raconte des histoires de voleurs et de revenants.

Il est dix heures, on entend à la porte les fils du télégraphe qui bourdonnent et un bruit de charrette qui disparaît dans le lointain. On se dit adieu, l'on monte, et chacun dort ou pense. C'était tous les jours ainsi; demain, ce sera la rue Coq-Héron et l'imprimerie, le boulevard et le théâtre!

Pauvre banc qui gis à la porte, je ne viendrai donc plus m'asseoir sur ta pierre usée!

Je l'aimais pourtant cette grande route, où passaient l'autre dimanche des saltimbanques.

Ils marchaient pieds nus pour ne pas user leurs bottines à peau de chat, dont je voyais sortir les talons dans le paquet que portait le mari; il y avait aussi des sabres pour avaler. La femme, sur son dos, avait sa petite fille, et par derrière, l'air bien las, une autre, de dix ans à peine, marchait portant la boîte du jongleur. Ils ont demandé s'il y avait un lit pour s'y reposer un moment; la pluie tombait à grosses gouttes et les pauvres gens étaient trempés.

Il passe aussi quelques bourgeois campagnards, des Parisiens, mais en carriole ou à cheval. Je les regarde à peine, ceux-là; je ne suis point venu pour les voir, et j'égare mes yeux ailleurs.

Je regarde les troupeaux de moutons, de bœufs, qui s'avancent, surveillés comme un troupeau de déportés par des chiens poilus qui font du zèle. A peine, de temps en temps, un grand bœuf noir se fâche et montre à Finaud ses cornes. Il semble qu'ils savent où ils vont, que tout est dit et que c'est peine perdue de résister. Ils longent, silencieux, la route, ne mugissant point, mais gémissant; leur œil est terne, et je n'y ai pas vu se refléter les bois comme dans la prunelle profonde de ceux qui paissent. Quelquefois pourtant un des condamnés fuit l'étal. Pendant quinze jours, un bœuf échappé vécut dans la campagne touffue de Vélizy; léchant les arbres avec sa langue, menaçant les hommes avec ses cornes. Il écrasa deux ou trois enfants, et il fallut le chasser comme un lion. On lui envoya dans le cuir deux balles, il tomba foudroyé. — C'est l'exception.

Quand ils vont en masse, ils sont comme un peuple qu'on mène; ils obéissent machinalement, se mettant en marche sur un signe du *galvaudeux* qui les conduit, s'arrêtant quand il s'arrête, et, comme tous ceux qui doivent disparaître, se retournant en arrière au lieu de regarder droit en avant. Ils attendent que l'homme au bâton ait bu sa chopine et cassé sa croûte, immobiles au milieu du chemin ou le long du fossé.

Quelquefois on en pousse un dans la grande cour pour le saigner, afin qu'il ne tombe pas mort en route ; c'en est un autre de temps en temps qui entre, non dans la cour, mais dans la salle, et va avec ses cornes éventrer le comptoir ou fracasser tous les plats dans l'armoire ; j'en ai vu deux, l'un sur l'autre, faire cette entrée triomphale : la tête de l'un trouait le plafond, celle de l'autre battait le mur, la vaisselle était là-dessous, moi à côté. Le chien du berger, furieux, les mordait par derrière...

Lorsqu'on les parque dans les écuries, il arrive que les troupeaux se confondent, et chaque berger, quand il s'en va, a de la peine à retrouver les siens. C'est alors une singulière et affreuse mêlée, une houle de vagues jaunes et mugissantes que domine mal le trident en houx des *toucheux* irrités. Si ces bœufs avaient toute la force des révoltés, la fureur des désespérés, quel carnage !

Les moutons, eux, obéissent à un *bée !* tranquille comme celui du berger de Pathelin. Mais on les brutalise aussi quand on les trie.

Le boucher de Jouy a acheté au marché de Sceaux vingt moutons ; on les dépose en route dans l'auberge, d'où on les mènera le matin à la boucherie. Il est tard déjà, il fait noir ; il faut reconnaître, sur les deux cents qui bêlent, les vingt qui doivent rester, et, une fois reconnus, les loger, de gré ou de force. A la lueur d'une chandelle, on cherche la marque du boucher de Jouy, peinte en rouge sur le dos des bêtes. Tout mouton reconnu est pris par la patte droite de derrière, et poussé, la croupe en l'air, sur les pieds de devant, jusqu'à la porte qui se referme brusquement ; ou bien un berger robuste l'enlève dans ses bras et le jette dans la cour comme un paquet. Quelquefois ces pauvres bêtes ont le cou déchiré et pendant. C'est un chien qui, en les mordant, leur a arraché la peau. La blessure rouge fait mal à voir!

Il passe toutes les demi-heures quelqu'un; le matin, ce sont les bûcherons qui se rendent au bois, le carnier sur le dos, la serpe accrochée derrière, ils vont faire des fagots ou des échalas. Ils ont trois francs par cent fagots!

Quand la pluie arrive, ils chôment et rentrent à l'auberge ou sous leur tente, bâtie par eux.

Ils ont mis en faisceau trois perches, ont ajouté des branches, ont par-dessus gâché de la boue, et leur maison s'est trouvée faite. Ils ont laissé en haut un jour pour la fumée, car ils font du feu l'hiver pour se chauffer et mettre à cuire un morceau de lard ou griller des pommes de terre. Leurs bancs ont été taillés à coups de serpe; ils attendent là-dessous que leurs doigts soient dégourdis ou que la pluie ne tombe plus. — Dans un trou caché est un nid où une alouette couve ses petits, j'ai entendu son battement d'ailes quand je suis entré.

Sur cette route éloignée des villes, de temps en temps quelques vieillards passent, s'appuyant, cassés, sur un bâton, ou trainant un parapluie rouge; ils ont soixante-quinze ou quatre-vingts ans, et ne se plaignent pas de la vie; ils ne redoutent pas non plus la mort; ils ont la sérénité des vieux chênes et attendent, tranquilles, le moment où, la séve tarie, il suffira d'un souffle pour qu'ils s'écroulent. J'ai causé avec presque tous, et presque tous sont gais. Dans les villes, ils se plaindraient des luttes subies, des maux soufferts; ici, au contraire, ils disent qu'ils ont eu du bon temps et s'amusent plutôt qu'ils ne s'irritent des revers passés. L'air des campagnes a passé par là et purifié ces âmes.

La ville, l'autorité, l'État, apparaissent sous la forme de Pandores alsaciens, qui vont à pied, deux à deux, en regardant dans les fossés, derrière les haies. Qu'il passe un homme sans souliers, ils l'arrêtent et lui demandent ses papiers. Malheur à lui s'il n'en a pas !

Les gendarmes à cheval, superbes sous leurs tricornes et dans leurs bottes qu'on dirait de fer-blanc verni, épinglés de jaune, laissent leur haute jument faire la belle et caracolent, fiers, au milieu du chemin. Devant eux marche, les menottes aux mains, tout en sueur, déguenillé, un pauvre diable ; ils sont deux, souvent, attachés par une chaîne et qui causent presque gaiement. Ils ont le cynisme ou la fièvre ; ils sont indifférents ou indignés. Qui sait si ce soir ou demain on ne les relâchera pas après avoir reconnu leur innocence ! Les malheureux ! Ils n'en auront pas moins subi ces fatigues et ces tortures, et, tout libres qu'ils seront, ils traîneront toute la vie le boulet de leur arrestation.

Je vis un de ces hommes, un jour, s'échapper d'entre les chevaux, enjamber une haie, sauter en forêt et disparaître. On le traqua dans le bois, mais on ne put le retrouver. Nous savions, nous, où il était : nous nous gardâmes de le dire. Il fut repris, hélas ! et sa tentative d'évasion s'ajouta contre lui à son premier crime. Il avait frappé un huissier d'un coup de bâton.

Mais ce sont souvent d'anciens condamnés qui rôdent pour voler dans le fond des maisons ou au coin des bois. Eh ! que peuvent-ils faire autre chose ? Marqués comme des moutons, signalés, flétris, ils n'ont d'autre ressource que le crime, et l'horreur qu'ils en ont est faible, surtout s'ils ont été longtemps sous les verrous. On sait que la prison est l'école d'application des criminels. C'est le couronnement de leurs études.

On ne compte pourtant que deux crimes depuis trente ans dans les environs.

On tua une fois un marchand de moutons près de la *Mare aux bœufs*, et, une autre fois, un voyageur au coin de la route de Bièvre. Une croix indique la place où l'on trouva le cadavre. Jamais, m'a-t-on dit, on ne put découvrir les assassins.

J'ai eu peur l'autre soir.

Je trouvai couché, à minuit, en travers d'un sentier, dans un bois obscur, un homme en blouse blanche que j'essayai de réveiller, le croyant ivre; en tous cas, voulant savoir à qui j'avais affaire avant d'enjamber pardessus. Il n'a pas répondu à ma parole et s'est laissé secouer sans mot dire. J'ai passé.

Nous sommes revenus à deux un quart d'heure après, et cette fois nous avons insisté. Il a répondu brutalement, il n'était point ivre et attendait là je ne sais qui, je ne sais quoi, peut-être une vachère amoureuse et mélancolique qui sautait en ce moment par la fenêtre de l'écurie pour venir le rejoindre. Mon compagnon parlait gendarmes; je lui ai fermé la bouche et nous sommes rentrés chez nous.

J'y ai dormi plus tranquille qu'à l'auberge de Peyrebell, certaine nuit, il y a vingt ans.

Assaillis une fois par un terrible orage, nous dûmes, des paysans et moi, neveu de leur curé, faire halte dans cette maison, maison célèbre dont les propriétaires précédents étaient morts sur l'échafaud.

On avait guillotiné le père, la fille et le domestique, qui, du reste, avaient mis tous trois leurs têtes sous le couteau en ricanant, natures féroces qui, ayant fait couler à flots le sang des autres, ne tremblaient pas en tendant la tête pour expier leurs crimes.

C'était une auberge perdue au détour d'une route mal frayée par où ne passaient que les voyageurs pressés ou égarés. On ne pouvait entendre rien, ni rien savoir de ce qui se passait là, et, protégée par ce mystère, la maison fut le théâtre muet d'assassinats horribles.

Dans la chambre à quatre lits où nous couchâmes, on avait égorgé le mari, la femme, et l'on montrait encore des traces de la lutte. Les cadavres, dit-on, avaient été donnés en pâture aux cochons, après avoir été coupés par morceaux et avoir tourbillonné dans l'eau bouillante. La légende ajoute que l'on brûlait les os et que l'aubergiste faisait cuire son pain sur ces cendres.

On ne découvrit l'affreux mystère que tard, bien tard.

Voici comment.

Un soir, un mendiant demanda à être couché par charité. On lui refusa.

Il revint quand il faisait nuit et monta par le derrière de la maison jusqu'à la grange, où il se cacha et s'endormit. Mais il fut réveillé tout d'un coup par des cris déchirants que poussait une voix d'enfant.

Glacé d'effroi, muet d'horreur, il regarda par une lucarne, et il vit au coin de la cheminée un homme qui gisait, le front fendu, les mains coupées, et devant la fenêtre, s'accrochant aux barreaux, une petite fille qui se débattait en appelant son père et criant : Grâce ! Un coup de hache lui cassa les reins.

Le mendiant sauta de la grange dans l'herbe et courut au pays voisin où il avertit les gendarmes qui vinrent. Les maîtres de la maison étaient en train d'essuyer le sang, ils ne purent nier et avouèrent tout. Onze personnes avaient déjà perdu la vie dans ce coupe-gorge.

Les propriétaires étaient maintenant des gens honnêtes ; pourtant tout le monde dormit mal, et pendant la nuit nous crûmes entendre les cris de ceux qu'on avait tués.

Ici, il n'y a rien à craindre de cela. C'est le pays du bon Dieu.

La police locale est faite par les gardes champêtres.

L'un, celui de la commune, a cinquante ans ; il est gros et fort. C'est lui qui colle les affiches, bat la caisse ; il a presque toujours un fusil en bandoulière sur le dos, un képi à galons jaunes et une blouse bleue, bon vivant, l'air énergique et franc.

L'autre, celui du hameau, le père Micouflé, a une tête de vieux tambour de la garde, un peu ramolli par la gloire, côtelettes maigres, moustaches épaisses, casquette à la lancier, sabre de bois, le nez culotté, la voix chevrotante. Je ne sais s'il a jamais arrêté personne ; mais je ne voudrais pas le voir mettre la main sur le braconnier à barbe rousse qui m'a, l'autre jour, tué un lapin. — Ah ! pauvre père Micouflé !

On ne se bat presque jamais dans le pays ; il n'y a pas de ces rivalités sourdes de village à village qui éclatent tout d'un coup en batailles bruyantes, à la fête de la paroisse. J'ai vu les pierres voler, les fronts saigner, des gens qu'on assommait à coups de sabot, et moi, louveteau de Panurge, je sautais aussi sur un Vourzacais de mon âge (vingt-deux ans à nous deux), et nous nous roulions en nous cognant dans la prairie ! Affreux gamins ! Cependant deux marchands de bœufs normands se prirent de querelle l'autre soir et ils empoignèrent des fourches. Ce duel en valait bien d'autres. Ils étaient magnifiques à voir, ces deux gars hardiment campés qui allaient se découdre avec ces dents de bois, l'un calme et pâle, l'autre ayant l'écume aux lèvres, le sang aux yeux. Il y eut deux passes sans que personne fût éventré. A coups de canon de fusil, d'un fusil chargé, on abaissa les fourches et on prit à bras-le-corps par derrière les deux hommes ; le lendemain, ils faisaient route ensemble.

Mais je m'arrête !

A Paris, maintenant, dans la poussière, la fumée, le bruit !

Il le faut, on le doit :

> Ta joie est de rêver, mais ton devoir d'agir.

## LA LESSIVE

Au pays c'était fête les jours de lessive.

Une fois le coulage fait, quand on avait ouvert les fenêtres, chassé la buée, éteint le feu, la gaieté renaissait des cendres.

On partait alors pour la rivière, et sur l'herbe verte on étendait le linge blanc; on venait de temps en temps jeter des gouttes d'eau comme des perles, et le soleil éclairait cette neige dont les flocons s'agitaient au vent.

Toute la famille était là : grands parents, petites cousines. On riait et l'on se battait; vers midi, on s'asseyait en rond autour d'un gigot froid ou d'une daube, et l'on mangeait avec un appétit du ciel. On laissait l'eau dans la rivière, et l'on buvait, pour cette fois-là, du vin pur. Quand on se levait de *table*, les parties de barres s'engageaient, ou bien on jouait aux quatre coins. C'était presque toujours le même qui était le pot.

La digestion faite et la sueur du front essuyée, on entrait dans l'eau jusqu'à mi-jambes, et l'on poursuivait sous les pierres bleues de petits poissons qu'on n'attrapait pas. Si par hasard on en prenait un, on lui enlevait, à force de le tripoter, les écailles, comme si l'on eût gratté un clou d'argent! On faisait le poisson aussi, et l'on allait dans l'eau jusqu'à ce qu'on en eût à la poitrine.

La rivière babillait joyeuse : dans quelques coins, muette et calme, elle dormait à l'ombre des arbres qui miraient dans le flot tranquille leur tête ébouriffée.

Et les mères d'avoir peur!... mais on revenait sur la rive, pesant et les habits collés; la brise séchait la laine des culottes, la soie des cheveux, on fumait au soleil. Un baiser par-ci, une calotte par-là, tout était dit.

Le soir on rentrait bien heureux, bien las; le linge était blanc, on en avait pour une année! Et la vieille servante, de ses mains honnêtes et pleines d'écailles, empilait le tout dans l'armoire qui grinçait doucement et sentait bon.

## PAQUES

Demain matin, les cloches partiront pour Rome et y resteront jusqu'à samedi. Les sonneurs vont faire relâche ; Quasimodo dînera chez Esmeralda.

Nous allons donc, pendant trente-six heures, n'entendre d'autre sonnerie que celle du fontainier qui marche lentement, du marchand d'horloges qui, comme Sisyphe, remonte éternellement son réveil-matin, du repasseur dont la meule ambulante porte en aigrette un carillon ; les ânesses et les chevrettes gardent aussi leur clochette au cou pendant la semaine sainte ; il n'y a que le beffroi du collége qui ne s'arrête pas et sonne implacablement les heures de récréation ou d'étude.

Mais voici dix jours de vacance !

Oh ! quand arrivait le vendredi saint, je me rappelle avec quelle joie furieuse je remerciais Notre-Seigneur d'être mort juste au commencement du printemps, pour me permettre d'aller écouter les oiseaux qui s'essayaient dans les arbres de notre jardin, comme les musiciens s'essayent à l'orchestre, passent là colophane, grattent de l'archet, quand on va commencer la pièce !

Demain est le premier des trois jours de deuil que l'Église catholique a rendus sacrés en commémoration de la passion de Jésus, et, après-demain, au fond des chapelles, on verra luire dans les nuages sanglants ou pâles le flambeau de la foi sur le tombeau de Jésus-Christ.

Toutes les églises ont leur sépulcre qui est ombragé d'arbres funèbres et qu'éclaire une lumière triste. On croirait être vraiment en face d'une grande agonie, et ce fond du temple semble être le dernier coin d'un monde qui va mourir.

Il y a, suivant que les églises sont riches ou pauvres, et que les ordonnateurs de ce pieux spectacle ont du goût ou n'en ont pas, des décors brillants ou poudreux, des draperies fanées ou fraîches, et les tapis rouges ont l'air de taches de vin ou de traînées de sang.

On apporte là quelquefois de vrais rochers, dans les fentes desquels courent encore des insectes. Des femmes en deuil, des chrétiens recueillis viennent s'agenouiller devant ces caveaux où dort pour trois jours un Dieu.

Toutes les communautés religieuses — les cloîtres excepté, — les écoles chrétiennes, quelques écoles libres, les sœurs de charité, tous ceux ou toutes celles qui passent leur vie aux pieds ou sur les côtés des autels, s'en vont de paroisse en paroisse visiter les chapelles ardentes; pèlerinage destiné à rappeler les stations de Jésus depuis le Jardin des Oliviers jusqu'au Calvaire.

En province, dans quelques pays du centre, dans le midi surtout, les trois jours saints sont remplis par des solennités et des cérémonies religieuses d'un aspect souvent pittoresque et tragique, sans compter que l'imagination des prêtres et des dévots crée quelquefois des spectacles auxquels la curiosité provinciale fait des triomphes.

Les paroisses y mettent une émulation sacrée. Il

s'agit d'avoir un tombeau plus sinistrement éclairé, des apôtres plus noblement vêtus, et de trouver, pour imiter les oliviers, des pins ou des orangers dont les feuilles, au sortir de là, auront pendant huit jours une odeur de cire et d'encens.

J'ai vu de ces chapelles admirablement ornées au fond des cathédrales de chefs-lieux. Je voudrais être, cette semaine, dans la ville où j'ai grandi, pour y retrouver la trace des impressions que je ressentais quand, tout enfant, plein de respect pour le bon Dieu et d'horreur pour le Diable, je suivais ma mère dévote et recueillie dans son voyage à travers les jardins d'oliviers qu'avaient plantés dans les différentes paroisses les sacristains.

O démon terrible de l'orgueil! J'enviais le supplice de Jésus au lieu d'admirer son courage, et j'aurais été, avec ma toupie dans mes poches, à une mort pareille, si elle avait dû me donner l'immortalité. J'aimais, dans ce temps-là, une élève de mademoiselle L..., qui avait dix ans; je me serais livré à Caïphe tout de suite, si j'eusse été sûr qu'elle épongerait, comme Véronique, ma frimousse sanglante, sur le chemin du gibet!

Pourtant, comme on était poltron!

Les chants lugubres de la procession du soir nous inspiraient une terreur sourde, qui augmentait quand passait sous les fenêtres la bande sombre des pénitents!

Il y avait les pénitents noirs et les pénitents blancs. Les premiers, vêtus en anges des Catacombes, portaient leur grande robe comme un drap de cercueil; les autres semblaient drapés dans un suaire. Ils agitaient des flambeaux, des torches! Les torches étaient aux mains des pénitents noirs. Leurs têtes étaient enveloppées d'un masque de laine sombre ou de toile blanche percée aux yeux.

Je ne savais pourquoi ces gens s'habillaient ainsi.

Je les prenais pour des pêcheurs du purgatoire qui allaient avoir fini leur temps de passage sur la terre, en attendant le prochain départ pour le ciel. Ils n'avaient point l'air humain, et ma vieille tante prenait plaisir à me laisser dans ce doute infernal et mystique.

Mais je commençai à douter de leur impalpabilité terrestre et le scepticisme envahit mon âme, quand, à une représentation des *Diamants de la couronne*, je vis passer encore des pénitents, simples voleurs ! Ma foi ne sombra point peut-être, mais ma tante aurait mieux fait de me dire que les pénitents de mon pays étaient les voisins de mon quartier, qui, en attendant le purgatoire, jouaient au loto tous les dimanches dans le fond de leur boutique, boulangers, marchands de draps ou apothicaires.

Avant la procession, on a lavé les pieds aux enfants. L'archevêque, après avoir officié pontificalement, et envoyé la bénédiction aux fidèles, rassemble douze des enfants de chœur pour représenter les douze apôtres; et leur fait enlever leurs chaussures. Puis, l'on apporte un bassin en argent. On a pris des précautions, et les enfants ont été plongés d'avance dans un bain qui a noyé toutes les souillures de l'an passé !

L'archevêque essuie le tout avec une serviette en toile de lin, ainsi que l'avait fait Jésus pour les apôtres.
— *à ce qu'on dit*.

Dans les pays où les processions sont permises, l'évêque, après cette opération, prend le saint-sacrement de l'autel, et, entouré des douze enfants déchaussés, se place sous un dais.

On sort de l'église.

En tête marche, comptant ses pas, les yeux en l'air, le porteur de la métropole, que sa bannière entraîne. On est obligé de le relayer pour qu'il ne s'écroule pas;

le vent fait claquer le velours sur la hampe, et le souffle d'en haut va déraciner le sacristain vaincu.

Le suisse, quelque boulanger du coin, rouge et gras, s'avance impassible dans ses habits écarlates, et fait sonner le fer de sa hallebarde sur le pavé. Les enfants admirent son baudrier d'or et la médisance mord ses mollets.

De chaque côté de la procession se balancent les bannières de toutes les paroisses.

Derrière, sur le bruit du *signal*, livre à tranche de bois, les enfants des écoles chrétiennes entonnent, à tour de sexe, des cantiques que frère Anselme a fait répéter, pendant les derniers quinze jours, à grands coups de férule!

Puis c'est la compagnie de la Propagation de la foi, la société de Saint-Vincent de Paul, etc., etc. Les pompiers ferment la marche, et leur musique ou celle du collége souffle dans le cuivre quand les chœurs se reposent.

Les colonels pieux envoient les trombones du régiment qui exécutent aux stations des airs sacrés. On voit flotter de loin sur les robes blanches les écharpes bleues et briller sous le soleil l'or des étoles!

Quelquefois la tragédie chrétienne marche à pied dans les rues.

Deux pénitents vont tête baissée et les mains liées derrière le dos. Ils représentent les deux larrons crucifiés aux côtés de Jésus.

Un homme déguisé en soldat romain porte une éponge au bout d'un bâton — c'est quelquefois le marchand d'éponges lui-même. Jésus sert de compère.

# PRENDS TON SAC!

J'ai lu dans les livres que jadis en France on soûlait les passants dans les cabarets du Pont-Neuf ou sur le quai de la Ferraille. Quand ils étaient ivres, on leur faisait mettre leur nom ou une croix au bas d'une feuille de papier. Une fois ce chiffon signé, on était soldat du roi.

Tout était combiné à merveille pour exciter la gourmandise et amener la soif.

La veille du mardi-gras et de la Saint-Martin, on promenait autour des bureaux de recrutement de longues perches surchargées de dindons et de poulets gras. Les pauvres diables qui flânaient, le nez au vent, le ventre vide, suivaient de l'œil et la narine ouverte ces drapeaux qui allaient cuire. Ils se rangeaient sous la bannière et mordaient à l'hameçon, qui avait la forme d'un pilon de dinde ou d'un croupion de poularde.

C'était fini! On ajoutait dans leur assiette trente livres; ils étaient enrôlés et tenus d'aller mourir, au premier signal, sur un champ de bataille.

La Révolution française vint dire : « Tout citoyen se doit à la défense de la patrie. » On institua le tirage au sort.

Cette égalité devant le danger ouvrit la porte à l'héroïsme et au génie. On vit des garçons d'auberge devenir rois, et des cuisiniers mijoter la victoire chargés de brochettes et couverts de crachats.

Les guerres de l'Empire, en rassasiant la France de gloire, lui prirent le meilleur de son sang. Ah! je ne récrimine pas, grand Dieu! il fallait vaincre. Tous ceux qui pouvaient porter un fusil partaient. Quelques-uns, trop faibles, mouraient de fatigue en route. Un homme coûtait vingt mille francs. Il fallait se racheter deux fois, trois fois, et se rendre au camp à la quatrième, si la bourse était vide et que le canon grondât toujours.

Je me souviens des récits que j'entendais faire le soir, à la veillée, dans notre grande maison vide des Cévennes, par de vieux soldats balafrés, qui avaient eu des amis ou des frères tués à leurs côtés sur la route qui va « du Caire à Wilna ». Ils m'avaient donné la passion de la guerre, et moi aussi, comme Lazare Hoche devant la porte de la fruitière, je me faisais avec du papier des chapeaux de général, et j'étais heureux que ma culotte fût fendue par derrière pour que mes « hommes » pussent avoir un drapeau.

J'ai mes blessures. Je porte encore sur la paupière la marque d'un coup de sabre — en bois — que me donna, quand j'avais sept ans, certain Isidore, dans une rencontre qui est restée obscure. Je ne vis pas de cet œil-là pendant trois semaines, je souffris en silence et avec orgueil : j'aurais voulu devenir borgne, et je rêvais la croix.

On ne me laissa plus aller rôder le long du ruisseau et dans les cours, et l'on commença à me faire peur de la conscription. A cette époque remonte l'histoire de ma *tirelire* — cette tirelire affreuse, avec sa bouche sans dents!

Toutes les piécettes blanches qu'on me donnait aux fêtes, quand j'étais premier, passaient là, sous le prétexte que je serais bien aise, à vingt et un ans, de trouver quelques sous pour m'acheter un remplaçant si je tombais au sort.

Nous demeurions à côté d'un marchand d'hommes.

Quoi! c'était pour ces gens aux pattes violettes, se balançant, comme des ours qui ont bu, dans leurs blouses de toile luisante, en casquettes de boulanger, traînant des femmes au nez veiné avec des poitrines énormes, qu'on égorgeait toutes mes petites gaietés d'enfant!

Cet homme qui passait là-bas ivre et grossier irait se faire tuer pour moi! J'en pleurais de rage, et j'avalai un jour la pièce plutôt que de la donner. Je la rendis, n'ayant jamais su rien garder, mais je fis aussi rendre à la tirelire, ce qu'elle avait pris; je la mis, elle, la tête en bas, et je trouvai moyen de faire glisser les pièces à travers ses lèvres; je les remplaçai par des boutons de culotte et j'allai faire des orgies dans l'arrière-boutique d'un pâtissier, où j'avais ma pipe! Nous fumions dans des têtes de sapeur ou d'Abd-el-Kader pendues à des tuyaux verts! On se serait cru quelquefois sur l'Océan un jour d'orage! Mon Dieu, mon Dieu, vous me pardonnerez beaucoup, car j'ai beaucoup souffert!

Voilà comment je mangeais mon remplaçant en frangipane et en tabac. Je ne suis pas très-fier de ma petite opération; mais c'était après tout de l'argent à moi, et d'ailleurs, je n'ai pas eu besoin d'acheter un homme. Ma mère me dit, quand il fut bien entendu que je ne serais pas soldat : « Casse ta tirelire. » Ce fut comme une éruption de boutons!

Tous les cabarets étaient pleins, il y avait dans l'air l'odeur de la terre des champs, du fumier de cheval, du fromage bleu et du vin blanc. Des bourrées folles étaient exécutées par des garçons en veste verte et en pantalon ventre de vache; les bonnes amies pleuraient, assises sur les marches de l'auberge, en tâtant le scapulaire ou égrenant un chapelet pendant que les hommes vidaient les verres ; enfin, on s'organisait et on partait en rang. Un garçon prenait la tête, une canne de tambour-maître en main, et l'on allait à la commune, en chantant, comme les Girondins allaient à l'échafaud.

Quelquefois les villages venaient, tambours en avant, maire en tête, conscrits en queue. L'hercule de l'endroit portait le drapeau ; les trois couleurs brillaient dans la plaine le long des routes jaunes, au bord des forêts rousses !

Certain village n'avait jamais qu'un conscrit, mais il arrivait avec six tambours en ligne et son maire en écharpe. On voyait de loin le cortége descendre des hauteurs.

Une fois, par hasard, la commune eut deux hommes pour le tirage. L'année suivante, épuisée, elle n'eut pas de conscrit : elle envoya encore sa musique, son maire et son drapeau.

Le soir, c'était plus triste. Après qu'ils étaient sortis comme des fous, dansant, hurlant, de la salle de la mairie, quand ils avaient agité leur chapeau à en casser les ailes, la raison ou l'ivresse venait. On entendait, à la porte, sangloter les bergères, et il y avait des larmes dans les yeux des mères. Elles allaient chez le notaire ou à l'église, pour acheter une messe ou vendre un champ. Le conscrit, lui, filait au cabaret. Là les bouteilles se vidaient et volaient dans l'air ; il roulait des torrents de vin, parfois des flots de sang. J'ai assisté, il y a quelque vingt ans, à une horrible lutte. On se battit à coups de compas ; un forgeron fendit une tête d'un coup de marteau.

Il n'en est plus tout à fait de même aujourd'hui. Il y a moins de folie le matin, moins de fureur le soir, ils n'aiment plus autant l'herbe et les arbres, ces fils des vieux paysans endurcis, et ils ont moins peur d'être soldats, parce que les casernes sont dans les villes.

A Paris, on arrive aussi par bandes, bras dessus, bras dessous, on titube et l'on chante.

On se rassemble sur le cours récemment planté de platanes, entre la caserne et l'Hôtel-de-Ville.

Vient le soldat carottier qui, sous prétexte de conseils à donner pour l'avenir, se fait rincer la gorge, *laver le fusil*. On vend des *troix-six* d'un *rond*, des cigares d'un sou, des montres en argent de cinq francs. A chaque coin sont dressées de petites tables chargées de cartons en losange où sont imprimés en gros caractères les divers numéros. Des rubans de toute nuance et de toute longueur s'allongent et claquent au vent! Ils sont violets comme le liséré d'un camail, bleus comme un pan de blouse, blancs comme l'argent et verts comme l'espérance.

Le rouge domine. C'est la couleur des batailles, et puis il suffit d'en couper un coin pour avoir un ruban de croix d'honneur !

# LE JOUR DE L'AN

Tout petit déjà j'entendais mon oncle me dire : « Te voilà un grand garçon maintenant, j'espère que tu vas être sage cette année. »

Je tortillais dans mes doigts ma casquette à glands, je me mouchais dans mon compliment, mais une fois que l'oncle avait tourné la tête, j'allais sur le carré appeler un mioche aussi mal culotté que moi, et nous nous montrions nos étrennes en nous moquant de nos promesses. Il ne restait de l'admonestation avunculaire qu'un dégoût précoce de la vertu et un amour plus vif des sucreries et des sous neufs.

J'ai toujours eu le mépris des solennités patriarcales.

Pendant la dernière semaine de décembre, j'avais des bâillements et comme la fièvre à me dire qu'il faudrait, avec tous les autres, en rang d'oignons, frères, sœurs, cousins à la mode de Bretagne, à la mode de Caen, se rendre le matin dans la chambre des grands-parents et réciter à tour de rôle une fable de La Fontaine ou de Florian. On m'avait rendu la vie malheureuse pendant huit jours pour me faire entrer dans la tête ces vers auxquels je ne comprenais goutte, et j'a-

vais inspiré de la haine au maître d'école, parce que
j'avais usé pour mon compliment deux feuilles de papier
à fleurs! La bonne m'avait, dans la soirée, étrillé à
m'user la peau, j'avais l'épiderme en feu, le nez luisant,
les mains crispées. C'était un quart d'heure terrible à
passer, et je me rappelle mes frémissements, quand
mon parrain, qui n'avait jamais la barbe faite, frottait
son menton à galoche contre mon nez en pied de marmite.

Et puis ma mère exerçait sur mes dragées à liqueur
o mes papillotes à pétard une surveillance qui m'a,
toute mon enfance, humilié, irrité, navré. Il m'était
défendu d'en manger à ma guise, on faisait durer la
boîte jusqu'au janvier suivant, et l'on m'accusait d'avoir
l'esprit de contradiction et de révolte si, à la fin du second
trimestre, il m'arrivait de faire la grimace en face
des fruits qui tombaient en cendres. J'ai léché — par
ordre — des bonbons qui semblaient venir de Pompéi.

On m'achetait des diligences en zinc, mais je ne devais
pas les faire rouler; des trompettes en cuivre, mais
il fallait en sonner dans la cave, et je n'avais le droit,
pour les tambours, d'écorcher leur nombril qu'en pleine
campagne! C'est à partir de ce moment, je crois, que
je me suis défié des protections et que j'ai rêvé pour les
individus et pour les peuples les avantages et les périls
de la liberté. On ne me laissait pas, à dix ans, dévorer
mes étrennes, faire des *rra*, des *fla* sur mes tambours
de bois; à quinze, j'organisais des révoltes et j'allumais
des punchs dans le dortoir. C'est toujours ainsi: comprimé,
on éclate; on va du sucre à la poudre, du bonbon
au brûlot; on veut, dès qu'on n'a plus les mains serrées,
exercer à tout prix son indépendance. Cet exercice-là
coûte cher souvent. — Laissez aux enfants les
pralines, laissez au môme l'indigestion! (*Bis.*)

Il m'est arrivé, en seconde, d'être privé de sortie le
jour de l'an. Horrible!

Nous étions dans l'étude, quelques consignés et deux ou trois créoles, des coupables et des exilés qu'on menait en bande chez le proviseur, lequel jouait avec les cordons gras de sa soutane — c'était un prêtre — et nous adressait d'un air paterne une allocution. Il cherchait un sourire aimable pour nous, un geste humiliant pour le pion ; nous sortions béats et gauches, saluant à faux, renversant les chaises. — Je l'aurais tué !

On nous faisait l'aumône au réfectoire, c'est-à-dire que l'économe arrivait en calotte noire chez le *dépensier*, et ils méditaient ensemble l'achat d'un volatile coriace qu'on servait au dîner. Je n'ai jamais aimé, pour ma part, ces dindes spongieuses, cassantes, qu'on aurait dit en *bois flotté*, et je laissais volontiers ma cuisse aux camarades ; mais tous n'avaient pas la même indifférence : j'ai assisté à des luttes terribles autour du plat ; on se disputait les pilons, on s'arrachait l'*évêque*. Tel croupion a amené des inimitiés mortelles.

Il vient un moment où l'étrenne est en argent : on reçoit la première pièce de cent sous.

A partir de ce moment, le jour de l'an est, pour plus d'un, la journée des dupes. On montre cinq francs à l'adulte et on lui dit :

« C'est pour tes étrennes ! »

Puis, quand il étend la main, la pièce s'éloigne : elle doit aller grossir le fonds de réserve. Ce sera une ressource au cas où il deviendrait bossu, aveugle, idiot... Dieu lui refuse ces faveurs, et il n'a, pour ses orgies de lycéen, que ses *semaines* de dix sous, auxquelles le *fort en thème* ajoute des ventes usuraires d'*exordes* et de *fins de vers*. Avec le produit de ces trafics il achète du melon en promenade et se procure du saucisson par l'entremise des externes.

On grandit, on a vingt ans, on est étudiant ou surnuméraire, apprenti banquier, aspirant poëte : on trotte dans Paris en bottes vernies ou en souliers troués. Il arrive des étrennes encore.

Ce sont les grands-parents, la mère, le parrain, les tantes qui envoient sur la poste un mandat rouge...; le père, lui, ajoute quelques *louis* au mois, et avec cette manne de province, on va au bal, on soupe! il y a des truffes ou de la choucroute, du sillery mousseux ou du vin à seize; la femme s'appelle Margot, Rigolette ou Paquita. C'est généralement fort triste, ces repas-là, et le lendemain on a la tête lourde, la peau sèche et la bouche amère.

Quelquefois aussi la bourse est vide.

Je me rappelle une table d'hôte autour de laquelle plus d'un s'assit frémissant, inquiet, certain matin du jour de l'an... On n'avait pas de quoi offrir des oranges à l'hôtelière, à peine de quoi jeter le denier fatal dans le tronc du garçon, baril en terre cuite grand comme un verre et qui semblait à ces décavés le tonneau des Danaïdes.

J'arrivai comme le messie avec quatre *valences* et une grenade. On se distribua les valences sous la table; je gardai la grenade. Elle avait une queue d'étoupe qui me resta dans les mains: « Si nous nous suicidions! » dit l'un. « — Embrassons-nous! » dit l'autre. Il y a de cela huit ou dix ans : pas un ne s'est suicidé, pas un n'est mort, et la plupart son en train de faire fortune ou de devenir célèbres.

Passé la première jeunesse, le 1$^{er}$ janvier n'entraîne plus que des obligations et l'on commence à l'insulter tout bas : il faut donner à l'un à l'autre, donner et ne pas recevoir!

Quel mois pour l'employé!

J'ai été employé quatre ans. Elles me compteront pour l'autre monde, ces années-là!

Je me souviens des misérables et désolantes démarches qu'on tentait, à ce moment, pour avoir une gratification ou pour monter en grade! On dépendait quelquefois d'un pitoyable sire, qui, méprisé de tous, ignorant, commun, était arrivé à la force de l'ancienneté, et se vengeait de son impopularité sur ceux qui étaient, à côté de lui, intelligents et dignes. Mon cœur se soulève à y songer.

Toutes les administrations sont farcies de gens à diplôme, poussés là par la misère, bacheliers ès lettres, ès sciences, licenciés, docteurs, qui, au nouvel an, ont l'estomac serré. Il s'agit pour eux d'une augmentation ou d'un supplément qui est nécessaire à l'équilibre de leur budget. C'est pour payer leur terme, acheter du bois... avoir un enfant!

<blockquote>Ils pourront se passer le luxe d'un garçon.</blockquote>

Il faut voir un bureau, le matin du 31 décembre. On ne sait rien et l'on craint tout. Un *ordonnance* est arrivée à cheval, la veille : on a vu le chef causer à voix basse avec le directeur. On arrête au passage ceux du *personnel* pour savoir s'il y a du *mouvement*.

Galuchet sera-t-il commis? Qui le remplacera?

Bixiou a peur! — Il avait choisi un bureau obscur, dans lequel il pouvait, abandonné et libre, faire ses caricatures ou ses chansons : on va peut-être le déplacer et le jeter dans un service *où le public vient!* C'est un accroc fait à la gloire, l'ambition blessée à l'aile : il faudra rédiger des actes, recevoir des réclamations, mesurer les conscrits, taxer les chiens!

Que devient la scène du troisième acte? où prendra-t-on le temps de marier l'artiste et la grande dame? Cet album de musique ou de dessins qu'on écrivait derrière le mur de cartons verts, aura-t-on le loisir d'y travailler encore, et, de dix à quatre, pourra-t-on voler des heures pour le finir?

Quelques-uns jettent la manche de lustrine au vent;

ils n'aperçoivent au loin qu'un avancement tardif avec des appointements chimériques : ils voient l'horizon borné, et ils préfèrent se lancer, tête baissée, dans l'aventure.

S'ils ont du courage et de la chance (car il en faut!) ils réussiront; sinon, c'est la misère avec l'inaction par force, ou la paresse par fatigue. Plus d'un regrettera de n'être pas revenu au bureau le 2 janvier!

Voilà, pour le commun des mortels, l'histoire de tous les jours de l'an. Il n'y a guère que les enfants pour qui c'est une fête, mais une fête d'autant plus gaie, que l'ardeur scolaire finit quand l'année chrétienne commence.

A la pension et au lycée, de mon temps, on ne travaillait bien et l'on ne bûchait vraiment que depuis la rentrée jusqu'au jour de l'an, en exceptant encore la semaine qui suit le retour et celle qui précède le congé, soit du 9 octobre au 22 décembre.

Mais, Noël venu, la foi tombait.

A cheval sur un boudin, la pensée filait au pays de la gourmandise et du *far niente*. On en avait bien pour une semaine à se remettre des fatigues du grand jour : le carnaval bientôt montrait le bout de son faux nez : Mardi-Gras sonnait dans sa trompe, et les jours devenaient plus longs : c'est-à-dire qu'il passait dans l'étude, par bouffées, un vent doux qui faisait rêver, et l'on regardait dans le ciel pâle le soleil se lever, s'éteindre...Pâques était là qui creusait un trou : c'était fini, il faisait si chaud! Les compositions de prix approchaient, et la distribution solennelle arrivait avec son cortége de joies précoces.

Je compte pour bien peu, ma foi, le temps que les enfants perdent à ne pas apprendre un grec stérile et un latin moisi — qu'ils paressent donc à partir d'aujourd'hui! — mais je compte pour beaucoup la joie qu'ils éprouvent à manger pendant quelques jours des marrons glacés au lieu de haricots sans beurre, et il me semble que la gaieté est la vraie mère de la vertu. Je vote donc le maintien des étrennes pour les moutards, mais je joins ma voix à celles qui en demandent la suppression pour le grand nombre.

Mes raisons sont celles de tout le monde. Seulement, je trouve qu'on n'insiste point assez sur le caractère de servilité grotesque qui s'attache au respect de ces anniversaires !

Pour moi, j'ai honte à me coller aux joues le masque de bonté niaise du 1ᵉʳ janvier ! Je ne sais comment aborder ou répondre : il m'en coûte de dire à des crétins que je voudrais voir morts, que *je la leur souhaite bonne et heureuse et accompagnée de plusieurs autres*, et il est des mains qui me donnent froid quand je les serre. Enfin j'ai sur la pente de l'accolade des scrupules de sensitive, et vous avez des gens qui se jettent dans vos bras et y passent plusieurs instants !

## LES FEMMES !

Les femmes ? Hélas ! elles sont à tout le monde, ce jour-là ! Or le bonheur que tous partagent n'est plus pour chacun un bonheur, et la liberté que j'ai d'appuyer mes lèvres sur un front blanc, souffre de la liberté qu'ont les autres de faner ces joues fraîches. Il m'est arrivé de pleurer — quand j'avais vingt ans — en pensant que telle tête pour qui déménageait la mienne allait passer sous la bouche et dans les mains de tous ces gens... sans compter qu'à cette occasion le mari qu'on trompe ou le rival qu'on craint ont tous les deux droit d'insister ; ils fêtent comme ils l'entendent, par la caresse ou le cadeau, un amour d'habitude ou une passion d'aventure...

Restent les pauvres.
Mais c'est en faveur de ces pauvres que je demande

l'abolition des coutumes fatigantes et coûteuses du jour de l'an !

Au lieu d'envoyer des cartes (on oublie des noms, on perd du temps, du papier et de l'encre), ne pourrait-on, comme on en a parlé déjà, faire offrande de tous ces frais à ceux qui ne reçoivent d'autres visites, hélas ! que celles du médecin ou de l'huissier, qui souffrent de la faim ou qu'on va chasser de leur taudis ? Nous secourrions ainsi quelques malheureux sans ruiner personne !

Car je ne prêche pas l'abstention : j'aime les riens charmants qu'éclaire le gaz de décembre, ces parfums d'ambre, ces lueurs de nacre, tout ce qui flambe et danse aux yeux comme la poussière au soleil. L'art met dans ces merveilles son génie et sa grâce. Le pauvre, en passant, emporte un peu de tout ce luxe et de ce bonheur, et dans l'atmosphère heureux du superflu s'éteignent les cris de la nécessité.

Je veux donc les couleurs qui chantent, le bonbon qui fond, la fleur qui embaume, mais on devrait, pour savourer tout cela et l'offrir, choisir son heure !

Entre le sac de marrons glacés que nous apportons pêle-mêle comme des gogos leur argent, et celui que nous irions porter un soir tout seuls, au coin du feu, il y a, pour le parfum, la différence du bouquet qu'on achète à la fleur qu'on cueille, et l'on peut cacher un diamant tout de même — perle ou larme — dans une touffe de violettes.

En un mot et pour finir en philosophe, je suis pour l'initiative de l'individu contre la tyrannie de la tradition, pour les bonheurs discrets contre les joies publiques, et je ne voudrais pas que l'almanach religieux ou profane me fixât mes jours de prodigalité et de bonne humeur. Tout ce tapage de Noël ou du jour de l'An, de Pâques ou de Mardi-Gras, ne vaut pas un dîner mijoté dans l'ombre, un pique-nique improvisé, un souper d'amour !

Je fuis toujours quand sonne l'heure des charcuteries pieuses ou des dragées banales. J'étais à Chatou la nuit du réveillon, à Joinville-le-Pont le 1ᵉʳ janvier. Nous allions joyeux par les chemins humides, buvant la fraîcheur du vent et l'odeur des rivières!

## UN GRAND VOYAGE

J'ai fait un voyage : je suis allé à Bougival.
Toutes les fois que je me déplace, je suis heureux. Quand j'étais enfant, dès qu'on parlait de transporter ses pénates ailleurs, je sautais de joie, et tous les tracas du déménagement ou du départ étaient des bonheurs pour moi ; nous serions allés en Sibérie que je n'y eusse point regardé ; j'éprouvais un plaisir fiévreux à entendre le bruit des marteaux sur les caisses ; je feuilletais, pendant qu'on les emballait, les livres d'images, et je retrouvais toujours dans la poussière, sous les tas, des choses perdues ou oubliées, qu'on m'abandonnait la plupart du temps et que j'allais oublier ou perdre ailleurs.

Quand on filait pour la campagne, quelle fête ! L'air de la plaine, l'odeur des prés ont toujours rafraîchi et mon cœur et ma tête.

Quel rêve j'ai fait souvent !
Passer six grands mois de l'année dans un petit village collé au flanc d'une montagne ou éparpillé au milieu des bois, vivre là perdu dans le silence, courir en sabots de paysan ou avec les guêtres du chasseur, à

travers champs, le long des rivières, entendre chanter l'eau du moulin, écouter gémir les arbres, regarder monter la fumée blanche du matin et la fumée grise du soir!

L'hiver serait accordé à Paris, où l'on vivrait alors au milieu du monde; on se jetterait en plein courant, et l'on piquerait des têtes aux endroits dangereux. Ce seraient les voyages à travers les comédies et les livres qui poussent par touffes sur les boulevards dans les temps de neige; ce seraient les soirées, les fêtes, avec les hasards d'une existence libre, dans laquelle on forcerait l'émotion, absolument comme on force la carte...

Et en même temps qu'on serait cigale, on se ferait fourmi! Toutes les sensations subies sur le pavé boueux de Paris, on les recueillerait avec un soin jaloux, et quand les bourgeons crèveraient de joie, que les arbres auraient des feuilles follettes, au premier vol d'hirondelles, on fuirait bien vite vers le calme et le silence, au milieu des fleurs, sous les grands arbres, et là les émotions s'épureraient; on extrairait du souvenir tragique ou doux le miel ou le sang. En face des prairies baignées de soleil, on écrirait... la tête et le cœur à l'ombre!

. . . . . . . . . . . . . . . .

Nous allions donc à Bougival — en février!

Je suis de ceux qui aiment la campagne l'hiver. J'ai des souvenirs précieux comme des diamants.

Il m'est arrivé de voir une forêt poudrée à blanc, en casque de neige. On eût dit un palais tout guilloché d'argent: le soleil y jeta à midi un bout d'écharpe. Je fus ébloui comme un voyageur au milieu du désert!

Une autre fois, je repassais à travers un bois où tous les arbres me connaissaient; ils avaient entendu murmurer à leurs pieds bien des paroles tendres et j'avais, sur leur écorce, entrelacé deux lettres...

J'étais arrivé au haut de la colline, poussant devant moi les feuilles sèches qui criaient, me penchant parfois pour arracher des violettes à moitié mortes : je m'arrêtai.

Mon regard embrassa l'espace.

Sous un ciel blanc triste couraient des nuages, lourds et veinés comme des blocs d'agate ; les arbres tendaient leurs bras décharnés, un oiseau poussa au loin comme un cri de détresse. C'était grand comme la douleur. Mon âme s'échappant de sa cage, plana en haut, aigle blessé, et je n'ai encore, à cette heure, qu'à évoquer cette minute pour sentir les ailes meurtries de cette âme frémir et se tordre.

Je prends mon billet.

J'entends un homme qui vient d'en payer deux dire :

— Très-gentil, ce buraliste, je n'ai eu qu'à les lui demander, il me les a donnés tout de suite, et il m'a promis de ne pas nous faire attendre.

La salle d'attente est pleine, muette et triste comme toutes les salles d'attente. On y voit l'éternel soldat portant ses bottes en bandoulière, la fermière chargée de chaînes d'or, l'entrepreneur en chapeau gris et deux ou trois couples d'amoureux.

Ils se sourient et se regardent, la main dans la main, les yeux dans les yeux.

Je suis seul et je meurs d'ennui. L'odeur est fade, le jour est triste. Pourquoi nous garder ici et ne pas nous laisser libres sur les trottoirs de la gare ?

On part.

Les amoureux ont cherché des compartiments déserts ; le soldat a pris le dessus pour fumer sa pipe ; un groupe de voisins de campagne monte en wagon.

Un homme, qui a un pantalon trop long et un chapeau trop large, demande à tout le monde si c'est bien là le train qui va à Asnières. On lui répond : Oui, oui, mais il n'en est point sûr; il consulte de nouveau, se décide enfin à entrer. Assis, il regarde encore par la portière, inquiet. C'est un Normand.

Je suis dans le même compartiment; nous causons de cette Normandie que j'adore. A chaque pâté de maisons qu'il voit, notre homme s'interrompt pour me demander si nous ne serions pas, par hasard, dans un *express* et si l'on ne dépasse pas Asnières. Il me lasse, je suis tout content quand il descend, et alors seulement je puis voir la campagne.

Les arbres sont maigres encore, ils ont l'air, avec leurs branches nues ou leur petit bouquet de feuilles en haut, de plumes d'oies de collége et de queues de chiens de berger.

Mais de loin le paysage est beau.

Le roux domine, et quelque verdure à peine grimpe ou s'étale sur les coteaux ou dans la plaine. Elle ressemble, cette plaine, vaste et aride, à une carte d'échantillons de marchand tailleur. La terre est un tapis fait de morceaux, il y a des bandes noires, d'autres moins sombres; ici c'est la couleur de la craie, là-bas déjà la couleur de l'herbe. Il manque le sang des coquelicots et l'or des blés. Où donc les marguerites à col d'argent, les pousses roses, les floraisons blanches?

Et pourtant comme la pensée court devant soi à l'aise! L'espace est libre pour le rêve mélancolique et joyeux. N'y a-t-il pas d'ailleurs la rivière qui marche là-bas indifférente et sereine à travers les rives, reflétant les rayons mourants du soleil ou la face claire de la lune?

J'ai grimpé, pour arriver où j'allais, une côte à pic qu'on appelle dans le pays le *raidillon*. Sur ses flancs descend, bavard et rapide, un filet d'eau. J'ai cru reconnaître la voix d'un ruisseau de mon village, qui courait froid sur les cailloux blancs, et aux bords desquels l'herbe poussait plus crue et toute pleine de petites fleurs jaunes à la clochette humide.—Eh non ! j'étais à une heure de la rue des Blancs-Manteaux.

Une heure ! Et si le chemin de fer passait par là, ce serait quarante minutes.

Affreux chemins de fer, que je bénis quand je suis pressé, mais que je hais quand je veux rêver !

> Ah ! que j'aimais bien mieux la grosse diligence,
> Avec sa robe jaune et son capuchon noir,
> Qu'emportaient au galop sur les routes de France,
> Les chevaux qui fumaient dans la brume du soir !
>
> Vous souvient-il, madame, en remontant la côte,
> . . . . . . . . . . . . . . . . ?

Au lieu de la diligence j'ai pris, pour revenir, cet omnibus américain, banal, immense, qui s'emboîte aux rails et va comme s'il n'y avait pas de chevaux. La lune éclairait de sa lueur sans reflet les arbres debout comme des sentinelles le long du chemin, ou accroupis comme des nains dans les fossés.

Dans un grand parc que nous longions, je croyais voir se promener des châtelaines qui avaient la grâce et plus la majesté ; elles s'abandonnaient à la douceur du rêve et laissaient au coin des charmilles les chevaliers leur serrer la main ; je pensais aussi à Julien Sorel près de madame de Raynal, dans le jardin ! Les étoiles brillaient comme si l'on eût percé des trous au ciel.

Et je me suis retrouvé à Paris, où j'ai écrit ces lignes, un peu mélancolique et las comme on l'est toujours au soir des grands voyages.

# LES SALTIMBANQUES

## LA PARADE

Je suis allé l'autre soir à la foire aux pains d'épice. De toutes les fêtes publiques, sans compter le 15 août, c'est celle que je préfère, parce qu'on y voit, rangée en cercle, campée dans ses caravanes et ses baraques, toute l'armée des saltimbanques, race ancienne, étrange, et qui m'attire comme m'attirent tous ceux qui se débattent dans la lutte et l'aventure. C'est si bête, la vie par le temps qui court! On est si gêné partout, que je me tourne avec curiosité vers les existences qui échappent au classement régimentaire, et fuient la règle à travers champs ou le long du ruisseau.

Les entendez-vous sur les tréteaux? Le bonisseur aboie, le paillasse glapit ; ils soufflent tous dans le bois, le cuivre et le fer-blanc : *tara ta ta, dzing, dzing, boum, boum!*

Le saltimbanque sait battre de la caisse en naissant. Il fait des rra et des ffla avant de dire papa et maman.

Pour exécuter sa batterie, tout lui est bon! de la peau, du cuir! Je ne répondrais pas que le ventre de quelques caisses ne soit pas fait d'une peau de géant ou d'un épiderme d'hercule. Tout cela bien tendu, sanglé et battu, frémit et sonne sous la baguette, et l'homme écorché fait peut-être plus de profit en musique que l'âne mort.

Il y a ensuite la trompette! trompette, cornet ou clairon! n'importe! pourvu que ce soit une note dans le sabbat, un cri féroce, un bruit sauvage!

Caisse et trompette, c'est toute la musique des pauvres.

Viennent ensuite les grandes baraques et la grosse musique : le trombone et l'ophicléide, ces articles de fond de l'harmonie: la clarinette au bec timide, ce nez en bois qu'on mouche avec ses lèvres.

Ce sont presque tous des Bavarois, ces pauvres musiciens qui s'essoufflent sur les tréteaux, des enfants de l'Allemagne.

On dirait que, le cœur rongé par un mal secret, ils ont une vengeance à poursuivre dont cette sainte nitouche de clarinette et ses frères de cuivre ne sont que les hypocrites instruments.

Je ne cherche pas le secret de leur mélancolie, et n'en ai pas moins de sympathie pour ces hauts gaillards aux larges faces, aux yeux doux, qu'on voit dans leurs longues redingotes râpées défiler sur les tréteaux de la baraque, logeant des pieds énormes dans des souliers formidables, les lèvres enflées à force de souffler dans le ventre du monstre.

Beaucoup sont vieux : leurs cheveux gris flottent au vent, et le paillasse a beau débiter ses lazzis, tirer la queue des chiens et la perruque du patron, on se sent des envies de pleurer devant ces pauvres gens qui s'époumonnent à cinq sols l'heure, loin de la patrie aux forêts vertes et aux grandes cathédrales.

Parfois on les habille en lanciers de la garde; il faut les voir pliant sous leurs shakos de banlieue avec leurs épaulettes en graine de coton et leurs plumets en saules pleureurs! Ils se laissent faire sans rire ni se plaindre, aboyant, hurlant, mugissant sur un signe du maître.

— *Allons, messieurs les musiciens, encore un petit air de musique, et l'on passe à l'orchestre!*

L'orchestre est un banc dur, mal cloué, sur lequel s'écorchent les culottes aux fonds étranges.
Pour eux, point de relâche, pas de merci!
Ils descendent dans la baraque.

— *Souffle, souffle*, dit une voix d'en haut.

Ils remontent.

— *Souffle, souffle*, dit une voix d'en bas.

*Et soufflez donc!* dit le pitre en enfonçant jusqu'aux oreilles le shako du vieux.

Ô Jacobs, ô Fritz! ils s'appellent tous Jacobs ou Fritz! combien vous donne-t-on pour souffler ainsi?
Quelques baraques ont des troupes qui les suivent; on vit en famille. Ils ont ou tant par mois, ou une part de la recette. Ils aident à monter et à démonter le théâtre. Ils font des promenades dans le faubourg ou sur la place, donnent des sérénades au public et le régisseur annonce « *l'arrivée dans cette ville* ».
Quelques-uns n'ont pas d'engagement; ils gagnent de 2 fr. 50 c. à 3 fr. par jour, et trouvent moyen de se retirer avec une vieille bourse pleine de pièces de cent sous. Avec une botte de radis et un peu de fromage blanc, ils passent leur journée : à ce régime-là, on fait des économies. En attendant la représentation du soir, en province, ils vont dans la campagne, aux portes des châteaux ou des grandes fermes, dans les cours, chez les marchands de vin et les logeurs où descend et mange la banque.
Jouant la *fille de l'air* plus souvent qu'un morceau de la *Favorite*, faisant faux bond au directeur, laissant l'or-

chestre vide, la baraque en plan, pour suivre une caravane mieux montée et qui paye mieux! Sans scrupule ni vergogne, passant à l'ennemi, ces fils de la *naïve Allemagne!* Qui le dirait à les voir? Je les plains tout de même.

*Et soufflez donc!*

Beaucoup sont mariés, et leurs femmes jouent dans les pantomimes ou paradent sur les tréteaux, en jupon court et en maillot rose.

Ou bien ils en font un monstre : pour peu qu'elle soit grasse ou hydropique, c'est un colosse; quand elle est maigre, une sauvagesse! et plus sauvages qu'on ne croit, ces filles dont on voit les mollets et les seins! Essayez-y! elles vous casseront sur les reins l'ophicléide de leur mari ou la clarinette de leur fiancé.

La musique se tait un moment. La parade commence.

C'est alors qu'il faut déployer toute son habileté et toute sa verve. Il faut attirer l'attention du public, le maitriser, et étouffer sous ses plaisanteries ou son tapage la concurrence. Il suffit d'un incident, d'un rien, pour détourner la foule.

Deux grandes baraques ou deux petites sont voisines. On a amassé le monde; on va crier : Entrrez! Prrrenez vos billets! A trrois sous, trrois sous par personne! Suivez le monde! C'est le moment, c'est l'instant!...

A cet instant, à ce moment, à côté : *Ohé! ohé! Le voilà! le voilà!* La foule se retourne, c'est le paillasse qui arrive, en femme, en conscrit, sur des échasses ou sur les mains, M. Bêtinet ou mademoiselle Jacqueline : le public se retourne, ne monte pas, quitte ceux-ci pour ceux-là, et court à la nouvelle parade, où défilent déjà les filles en maillot, les musiciens, le sorcier, l'hercule, tout le tremblement!

Les caisses battent, les clairons sonnent! On entend à peine la voix des naufragés de la première baraque! Foule ingrate! *Et dzimm et boûm, et dzimm! ra ta ta, ta, ta, ta, ta ta!*

*Ohé! ohé! le voilà, à deux sous, deux sous!*

La seconde baraque a vaincu. La *contrecarre* a réussi.

# LAROCHE

La banque a ses illustrations. En tête se trouve Laroche le physicien, qui est comme le lord-maire de la Cité roulante.

Tout Paris le connaît, il est célèbre et populaire. Je me figure qu'il mérite les honneurs de la biographie.

Il s'appelle Jean-François-Hippolyte Laroche.

Il est né le 11 avril 1815, rue du Bac, 36, au numéro même, dit-il, de l'ancienne Cour des Miracles. Son père était ouvrier charron pendant le jour et il forgeait pendant la nuit, il avait sept enfants à nourrir. Il put pourtant, avec quelques économies, acheter plus tard un petit fonds de marchand de vin avec un soleil pour enseigne, sous l'inscription, *Au bienfaisant!* barrière de la Cunette, sur le bord de l'eau.

Jean alla quelque temps à l'école où il eut pour compagnon le peintre d'histoire Lafont. Il devait revoir son copin aux Beaux-Arts, où il était modèle, tandis que Lafont était logiste.

Jean quitta bientôt l'école pour l'atelier. On le plaça d'abord chez un carrossier nommé Duval, puis chez un M. Patry, inventeur d'un zinc particulier qui ne résista pas aux événements de 1832. Le général Lamarque meurt, l'agitation se propage, le commerce tombe, Patry ferme boutique.

Voilà son apprenti sur le pavé, et pauvre comme Job fils. Sa mère lui avait donné dix francs quand il entra en apprentissage. Tout l'argent qu'il eut depuis, il dut le gagner en travaillant.

Mais il possédait déjà un mobilier qui lui permettait d'avoir une chambre à lui, où tenaient facilement une chaise et un lit de sangle. Ce saltimbanque n'a jamais logé en garni.

Patry demeurait rue Ménilmontant, 10 : au n° 8 de la même rue était Félix, le grand Félix, banquiste illustre, chez qui Laroche allait quelquefois, et chez lequel il trouva, après la déconfiture de son patron, à gagner à peu près sa vie en travaillant aux voitures, en aidant à descendre et à monter les décors, les planches.

Il fit connaissance là de Lalanne-Saqui, le frère de madame Saqui, entrepreneur privilégié des théâtres forains pour les fêtes du gouvernement. Il vit des saltimbanques, fit des tours; on reconnut qu'il était fort, on lui proposa d'exercer, et le 1er mai 1833, il parut en effet couvert d'un maillot, en culotte bouffante, sur les tréteaux.

Pour acheter son maigre costume, il avait porté sa veste au mont-de-piété, la veille.

La vigueur de Laroche appelle l'attention sur lui. *Soulassol* dit le *Toulousain*, hercule, lui offre vingt francs par mois et la nourriture. Ils font une tournée ensemble dans le Midi; mais un jour Soulassol le frappe, Laroche part en compagnie d'un jongleur, faisant ce qu'il peut en route; il tenait par le fil et allait lâcher un ballon en papier portant écrit : *Vive le roi !* quand des gendarmes arrivent criant : Le roi est mort ! C'était le lendemain de l'attentat de Fieschi.

Il rentre à Paris et pour la première fois fait *la manche* pour son compte aux Batignolles.

Il pose en même temps comme modèle chez Susse, Boudin, pour Delaroche, Coignet, Drolling, les Devéria.

Des élèves d'Achille lui offrent de lui barbouiller des tableaux; il apporte la toile, on la couvre d'hercules soulevant des familles, riant au nez des essieux et des poids!

Il fait au même moment la connaissance du célèbre Masson, alors cordonnier obscur, passage du Désir.

Ils s'associent et restent douze ans ensemble. On trouve un père à Masson : Théodore Lecomte, vieux très-solide; et un frère, le gros Ancelin, que Laroche découvre dans un chantier de bois. Voilà, sous le nom des FRÈRES MASSON, la troupe au grand complet. Toute la France l'a connue. Elle a été populaire à Paris.

Masson et Ancelin font les exercices de bras, le tour des chevaux, la mâchoire de Samson, la chaise romaine.

Laroche soulève son chariot sur lequel sont assis seize cuirassiers avec armes et moustaches, pesant, à eux seize, deux mille six ou deux mille huit cents livres! Il peut faire plus, s'il veut : il a devant moi, *à la cantonade*, soulevé quinze cents kilos de plomb.

Masson et Wolf ont été les deux premiers bras de la France! Laroche fut le premier-reins du monde.

Il tenait peu à cette réputation, il n'était pas fanfaron de sa force. Dès qu'il put, il fit autre chose, il mêla l'artiste à l'hercule!

Il fit *la double vue* avec Brunet, prestidigitateur sans pareil, intelligence d'élite, fin comme l'ambre. A eux deux, ils ont joué des farces terribles à la science et aux journalistes; demandez à H. Delaage, à Édouard Plouvier.

Cependant, l'association se rompit. Mais Laroche s'est, petit à petit, monté un cabinet de physique. Dès

1847 il commence. Il débute à la foire de Troyes, — il n'ose encore se montrer à Paris, — et ainsi se trouve expliquée sa longue absence, interprétée de tant de façons.

Enfin il se décide à prendre à Paris même la robe de physicien.

Il entre dans la place à cheval sur sa baguette, avec ses pantins mécaniques, ses tiroirs de cristal et ses machines à double fond !

Laroche n'est pas véritablement un prestidigitateur. — Il n'est ni très-adroit, ni très-savant, — il est gai ! L'accent sent son faubourg, le geste son hercule ; pourquoi pas ?

C'est un enfant du peuple qui parle au peuple, et sait lui parler, puisque la foule envahit sa baraque et que, la parade à peine finie, l'escalier est pris d'assaut.

Baraque ? S'il m'entendait !

Il ne dit plus baraque ; il dit *ma loge, mon théâtre*.

Il est *arrivé!* cela ne l'empêche point d'être bon vivant.

Comme il rit volontiers de ses jeux de mots, qui sont peut-être un peu fades pour nous les blasés, mais qu'on écoute tout de même sans fatigue, tant il y met de bonne humeur et de confiance !

Il a une série de phrases où sont combinés les noms des différents journaux, qu'il m'a débitée en se tenant les côtes, cramoisi de plaisir, la rate au vent ! Il a ensuite sa série des *dé-faux, dé-troit, dé-bine*. — « Grâce, grâce ! pitié, Laroche ! »

Il a eu *seize* enfants avec la même femme ! Dix sont encore vivants, deux garçons et huit filles. L'un des garçons est tourneur en cuivre, l'autre sort du collége de Saint-Nicolas.

Les huit filles n'ont jamais couru les foires, *fait le voyage*. Elles restaient à la maison sous la garde d'une vieille tante qui a élevé toute la famille. Madame Laroche suivait son mari, accouchait un jour à Metz, une nuit à Bruges, mais on s'arrangeait cependant de façon à ce que tout le monde naquît à Paris. A part mademoiselle Victoria la physicienne et une de ses sœurs plus jeune, tous, garçons et filles, ont été inscrits sur les registres de la mairie du 1er arrondissement.

La femme du physicien mourut en 1857. C'est depuis ce temps seulement que Laroche a avec lui ces deux fraîches et si douces personnes que vous connaissez, qui sur le théâtre, reçoivent la recette, tiennent la caisse. Cette caisse n'est pas un tambour percé, c'est moi qui vous l'assure !

Sa caravane, ses voitures sont pleines de tiroirs où flânent les billets de banque, les rouleaux d'or. J'ai vu, touché cette fortune. J'en ai encore le frisson. Je ne me sentais pas tranquille ; s'il en était resté un peu après moi, en me retournant !

Je ne lui en disais rien, mais tout bas je faisais le compte : 37,000 francs, au porteur, de petites hypothèques dans la rue voisine, un matériel immense, des voitures qu'il ne donnerait pas pour bien de l'argent, et sa maison de la rue de Vanves, toute bâtie par lui, avec l'aide d'un simple maçon.

— Je ne céderais pas tout ce qu'il y a ici pour 150,000 francs, me disait-il, ah ! mais non !

Je le crois.

Et pourtant il a payé plus de 30,000 francs de droit des pauvres, ce saltimbanque ! il a fait des souscriptions, des cadeaux, des aumônes.

Les bureaux de bienfaisance lui écrivent et lui recommandent des malheureux. Il a joué dix fois sa vie en ville.

Dans un incendie, rue de Vanves, il a sauvé trois personnes, et quand on le cherche pour le remercier, on ne le trouve plus,

C'est un honnête homme dans toute la force du mot : il a le cœur aussi bon que les reins. Combien de saltimbanques il a obligés! On vient lui demander cent sous et lui emprunter dix mille francs, le chercher pour abattre un pan de mur et pour relever un *entre-sort*. Il donne le coup de main, le coup d'épaule.

Son homme de confiance, son maître Jacques, est ce *Fouille-au-Pot* que vous savez, celui qui fait le Benjamin pendant la séance, qui rit bêtement en tenant l'assiette d'où est partie la bague escamotée, et se gratte les mollets pendant que le chapeau arrosé d'esprit-de-vin flambe sur sa tête.

Voilà onze ans qu'il est chez Laroche : il plante des clous, jongle, fait le trapèze, sauve des femmes. Il en arracha deux à un incendie dans une rue d'Anvers. Ses cheveux furent complétement brûlés. Le soir même, sans se douter qu'il méritait un remercîment, il partait chauve, mais non plus fier. Il avait *sauté* dans le feu au lieu de se disloquer dans la boue, voilà tout.

Il n'a qu'un tort, mais un très-grand, il s'appelle Mouchard.

# UNE POIGNÉE DE MONSTRES

### L'HOMME AUX RATS

L'homme aux rats a été accusé par la voix publique d'assassinat sur la personne de deux femmes, deux femmes qu'il aurait tuées il y a vingt ans. La sœur d'une des victimes s'était juré de n'avoir ni repos ni trêve qu'elle n'eût découvert le coupable, et, au bout de vingt ans, elle apprenait que le meurtrier n'était autre que le saltimbanque connu sous le nom de *l'homme aux rats*. Une cicatrice qu'on savait exister au cou de l'assassin avait été retrouvée sous la barbe grise du vieillard, qu'un ordre de la justice avait fait tomber, et, à en croire la renommée, *l'homme aux rats* attendait, dans les prisons, la session des assises pour rendre compte de son double crime...

Tel est le bruit qui a couru tout Paris.

J'ai rendu service jadis à *l'homme aux rats*; je voulus, en voyant la persistance de la rumeur qui l'accusait, en avoir le cœur net; je suis allé aux renseignements. Il m'a été répondu que notre assassin était le malade le plus innocent et le plus gai du monde, qu'il avait toujours sa barbe, et qu'il n'était à l'hôpital que pour une fracture à la jambe. Point de femmes tuées, ni cadavres, ni cicatrices! Son hibou ne se perchera pas sur un des coins de l'échafaud! Tout au plus, pendant sa maladie, Célina et les souris, ses sœurs, sont-elles mortes de tristesse et de faim? Je demande pour elles des choux, du sucre; filles adoptives de Paris, elles ont droit au Prytanée des rats.

L'HOMME AU PAVÉ (CHICOT. — ANTONY. — DU VINAIGRE!).

Vous le connaissez ce colosse qui avait la tête d'un lion esclave, agitant sa crinière déjà grise sur ses épaules larges d'un mètre, rappelant par son allure les Ostrogoths fauves qui envahirent l'Italie, mais déchu, étirant ses jambes comme un homme qui a été longtemps enchaîné et qui est resté accroupi; on sent qu'il s'est plié, vaincu, aux exigences de la civilisation, et je l'ai vu, en effet, ce barbare, captif dans un mouchoir, prisonnier dans un torchon. Il vient sur la place sans compère, sans pitre et sans paillasse. Il a pour faire ses tours une table aux coins moisis, deux chaises dépaillées, douze gros verres, une corde et un pavé! un pavé ébréché par l'usage, cassé aux angles, couvert de cicatrices; et pour garder tout cela, une petite femme ratatinée, étique, avec une figure ridée et verte comme une pomme tombée d'un pommier malade. Un chien gris est attaché à l'un des coins de la table et regarde d'un œil mort le joueur d'orgue boiteux qui moud un air sur son genou.

Lui, pourtant, commence par chanter d'une voix retentissante et rauque quelque chanson populaire de Debraux ou de Béranger :

> T'en souviens-tu, disait un capitaine?...

et, tout en chantant, il se balance avec la grâce d'un ours et la désinvolture d'un bœuf debout sur les pieds de derrière. Les éclats de la voix attirent le passant, le cercle se forme. Il prend son pavé.

Tantôt il passe une mèche de ses longs cheveux dans le nœud coulant qui les retient, et serrant cette mèche avec deux doigts, fait le tour de l'honorable société, portant la pierre en boucle d'oreille.

Tantôt étendu à terre, sur le dos, il prend la corde par les dents, se relève, et, par un effort gigantesque, envoie derrière lui le pavé qui s'avance d'un pouce dans la terre ébranlée ou va écailler ses frères rangés par numéro dans le sable de la rue.

Comment ses dents ne s'envolent-elles pas avec, comment la mâchoire n'éclate-t-elle pas, je ne sais !

Un jour, pourtant, je l'aperçus, triste, qui tenait, plié en deux, sa tête dans ses mains.

— Qu'y a-t-il? lui demandai-je.

— Il y a, me répondit-il, que nous allons mourir de faim !

Et me montrant, avec un geste d'une déchirante simplicité, sa joue droite enflée comme s'il eût eu son pavé en *chique* dans la bouche :

— Mes dents s'en vont, fit-il.

Et la petite femme ratatinée et verte souligna d'une inflexion de tête l'aveu désespéré de son mari.

Mes dents s'en vont! disait le malheureux hercule!

Et ce n'était, me dit-il, pas même des dents, mais deux tronçons entre lesquels il saisissait la corde de son pavé. Il avait peur, hélas! de voir tomber ces chicots qui faisaient vivre sa femme, et lui, et je crus m'apercevoir qu'il pleurait, pauvre homme, en face de cette éventualité terrible.

Les dents guérirent, mais le doute était entré dans leur âme à tous les deux; ils sentaient s'écrouler leur avenir, trembler l'édifice de leur fortune, mourir les racines! Aussi ménageait-on, vers la fin, les chicots, et le géant, au lieu de faire l'hercule, faisait le disloqué.

Ah! il faisait pitié et presque peur quand il démembrait, pour gagner sa vie, son corps de fer. Il semblait qu'on entendait ses os craquer, ses reins casser. C'est à la force des bras qu'il retournait ses jambes, et toujours, pendant cet horrible exercice, on entendait sa voix, comme celle d'un templier sur le bûcher, qui s'échappait, pénible, du mouchoir bleu dont la petite femme avait noué sur lui les coins tout sales. C'étaient des notes d'abord vibrantes, puis saccadées, éteintes, jusqu'à ce que, n'y tenant plus, à moitié étouffé, à moitié fou, il demandait grâce et criait :

— La bourgeoise! *du vinaigre! du vinaigre!*

Le cri sortait, comme un sanglot, de sa poitrine d'athlète, et ce lazzi sinistre, sur les lèvres de ce géant vieilli, faisait rire la foule. Je n'ai jamais pu l'entendre sans frissonner.

Un matin il disparut : voici l'histoire.

Un jour, du côté où il travaillait, un cheval conduisant un cabriolet prit le mors aux dents. En vain on essayait de l'arrêter; il traînait, en les écrasant, ceux qui avaient le courage de se lancer en avant. L'homme au pavé voit le danger, il saute et va abattre sa large main sur les naseaux du cheval furieux, de l'autre il tient les guides; la bête se débat et réussit encore à entraîner l'hercule; mais ses doigts de fer ne lâchaient pas prise, et c'est la bête, humide de sang, d'écume, qui fut vaincue.

Les voyageurs de la voiture descendirent émus et pleins de reconnaissance. Le lendemain, l'homme au pavé, qui n'avait pas voulu accepter d'argent pour son périlleux sauvetage, entrait chez le propriétaire du cabriolet, déguenillé; il en sortait avec de l'argent pour se faire vêtir et une lettre pour un intendant.

L'homme au pavé avait raconté son histoire, avoué sa misère, expliqué comment il craignait de mourir de faim, son excercice étant, comme son pavé, usé, sa dent tremblante. Il avait ajouté que, dans sa jeunesse, il avait été garçon de ferme. Le voyageur sauvé, le priant de jeter son maillot aux orties, l'avait chargé d'aller surveiller un coin de ferme sur ses domaines. Telle est la fin de l'homme au pavé.

Vêtu en soldat laboureur (il a été cuirassier jadis), il se promène à travers les champs et fait la tournée dans les étables; il a la haute main sur quelques coins de terre, et c'est du pain sur la planche pour la bourgeoise et lui, leur vie durant.

Il a, m'a-t-on dit, emporté son pavé, qu'il garde comme une relique attachée à une corde sous le manteau de la cheminée, et sur le plus beau rayon de la vieille armoire se trouve, religieusement plié, le mouchoir dans lequel il cria pour la dernière fois : *Du vinaigre! du vinaigre!*


### LA BELLE CÉSARINE, ou LA VÉNUS AU RABLE

Vous l'avez vue passer, n'est-ce pas? dans sa carriole traînée par un âne, et où elle entasse à côté d'elle un enfant et une grosse caisse. C'est une femme de cinquante ans; elle a de beaux yeux bleus, la voix d'un ange, un bras superbe, et l'autre : long de six pouces, avec un petit doigt dans le milieu pour tout potage : pas de jambes.

La voyez-vous pourtant, qui, tout d'un coup, sur le bitume, tournoie, en balayant la poussière et la boue : morceau de chair vive qui saute et tressaute au son de la grosse caisse et s'arrête, essoufflé, suant, pour parler à la foule?

— Mesdames et messieurs, dit-elle, en baissant modestement les yeux et avec un accent de vierge pudique, mesdames et messieurs, je suis née à Paris, j'ai été mariée à l'église Saint-Thomas-d'Aquin, Dieu m'a fait la mère de quatre enfants, tous vivants, jouissant de santé, *et conformés comme vous et moi.* »

Comme vous et moi! On regarde, effrayé, si l'on a, soi aussi, perdu ses jambes, si le bras gauche s'est arrêté en route, et la Vénus sans jambes continue :

— Ce n'est pas tout! J'ai dans l'intérieur de mon corps un bruit qui est comme le mouvement d'une pendule et le tic-tac d'un balancier. Approchez, messieurs, venez entendre!...

Personne encore que moi peut-être n'a osé coller son oreille sur ce ventre à moulin et sans supports. *E pur si muove!* Elle aura, bien sûr, avalé une pendule. Peut-être est-ce sur elle qu'elle est assise, comme l'Éternité! Il ne manque plus que les aiguilles.

Hélas! un arrêté préfectoral lui a interdit la *postige* sur les places du département de la Seine, où elle ne travaille que par hasard. Les femmes enceintes ont eu peur, ou les horlogers se sont plaints. Toujours est-il qu'elle ne peut aller montrer son corps bizarre que dans les environs de Paris, dans Seine-et-Marne, Seine-et-Oise ; nous avons trinqué ensemble au Bas-Meudon.

7

Si l'on savait pourtant! — Cette femme, qu'on n'ose pas laisser voir aux Parisiens qui n'ont peur de rien et qui rient au nez de l'horrible, cette femme, messieurs, elle a fait tourner autrefois les têtes, troublé les cœurs! Pour ce phénomène à la patte étrange sciée en deux, qui a oublié ses jambes et la moitié d'un bras dans le ventre de sa mère, les coups de poing ont volé, et des hommes sont devenus fous.

Césarine n'avait pourtant pour elle que la grâce de ses manières et ce que vous savez de son corps. Elle n'a reçu qu'une instruction secondaire; c'est la tristesse de sa vie; elle aurait voulu être institutrice. Elle m'a exprimé, en termes mélancoliques, combien elle regrettait de n'être pas entrée dans l'enseignement libre, où elle aurait pu avoir une clientèle d'enfants mal venus, qui lui aurait rapporté beaucoup d'argent. Quel pensionnat que celui-là, où l'une aurait eu des bras à revendre, l'autre à peine un nez pour se moucher; où tous les disgraciés du monde seraient venus chercher dans le tas la difformité qui aurait suppléé ou diminué la leur : un garçon sans mains épousant une quadrupède; un argus jetant ses trois yeux sur une borgne! — Il faut l'entendre faire ces horribles mélanges et expliquer ces fiançailles!

Mais le sort en a décidé autrement; il est des femmes qui sont nées pour inspirer l'amour et en souffrir : Césarine était de celles-là, — sans que ça paraisse! Et toute sa vie elle devait brûler ses moignons à la flamme dévorante de la passion.

C'était une élève intolérable au couvent! Elle faisait enrager ces pauvres sœurs! On n'en pouvait venir à bout!... Mais on lui pardonnait en faveur de son espièglerie et de son intelligence. Tous les ans, c'étaient sur son front des couronnes qu'elle venait, agaçante et vive, recueillir en bondissant! Son petit moignon tremblait d'orgueil, et elle tendait son front au grand vicaire, pour qu'il le baisât, avec une grâce mutine qui faisait tout oublier.

A l'une des distributions de prix, elle fut remarquée par un commerçant qui en devint amoureux fou. C'était un riche marchand de fruits, marié, qui oublia que sa femme avait deux bras, deux jambes, pour ne songer qu'à Césarine tronquée et incomplète. On s'écrivit des lettres : elle était avancée pour son âge. « C'était l'effet de mes lectures, » dit-elle en rougissant ! Elle lutta longtemps, résista, fit attendre... enfin elle s'abandonna, et Monnet (c'était le nom du marchand) fut heureux.

Je ne crois pas commettre d'indiscrétion en livrant ces faits à la publicité. Il y a des crans pour la vertu, et ce qui ferait la honte d'une autre femme fait l'honneur d'un monstre.

Ils s'aimèrent dans l'adultère.

Cependant, le commerce de fruits allait mal, la emme légitime qui se savait trahie, n'avait plus de cœur à l'ouvrage. Monnet passait sa vie *aux pieds* de Césarine !

Un jour, il vendit son fonds, ferma boutique, acheta une baraque et se fit saltimbanque. C'est ainsi que Césarine passa du gynécée sur le champ de foire ; ils furent heureux. Monnet s'était fait auteur dramatique — je crois faire plaisir à mes camarades du journalisme en leur apprenant qu'ils ont pour confrère l'amant de la femme sans jambes. Il composait de petites comédies bouffes qu'on jouait dans la baraque.

Mais Césarine se vit l'objet de poursuites ardentes ! Je n'invente rien, et n'était le respect des personnalités, je pourrais citer les noms de ceux que troublèrent son œil bleu, sa voix douce. Elle se laissa aller, dit-on, et Monnet apprit qu'on le trompait. Il la battit, elle résista : c'étaient des luttes épouvantables où l'énergie de la maîtresse faisait reculer la vigueur de l'amant. La tête de Monnet ne put résister à ces secousses ; il l'aimait trop ; un matin, le délire le prit, et il est mort fou en prononçant son nom !.

Il laissa à Césarine des enfants à élever. Je crois qu'elle fut bonne mère, mais son veuvage ne la protégea pas contre les faiblesses du cœur. On lui connaît pour protecteur, à ce moment, un pitre qui m'a tout dit. Il l'aima passionnément ; elle l'aimait davantage encore. C'était l'occasion de jalousies terribles ; en pleine parade, elle lui faisait des scènes, sortait de son tonneau, gravissait l'escalier et venait sur les tréteaux se montrer avant l'heure. Elle avait vu le pitre lutiner quelque gagiste, et elle arrivait pour se venger ! C'étaient des coups de dents dans les mollets, quelquefois des coups de couteau. Il la jetait par-dessus l'estrade dans la foule ; elle remontait ! Un jour, en plein midi, dans une des grandes foires de France, à Bordeaux, elle courut après lui, un poignard aux dents, prenant pour point d'appui son bras unique, et faisant là-dessus des bonds de tigresse blessée !

Ce bras, ce bras seul lui suffit, à Césarine, pour ses passions et ses besoins. Je l'ai vue se rendre, en sautant, au lavoir, derrière son amant qui portait son linge. Elle choisissait sa place, s'installait, et retenait ses chemises sous son moignon, elle levait le battoir de l'autre main. — C'est une femme vaillante, Césarine !

Il lui arriva un matin une lettre qui lui faisait retrouver ses parents ; puis une autre qui lui annonçait un héritage. Elle se trouva maîtresse d'une petite fortune. Un jeune irrégulier, qui savait le latin, fit sa cour et la conduisit, un beau jour, à l'autel. Ils se marièrent devant le curé et le maire ; ils eurent trois ou quatre enfants !

Mais Césarine était toujours en butte aux poursuites

amoureuses ! Monnet était mort fou ; son mari, désespéré, la quitta, un soir, pour échapper aussi aux tortures de la jalousie ; il s'engagea dans la mobile, en 1848 ; on dit qu'il devint officier, puis se fit tuer. Il avait sur son cœur le portrait de Césarine quand il rendit l'âme.

Peu de femmes ont inspiré des passions si chaudes. Je n'ai entendu parler que d'elle dans mes voyages ; j'ai vu des cœurs qu'elle avait blessés jadis et qui n'étaient pas encore guéris.

Césarine fait de la modestie maternelle quand elle accuse quatre enfants. Dix fois le ciel a béni ses unions légitimes et illégitimes, et ses *fruits* ont, à eux dix, vingt bras, vingt jambes ; c'est en vain que, pendant trente ans, elle a espéré un monstre !

Dix !...

### LE GRIMACIER.

J'essayai, un soir, d'obtenir de lui l'histoire vraie, heureuse ou triste de sa vie.

Mais il hésitait, et d'ailleurs la réflexion paraissait pour ce malheureux une souffrance ; il éprouvait une douleur physique à tendre les muscles desserrés de son cerveau. Je l'abandonnai et me contentai simplement de le regarder.

Il mettait dans les mains des badauds de petits tubes pleins de liqueur rouge qui indiquaient, selon la chaleur de la pression, la force du sang ! On donnait un sou et l'on savait si l'on avait le sang pauvre comme Job ou riche comme le marquis de Carabas.

Il employait, dans les derniers temps, un autre *truc* ; il se promenait dans les rues, vêtu en marquis de la régence, tenant un livre à la main. On s'arrêtait devant ce vieillard qui paraissait fou, et je crois qu'il l'était! Il faisait cela, non pas seulement pour gagner sa vie, mais parce qu'il était victime d'une hallucination douloureuse.

On l'appelait le grimacier; la Grande Flânerie le connaissait. Son mutisme en face de moi, dans la coulisse, ne lui ôtait rien de son originalité funèbre; il avait l'air d'un revenant triste d'Hoffmann, quand il écorchait, avec son archet de zinc, l'âme de bois de sa guimbarde; et moi qui avais la curiosité courageuse, je souffrais quand il commençait son métier de grimacier.

Cette tête blême, montée sur des dents jaunes, qui se trémoussait, faisait clic clac sous des tics douloureux, violents, et semblait tomber du haut mal; ce chef branlant qui battait du menton, des lèvres, comme le chef coupé qui saute convulsivement dans le panier, cela faisait peur et faisait peine...

Cet homme avait commencé par faire des grimaces pour rire, il les faisait maintenant pour tout de bon et malgré lui; sa tête jouait toute seule. Il n'était plus maître de son visage, qui était devenu fou en singeant la folie.

Le grimacier est mort.

Ah! ils s'en vont, les pauvres saltimbanques!

J'ai flâné hier sur les places et dans les coins où ils se tenaient jadis.

Combien manquent à l'appel! Ceux qui restent n'ont point la physionomie burlesque de leurs ancêtres, et c'en est fait, allons! du pitre gras et du monstre aimable!

Jadis la place de la Bastille était leur rendez-vous.

Là on voyait un affreux bonhomme, vêtu d'une casaque rouge, coiffé d'un tricorne, qui avait pour tout instrument une longue planche sur laquelle frémissait, retenue par une corde, une vessie gonflée. Il tirait de son gosier et de sa vessie des sons déchirants.

Plus loin était le vendeur de poudre à argenter les cuillers.

A côté de lui, un gaillard à mine dure, fort et trapu, né pour casser les reins aux gens, raccommodait les porcelaines.

C'était le bon temps du poil à gratter, et le négociant en démangeaisons faisait des affaires brillantes. On est aujourd'hui moins chatouilleux et l'on a la peau plus dure.

Où donc est ce personnage saugrenu, à mine d'instituteur révoqué ou de moine ayant mis froc bas dans un carré d'orties, Chalchas des rues, qui, du haut de son trépied pourri, disait la bonne aventure aux hommes et aux femmes de son temps?

Dans une bouteille remplie d'eau il a jeté, comme Dieu jeta Adam dans le paradis terrestre, un pantin en porcelaine qui a pour ventre une boule remplie d'air. Suivant que la pression se fait au-dessus de la bouteille sur laquelle vous voyez Chalchas appuyer la main, le bonhomme, au moyen d'un ressort mû par le pied, monte ou descend.

Nécessairement, il y avait encore sur la place un magnétiseur et un hercule.

Aujourd'hui la place est vide ou presque vide; il reste à peine quelques chanteurs, comme des crapauds, par-ci, par-là.

Mais de même qu'à Rome il y avait pour les criminels et les malheureux des asiles, il y a encore des endroits où l'artiste ambulant et le phénomène bizarre ont le droit de se réfugier et de porter le casque de Mengin ou de tendre le casque de Bélisaire.

Sur la place Lacépède se tient d'ordinaire un Phidias de silhouettes.

Il lit gravement son journal en attendant que la pratique arrive.

Il passe un beau Nicolas, Germain ou Rigolette.

« Trois sous les blancs! six sous les noirs! Monsieur, votre portrait; mademoiselle, votre ressemblance! »

Il saute sur ses petits ciseaux et découpe un nez en bec de perroquet ou en pied de gril. La casquette, les cheveux et la pipe sont assez ressemblants.

Voici la femme à la double vue!

Elle est pâle, énervée, souffrante. Avec son mouchoir blanc sur les yeux, elle me fait peur!

Ici le marchand d'aimants.

Il sait son métier et connait la place. Écoutez-le :

« Qui de vous, voyons, n'a pas envie de boire une chopine?

« Vous m'achetez cette aiguille, et vous entrez chez le marchand de vins.

« Il y a toujours des camarades. Vous en prenez un et vous lui dites :

« — Je vais faire tenir une aiguille sur la pointe d'une autre aiguille.

« Il vous dira : Zut!

« Alors, vous pariez. Vous mettez l'aiguille que la marchande vous donne sur celle que vous allez m'acheter (comme ceci), et vous gagnez votre chopine.

« Allons, qui en veut! »

Pendant ce temps, l'homme fait tenir sur la pointe aimantée l'aiguille à chopine en équilibre.

Il ne s'enrichit pas, mais il fait ses frais.

Sur la place du parvis Notre-Dame, en face de la nouvelle Morgue, travaillent deux saltimbanques qu'on chasse les jours de marché aux fleurs.

L'un est un montreur de chiens. Ses principaux acteurs sont un lévrier et un épagneul, qui font les clowns et jouent aux cartes.

L'autre, toujours assis, a devant lui une sorte de petit château en bois peint, avec une cour et un puits, une passerelle entre les toits, et des fenêtres entre les murs.

Il circule dans ces cages des pinsons dont le brave homme a fait l'éducation.

Le premier, attaché à une chaine, est obligé de tirer un seau d'eau du puits pour y boire. Le second grimpe à une sorte d'échelle pour gagner son pain. Il fait le mort, ressuscite au commandement, et traverse la passerelle en équilibre. Si ses pinsons mouraient, cet homme irait à l'hôpital!

Ah! jetez-leur du pain et du chénevis!

Sur la place de l'Observatoire, le plus connu des phénomènes est un petit être contrefait, difforme, qui devrait loger dans les gouttières de Notre-Dame où se démenait son aïeul Quasimodo. Il est horrible! Son art consiste à faire passer sa bosse du dos dans la poitrine; il se tord, se noue; on souffre avec lui. Et l'on dit: gai comme un bossu!

Ici se tenait l'homme aux rats.

— Voyez comme ils montent! Descendez! voyez comme ils descendent!

Les saltimbanques se réunissent encore sur la place Mazas, au bout du pont d'Austerlitz.

Un géomètre de pacotille trace à terre, avec de la craie, un portique soutenu par des colonnes.

De chaque côté, il dessine un cercle. Au milieu est un autre cercle dans lequel l'homme a toujours soin d'écrire : DIAMÈTRE.

Le tout est surmonté de deux perroquets noirs et blancs ou de deux urnes, suivant les jours.

C'est planté au centre de son dessin que l'homme se livre à des démonstrations impossibles sur la géométrie *très-simplifiée*. On n'y comprend rien, mais là, rien. Aussi, beaucoup de gens disent-ils que c'est un garçon très-fort, qui a été élève de l'École polytechnique, et qui, sans la résistance de l'Académie, serait aujourd'hui professeur au collége de France et décoré. C'est possible. Ne sait-on pas qu'un des garçons servant au restaurant célèbre de la *Californie* a été professeur de mathématiques à Besançon ?

Il se fait tard, la nuit est venue ; géomètres, pinsons, devins, tous rentrent dans le taudis ou dans la cage.

A ce moment-là, un homme sort d'une allée obscure, et s'en va à travers les rues, sous le gaz qui tremble au vent, poussant un cri monotone et lamentable :

— Lanter n-n-n-e magique ! Piè-èce curieuse !

Les enfants se mettent aux fenêtres, les mamans appellent, et l'homme entre, muet et grave, dans la maison. Il me faisait peur, quand j'étais tout petit. Je croyais voir le joueur d'orgue de la Bancal, pendant qu'on saignait Fualdès.

# L'ENTRE-SORT

On appelle ainsi, dans le monde des saltimbanques, le théâtre, en toile ou en planche, voiture ou baraque, dans laquelle se tiennent les monstres, veaux ou hommes, brebis ou femmes ; le mot est caractéristique. Le public monte, le phénomène se lève, bêle ou parle, mugit ou râle.

On entre, on sort, voilà.

## LILLIPUT

Il n'y a eu qu'un *grand* nain, Tom Pouce.

Petit-Poucet de l'Amérique, il a parcouru le monde dans les bottes de l'ogre ; il s'est marié, et, comme dans le conte, il a eu beaucoup d'enfants.

C'est un homme comme un autre, ce fœtus retiré des affaires ; il a même plus que quelques-uns des ambitions cachées, des relations célèbres. J'ai visité le musée Tussaud, à Londres. On m'y a montré un buste de

Booth, l'assassin de Lincoln, pétri d'après une photographie donnée par le meurtrier lui-même à la femme du *général* Tom Pouce.

J'aime peu les nains. Ce sont, pour la plupart, de petits monstres d'ivrognerie, de vanité, d'envie, qui passent leur temps, derrière la toile, dans la coulisse, à jeter de l'encre sur les cheveux de l'Albinos vénérable, à voler des cartes dans les bottes du géant, et à tirer l'aile de l'homme-oiseau.

Je me suis colleté avec l'un d'eux.

Je parle de ce vieux noué, qui ressemble, avec sa grosse tête bestiale et noire, au Triboulet de Véronèse. On le voit rôder à travers les rues, coiffé d'une toque en forme de tourte, couvert d'une jaquette bleue à boutons de fer-blanc, culotté de rouge.

Il ne se plait point dans le mystère tranquille de *l'entre-sort*, et plutôt que d'étouffer entre les murs de toile, il marche au grand air à travers les foires.

Quand il aperçoit un groupe nombreux, prenant sur ses pattes de basset son élan, il pousse son tronc à travers la foule, bat l'air avec ses bras comme avec des nageoires; puis, jetant en avant ses bouts de jambe, se laisse tomber à terre de tout le poids de son corps informe.

« Ze souis, dit-il, un Lapoûn; z'ai été pris par des sauvages, fait prisonnier par un capitaine anglais... »

Ils ont tous, s'il faut les en croire, été faits prisonniers, martyrisés, vendus.

On m'a assuré que ce Lapoûn était né dans le pays de l'ail, qu'il avait été longtemps un simple et joyeux laboureur, mais que, son épouse l'ayant trompé, il avait fait à son rival des remontrances en chêne. Ce rival était le curé de l'endroit. Ce scandale l'avait obligé à quitter le pays.

Je le rencontrai au numéro 16 de la rue Saint-Éloi,

dans une maison borgne, aujourd'hui démolie, où je m'étais aventuré pour étudier les mœurs et les types des tapis-francs : le nain était ivre, et je dus le menacer de lui casser les dents pour l'empêcher de mordre.

Ils sont presque tous ainsi, malicieux, cruels. Leur intelligence, d'ailleurs, est vive. Ce sont des têtes bizarres, mais non vides, et dans ces coffres mal taillés, la volonté est plantée comme un clou.

Les femmes les recherchent : Fanny Essler emporta, dit-on, Tom Pouce dans son manchon. J'ai vu, moi, entre les pattes de quelques-uns, des lettres qui sentaient le musc et la luxure.

Je n'ai connu, comme naines, que de vieilles quinquagénaires dont la misère faisait pitié et dont la laideur faisait mal, ou des enfants qui ressemblaient à des singes.

Une pourtant est morte l'autre année à quinze ans, en donnant le jour à une fille hydrocéphale dont elle accoucha dans un berceau.

## GÉANTS

Ce sont presque tous d'anciens cuirassiers ou de jeunes paysans qu'un Barnum quelconque découvre, en voyageant, dans le coin d'un village ou dans le fond d'un chantier.

On habille cette recrue en tambour-major ou en général, on lui improvise un boniment, et l'on fourre dans ses bottes un bezigue. Voilà un géant.

C'est un métier triste quand on est aux gages d'un Barnum sévère. Il est défendu de sortir pour faire prendre l'air à ses sept pieds ; on ne doit en montrer que cinq et cacher le reste.

Paris, le fameux Tyrolien du *Café du Géant,* s'était logé, pour être à l'aise, dans une maison de la rue Contrescarpe-Dauphine, dont le rez-de-chaussée est une cave où conduisent cinq marches. C'était dans ce sous-sol, devant le comptoir d'un marchand de vin enterré là, que le géant se tenait pendant le jour. Le soir, il prenait un fiacre chez le loueur qui est dans la cour même, et se rendait, stores baissés, à son théâtre.

Après quelques difficultés inattendues ou à l'expiration de son engagement, Paris rompit un soir avec le café du *Géant.* Il revint à pied. Je me souviens de l'émotion produite : on croyait à un pari ou à une conspiration. Les étudiants s'attroupèrent et les sergents de ville le suivirent.

Il y a eu beaucoup de géants. Robert Hall, Jean Olivier étaient de taille moyenne. Mais Murcy avait sept pieds; le Breton du *Palais d'Été,* rue des Martyrs, était immense. Michel fils crève les plafonds; le berger des Ardennes va jusqu'au ciel.

J'ai vu jadis aux Folies-Dramatiques celui qui jouait l'ogre (Grassot faisant pour cette représentation à bénéfice le Petit-Poucet). C'était une masse de chair énorme, mais à peine sensible et qu'on n'osait appeler vivante, qui tomba bien vite des bras de l'idiotisme dans ceux de la mort.

Le plus petit de ceux que j'ai connus est celui qui fait maintenant les foires, en compagnie de l'homme à ailerons et des moutons à doigts humains.

On se souvient peut-être d'un commissionnaire fantastique, en chapeau galonné et livrée blanche, qui, je ne sais en quelle année, s'en allait par les rues, portant écrit sur son chapeau : *Pavillon de Rohan.* Il paraissait immense sous sa redingote qui traînait à terre.

C'est ce même homme que l'on peut voir pour deux sous à Ménilmontant, Belleville, Montrouge, et avec qui j'ai dîné à Vaugirard, chez Banis, *l'autre été*. Je ne crois pas, même, avoir jamais dégusté un vin plus frais et mangé une langue de veau plus savoureuse.

C'est le long d'un rail du chemin de fer de Vincennes en construction que Banis l'aperçut un jour faisant la sieste.

Il le mesure du regard, lui offre un canon et l'uniforme de lancier madgyare.

Pierre accepte, mais, une fois l'uniforme recousu et rallongé, les arrhes reçues, il disparaît pour ne revenir que trois ans après, repentant, misérable. Il retrouva le costume glorieux pendu dans la baraque ; mais il ne l'endossa pas. Il fallait à la désertion un châtiment, Banis en infligea un. Il le changea en femme pour la forme, et il l'habilla en bébé dans le fond ; il lui mit le bourrelet, la robe, et ne lui rendit les insignes de son sexe qu'après six mois d'une vie virginale.

Cet autre s'appelait Charles : son nom de famille est honorable, son éducation a été brillante ; il est bachelier.

Comment il passa de la Sorbonne à l'*entre-sort*, c'est ce qu'Eugène Sue nous a appris déjà dans *Léonidas Requin*. Il se brouilla avec le père, donna des leçons, *fit du théâtre* (1) et, parallèlement, but de l'absinthe et passa les nuits.

Un jour pourtant, il eut très-faim, très-soif, pas d'argent, point de crédit. La vie était plus pénible pour lui que pour un autre. On le voyait de loin, et le créanciers lui enlevaient son chapeau de l'entre-sol. Un banquiste le trouva à ce moment et lui offrit l'absinthe.

Il promit carrément cent sous par jour et un petit compte chez le liquoriste si on voulait *louer* ses six pieds-deux pouces. Charles avait bu, il se laissa aller, signa et se fit géant.

Il ne l'est plus.

On dit que, de sa baraque, il adressa un jour à un

personnage illustre des vers, et que ces vers plurent. On l'appela, il vint. Le lendemain il rompait avec la banque, et, comme on dit dans l'argot des géants, il *rendait son bezigue*. Il est maintenant employé à 3,000 francs dans un ministère, au bureau des cultes.

## COLOSSES

Le colosse appartient généralement au sexe faible.

Il est des paquets de graisse féminine qui, avec la réjouissance, pèsent quatre cents. Il sort de là-dedans des cris d'ivrogne ou des voix d'eunuque, un filet de vinaigre ou une odeur d'absinthe...

Elles sont rarement jolies : il y en a pourtant de belles et d'honnêtes.

J'en sais une qui a dit un mot charmant.

Enfermée dans la baraque un jour de foire, elle n'avait, pour se soustraire à la fatigue monotone des séances, que l'écho des parades voisines. A côté de sa loge, une voix vibrante vantait les grâces d'un bœuf à bras d'homme et d'une jeune fille à trompe. L'orateur s'acquittait de son annonce avec un bonheur qui faisait rêver le colosse.

Pensive, elle pencha sa tête sur son sein énorme, et on l'entendit dire :

— J'aimerais cet homme-là.

Prestige sacré de l'éloquence, triomphe sublime de la parole !

Le mot fut répété au Cicéron des foires. On se vit et l'on causa; le colosse tomba dans les bras du bonisseur, qui s'arc-bouta contre le mur et l'embrassa. Tout fut dit.

Ils ont passé ensemble quinze ans d'une vie sans nuage.

Elle est morte, mais il lui a fait élever un tombeau, et l'admiration et la douleur lui ont dicté les vers suivants :

> Ci-gît la belle Champenoise
> Qui pesait près de quatre cents.
> Elle était née dans Seine-et-Oise:
> Morte à Lyon, à quarant'-cinq ans !

On peut lire l'épitaphe au cimetière de la Guillotière.

Le colosse mâle est plus rare.

Le plus populaire s'est appelé Jouvin, tout comme le rédacteur du *Figaro*. Après avoir gagné, comme phénomène, une assez belle fortune, il se fit marchand de vin, et son fils est, à cette heure, un des gros commerçants de La Chapelle.

Un autre, tête blonde, œil bleu, est mort de ce dont il avait vécu. Chez lui, le monstre a étouffé l'homme, son âme a sombré dans la graisse.

Pauvre Ernest ! que ta mère, dans son orgueil et sa tendresse, appelait : « Mon éléphant ! » Et n'avais-tu pas, en effet, de ce pachyderme la grave allure et la pudeur native ?

Il aimait les lettres, cultivait les arts.

Je l'ai entendu jouer sur la flûte des airs touchants. La veille de sa mort, ses doigts s'égaraient encore, saucisses fébriles, sur l'instrument, auquel ses lèvres en rebord de vase arrachaient le chant du cygne !

Il fallut pour loger son cadavre une bière exprès, et, pour le porter au cimetière, tous les hercules de la foire. Pauvre Ernest !

## LA FEMME A BARBE

Je sortais de chez moi, un soir, quand ma concierge, me retenant dans l'ombre, me dit :

— Il vient de venir vous voir... un vieux homme, mal mis, tout drôle... vous savez... comme ceux que vous amenez quelquefois pour vos livres...

— Il a dit son nom?

— Il a dit, je crois, que c'était un colosse qui l'envoyait.

— Il fallait le laisser monter.

— Il avait l'air trop pauvre.

Mais tout d'un coup la concierge étendit la main et se tournant du côté de la rue Vavin :

— Tenez, là-bas, c'est lui qui passe.

Je regardai, et j'aperçus un vieillard éreinté, cassé, qui marchait en s'appuyant sur un bâton. Il avait une veste grise sur laquelle pendait une espèce de sac bleu. Ses jambes flottaient dans un pantalon de toile effrangé, taché. Sa tête tremblait sous un chapeau de chiffonnier. Sa main gauche caressait sa barbe grise.

Je l'eus bien vite rattrapé : je me fis connaitre et lui demandai son nom.

L'inconnu me répondit :

— C'est M. S\*\*\* qui m'envoie.

Et relevant son visage, *il* me regarda, puis *elle* ajouta :

— Je suis LA FEMME A BARBE.

J'attendais depuis quelques jours cette visite, mais je ne croyais point avoir affaire à une culotte, et me trouver en face d'un homme. Je considérais avec une sorte d'effroi cette mascarade funèbre ; je n'osais reconnaitre un cœur de femme — qu'on m'avait dit aimante ! — sous le bourgeron de ce vieillard.

C'était elle !

On devinait, malgré tout, son sexe au son grêle de sa voix, et la main qui caressait la barbe était encore grasse et belle.

Je l'avais connue en 1847, à l'époque des courses, sur la prairie de Mauves, à Nantes. Elle se montrait alors vêtue de velours, coiffée d'un diadème, chaussée de mules ; elle avait la cheville fine et le mollet épais, toujours le sourire aux lèvres, l'éclair aux yeux.

Les collégiens se donnaient rendez-vous dans la baraque, il y avait des conciliabules, des paris, on causait amour et conformation... Le grand Chose disait que son cousin l'avait vue sans voile, et nous tenait essoufflés, haletants au récit de la visite. Ah ! sa jambe nous trottait dans la tête ; son menton et sa poitrine firent dans la classe de seconde bien des amoureux et des jaloux. Seul, peut-être, avide de vérité, je prenais des notes et j'attendais que l'heure arrivât où je pourrais soulever d'une main sûre le caleçon qui couvrait ce mystère.

L'heure était venue.

Je ramenai le monstre chez moi. *Il* ou *elle* (comment dire ?) *elle* ou *il* s'assit en face de moi, et me raconta en trois mots son histoire.

Je ne mettrai pas de nom sous le portrait que je crayonne. En ne désignant personne, il me sera permis d'être explicite autant qu'elle fut sincère.

*Elle* ou *il* se maria d'assez bonne heure — avec un homme. Y eut-il au printemps de la vie des passions folles, coupables? Je ne sais. Il semblerait que, dans sa barbe, elle n'ait ruminé longtemps que l'envie de faire fortune, car, vers le milieu de sa vie, elle était riche.

— J'ai eu, me disait-elle, 80,000 francs de bijoux sur moi.

On voyageait alors à travers l'Europe, on était aimable et folle, on portait la moustache en croc, les seins en vedette.

La coquetterie, hélas! est sœur de la passion. De vouloir plaire à être tenté d'aimer, il n'y a qu'un pas: ce pas fut fait par la femme à barbe!

Je lui demandai bravement qui elle avait aimé, et comment elle entendait l'amour...

Elle hésita.

Puis elle répondit, baissant la tête, rattachant ses bretelles :

— Vous avez entendu parler de Chev..., l'ancien banquiste ?

— Celui qui a failli être maire dans la banlieue ?

— Celui-là même...

Je la regardai.

— Eh bien..., fit-elle en baissant de nouveau la tête.

— Eh bien ?

Je croyais avoir compris, et lui tendais la perche ; elle la prit à rebours, et sa franchise m'emporta sur son aile loin, bien loin, dans un coin de Lesbos.

On ne me parla pas du mari, mais de l'épouse.

Rien n'est sacré pour un sapeur !

Voilà le monstre expliqué, trahi !

Elle mangea dans les hasards de cette vie tout ce qu'elle gagna en voyage, et les bijoux passèrent de ses mains dans celles de l'autre.

Une nuit, M^me Chev... mourut.

Le mari hérita et se trouva riche de toute la fortune qu'avait acquise ainsi sa femme; et ELLE, le phénomène aux passions secrètes, enlaidie par la douleur, vieillie par le regret, repartit à travers les foires, sous le vent froid de la misère, traînant dans la boue et l'absinthe sa barbe grise.

Cela dure depuis longtemps. Elle a été ramassée et portée dans des hospices, recueillie dans des refuges. On l'a chassée parce qu'elle avait eu l'été de la Saint-Martin de ses vices !

Et maintenant, vêtue comme je l'ai dit, habillée en homme, elle rôde dans les rues noires, glisse dans les cours sombres, portant dans le sac bleu qu'elle a au cou un jeu de cartes écorné, graisseux, avec lequel elle tire la bonne aventure, pour avoir le droit de demander l'aumône; les enfants s'écartent, les jeunes filles ont peur, et le poëte, pensant au Dante, dit :

Voilà le vieux sapeur qui revient de Lesbos !

## LES CHANTEURS AMBULANTS

On va jouer un drame sous ce titre. — Qui mettra-t-il en scène?

Le héros sera-t-il quelque jeune fou qui viendra du fond de sa province à Paris, en chantant sur la harpe ou la guitare, pour avoir, tout le long de la route, du pain et un lit? Souvent, il dînera par cœur et couchera à la belle étoile, mais il dormira sous les pommiers en fleurs ou au milieu des foins qui embaument, et il repartira comme l'alouette au matin, allant du côté de la gloire et du soleil!

Peut-être sera-ce un pauvre diable d'amoureux qui, pour voir celle qu'il aime, aura acheté quelque part un violon ou une vessie, et pincera la corde de chat pour exprimer ses angoisses et sa passion sous la fenêtre de son adorée!

Verrons-nous toute la famille des manchots ambulants et des aveugles qui se disent anciens marins, ex-mineurs, à qui l'on a donné la permission de hurler à travers les rues, conduits par un chien sale ou une vieille femme soûle, portant un accordéon comme une excroissance et chevrotant quelque hymne national avec un refrain à la Saint-Guy? Traineront-ils du bras qui leur reste, tirant sur leur jambe d'occasion, le grand orgue qui fait plus de bruit qu'un orage dans les corridors d'une maison vide?

Ils ne seront probablement ni si poëtes ni si infirmes, ils auront moins de moignons, moins d'âme! Mais c'est à coup sûr une idée que d'avoir pensé pour le théâtre à ces trouvères en plein vent, et l'on peut tirer des effets mélancoliques, bizarres et saisissants, du spectacle de cette vie errante, dont la muse est sœur de la poésie et de la misère.

On m'avait dit que l'HOMME A LA VIELLE serait de la pièce. Je me réjouissais, croiriez-vous, de cette innovation qui transportait ainsi au feu de la rampe une célébrité de la rue vivante; j'aime tout ce qui peut aider le triomphe, et créer l'école de la réalité.

Mais non : je suis allé exprès chez l'homme à la vielle, et il m'a dit que M. Marc Fournier ne l'engageait point. Je n'ai pas voulu, toutefois, que ma visite fût perdue, et je n'ai quitté le gaillard qu'après lui avoir demandé quelques notes sur sa vie. Pourquoi n'aurait-il pas son histoire, puisqu'il a sa popularité?

Cette histoire est simple, trop simple.

J'aurais voulu avoir affaire à quelque bachelier tombé, devenu chanteur des rues, après avoir été prix du Conservatoire ou héros d'une mystérieuse aventure!

Il n'en est rien : *il n'en faut plus.*

Il s'appelle Théodore Leclerc et il est né en 1814 : sa mère était aveugle, et tout petit il chanta pour la faire vivre.

Il fit d'abord le tour de France, on l'entendit piauler à Marseille, à Beauvais, à Lyon, etc. etc.

En route, il rencontra un pauvre garçon qui vivait comme lui de la chanson et du hasard; mais il avait pour s'accompagner une vielle. Il laissa Leclerc y toucher et lui donna quelques leçons : il lui fit même cadeau un jour de ce qui avait été son gagne-pain. La vielle dont Leclerc tourne encore à cette heure la manivelle lui a été donnée par ce confrère de jadis. Elle miaule entre ses mains depuis trente-cinq ans.

Leclerc revient à Paris, suivi toujours de sa mère aveugle; l'heure de la conscription avait sonné. Le sort lui fut favorable : débarrassé de cette crainte, il se maria, et il épousa une femme fertile; ils n'ont pas eu moins de treize enfants, dont dix vivants, pendant cinq ans. Il en reste huit sur la brèche.

C'est avec sa vielle que cet homme les a tous élevés, nourris. On ne fait pas fortune bien vite, quand il faut chaque matin servir la soupe à tant de gens, et ceux qui disent que l'homme à la vielle est millionnaire se trompent d'un million tout juste.

Je lui demandais quelle avait été sa plus forte recette dans sa vie d'artiste.

— Cent huit francs.

Cent huit francs! Ils étaient huit, et pour une fois!

Le plus souvent leur journée est de cent sous; tout compté, l'année finie, ils peuvent avoir gagné 1,800 fr. chacun.

Les dimanches et les jours de fête, la recette est double, quelquefois triple ; mais elle est nulle quand il pleut ou qu'il neige. Ils ne travaillent guère que quatre jours sur sept.

En temps ordinaire, ils partent le matin vers neuf heures, et ils rentrent le soir à quatre heures. Ils comptent la recette, font la pot-bouille et mangent. Ils repartent vers huit heures pour rentrer entre dix et onze.

Le matin et l'après-midi, ils vont dans les cours. Ils ont ainsi vingt-cinq ou trente maisons où ils exécutent à des jours fixes leurs sérénades. On leur jette ici dix sous; ailleurs un franc, un écu parfois. Rue d'Astorg, le comte de Villafranca leur donnait dix francs Il n'envoie plus que quarante sous; on lui a dit qu'ils étaient riches.

Ils avaient jadis pour salle de concert les Champs-Élysées, où ils payaient leur place 12 fr. 50 cent. par mois. On leur a retiré la permission, et ils ne peuvent plus maintenant que traiter avec les cafés chantants. On les engage pour une saison. Moyennant un prix fixe de..., ils sont tenus de venir et on leur laisse le bénéfice de leur recette.

Le soir, ils ont leurs maisons de prédilection; mais ce vieillard a ses pudeurs : il n'est guère le troubadour des caboulots et des mastroquets.

Voilà tout ce que je sais de sa vie et tout ce qu'il en sait aussi !

C'est un pauvre diable fort doux et bien honnête qui, quand il rentre, ôte sa culotte d'artiste et la remplace par un pantalon à fond multicolore. — On dirait du Scribe pour le nombre des pièces. — Il recoud ses chaussures ou raccommode sa vielle.

Le jour où j'y étais, il écumait le pot-au-feu, assis à côté d'une terrine immense, urne lacrymale pleine d'oignons, et qu'ils regardaient tous attendris!

Sa femme, la compagne de sa vie depuis trente et un ans, la mère des treize enfants, était là, entre une de ses filles et son beau-fils. C'est ce beau-fils qui choisit les chansons, indique le ton, dirige les chœurs. Ils ont répété devant moi. En quarante minutes tout était su; *et allez-y! tous au refrain!*

Ce même beau-fils s'est plaint à moi de ce que notre ami Pierre Véron avait sacrifié guitares et harpes à la vielle de son beau-père dans une chronique du *Petit Journal*. Il ne veut pas qu'on appelle le reste de la famille un troupeau de gratteurs et de casse-cordes.

Il n'y a point mis d'amertume, grands dieux! Ils ne sont pas riches, mais ils ont le don de la bonne humeur, et croiriez-vous que, les jours de fête (ils sont alors vingt-cinq à table, ascendants ou descendants, gendres et belles-filles, aïeule et marmots), ils n'ont pas de joie plus grande que de chanter! oui, de chanter?

> A moi! guérillas des montagnes!
> Le cri de guerre a retenti.
> Le cri de guerre!...
>
> Tu ne me le prendras pas, Nicolas!
>
> . . . . . . . . . . . .
>
> Ah! ah! ah! ah! ah! dis-moi, beau nuage?

Au dessert, c'est un cantique.

Point d'aventures, comme vous voyez; rien de romanesque! — On dit pourtant qu'une fois, une femme du plus haut monde voulut voir de près l'homme à la vielle, et qu'il a raccommodé des fils cassés avec des cheveux de grande dame.

Il y a encore dans Paris quelques chanteurs ambulants célèbres!

J'en sais un dont le père est armateur dans une des plus grandes villes de France, et qui un matin planta là sa famille pour aller courir l'aventure ; vous pouvez le voir maintenant ceint d'un justaucorps bleu et coiffé d'un feutre à peau de lapin.

Un autre est le collègue de nos éditeurs. Il chantait *le Vin à 4 sous* en 1850, à la barrière.

Bouvard, le célèbre Bouvard, promène encore sur la place sa redingote noire, son chapeau gris et sa trogne rouge. C'est lui qui disait si bien « *Le Vin de Bourgogne,* » et il prétend qu'il fait ses chansons lui-même.

Un sous-chef d'orchestre du théâtre le plus grave de Paris, deux chefs d'orchestre des plus grandes villes de France ont violonisé sur le pavé.

— J'ai accompagné Berthelier dans les cours, m'a dit le gendre de l'homme à la vielle.

— J'ai chanté avec Rachel dans les gargotes, m'a dit la mère.

Je connais, au quartier Latin et rue Saint-Georges, des Cléopâtres qui boivent des perles dans du champagne, et à qui j'ai donné deux sous quand elles venaient à douze ans, avec un pantalon de garçon, une robe en guenilles, nous dire au fond de quelque café une chanson grivoise.

Parmi ces guitaristes et ces goualeuses de cour et de cabaret, se trouvent des institutrices qui ont donné trop de coups de canif dans leur diplôme.

Elles vont maintenant avec un petit châle noir et pointu, des airs de veuve, chantonnant quelques vers émus qu'elles n'ont point oubliés, ou qui peut-être les ont perdues !

<blockquote>Puisque j'ai mis ma lèvre à ta coupe encor pleine.
. . . . . . . . . . . . . . . . . .</blockquote>

C'est peut-être en écoutant ces vers sur les lèvres d'un adolescent blond qu'elles ont senti battre leur cœur. Ce fut le prélude de la chute et la préface de la honte !

Pour moi, que les œuvres des maîtres ont laissé froid souvent, j'avoue que ces chanteuses des rues m'ont fait plus d'une fois rêver et me souvenir, et, pour tout dire, je préfère à l'air de bravoure le plus éclatant et le plus illustre cette chanson dont une voix de mendiante me pleure le refrain, dont un instrument de barbarie écorche l'air ! Bouchez vos oreilles, j'ouvre mon cœur ! Oh ! que je comprends bien les langueurs de madame Bovary en face du joueur d'orgue, au sourire si doux sur des dents blanches, au jet de salive brune ; qui, dans le silence de la province, venait moudre sous les fenêtres d'Emma la romance favorite de Paris ! La musique n'est pas l'accord des sons, mais l'harmonie des âmes.

# BOXEURS, LUTTEURS

En France, on a presque du dédain pour ceux qui parlent gymnase ou lutte, et — à part un très-petit nombre d'artistes et d'écrivains célèbres, Paul Féval, Gustave Doré, Français, quelques autres, — la plupart de ceux qui travaillent *de tête*, comme dit le peuple, restent dans leur fauteuil plus souvent qu'ils ne vont dans les salles de boxe. Je ne partage pas ce dédain, et j'ai, pour ma part, un peu fréquenté les endroits où l'on s'exerce à diriger et à doubler sa force.

Les trois salles de ce genre les plus célèbres sont celles de Lecour, rue de l'Odéon, de Vigneron, à la Redoute, et de Leboucher, passage Verdeau.

Lecour est à la fois le plus populaire et le plus distingué. Ils sont deux frères. C'est le cadet qui professe seul maintenant, l'aîné ayant fait sa fortune dans l'industrie. Lui-même partage ses occupations entre le chausson, la boxe et la musique; marié à une pianiste distinguée, il est aussi un ténor agréable, et depuis longtemps on le voit plus souvent dans les concerts particuliers que dans les assauts publics. Je ne crois même pas qu'il ait tiré depuis dix ans.

Il a eu un assaut célèbre : c'était à Toulouse, où il allait ouvrir une salle et donner des leçons. Le gant était tenu par un méridional vif et plein de confiance en lui, nommé Cadet (de Moissac).

On n'avait pas de masque. C'était le méridional, je crois, qui avait demandé à ce qu'on combattît nez découvert.

L'assaut s'engage. Cadet est atteint et ne crie pas : « touché ! » Atteint encore, il nie.

— Je vais marquer les coups, fit Lecour.

Et alors la grêle commence.

Lecour enfin s'arrête, lève son gant, et montrant à Cadet la peau toute chaude de son nez collée au cuir :

— Êtes-vous touché ? dit-il.

Lecour est un homme de manières aimables, très-poli et très-courtois, à la figure empreinte à la fois de douceur et d'énergie ; il a, quand il s'anime, le regard dur, la face terrible, mais son accent est doux, son geste aussi engageant dans le repos que redoutable dans le combat. En un mot, c'est un parfait gentleman.

On trouve dans sa salle des docteurs en médecine et des docteurs en droit, des agents de change et des fonctionnaires, des rentiers, des étudiants. Il y règne un ton de distinction et de galanterie parfaite. On est entre gens du monde.

Le prévôt de la salle, le père Étienne, toujours solide quoique rhumatisant, démontre les principes avec beaucoup de tact et de conscience. Ce fut un tireur de canne redoutable...

Le jeu de Lecour est pour ainsi dire sa propriété. Jusqu'à lui, on ne connaissait guère que le pirouettement marseillais, c'est-à-dire le jeu d'évolution à grand circuit, une espèce de danse où l'on atteignait du talon en tournoyant.

Lecour a serré les coudes, assis les reins, les jambes; il regarde en face, ne perd pas de temps. A part le coup de poing circulaire, il n'a guère que des coups droits, répétés, terribles. Il ne dit pas : Élan, mais Détente. Ce n'est pas une fronde, c'est une épée. Je veux montrer par là qu'il ne sacrifie rien à la fantaisie et vise toujours au plus pressé.

C'est pour la canne comme pour la boxe, il a simplifié partout; on peut se battre dans un corridor.

A la violence de l'élan, il a consacré son coup de pied d'*arrêt chassé*, qu'il porte avec une incroyable énergie; malheureusement on joue gros jeu; et je n'oserais l'essayer, pour mon compte, qu'avec certains adversaires et sur certains terrains.

Son jeu se résume en deux mots : précision, vitesse. Je crois pouvoir dire que Lecour, sous ce rapport, n'a jamais été dépassé.

Après Lecour, le plus célèbre est Vigneron, le superbe et solide Vigneron aux longues jambes, aux bras d'acier.

Par son attitude seule et rien qu'en se mettant en garde, il tient à distance et en respect. Quand il se développe, il paraît grand comme le monde. On ne peut guère trouver d'adversaire plus beau, aussi adroit, plus fort. Et cependant, il est peut-être inférieur à Lecour, tout petit que soit ce Lecour, parce qu'avant d'arriver à la régularité puissante du jeu droit, Vigneron a passé par le jeu large, moitié parisien et marseillais. Il en a gardé malgré lui des souvenirs. Vigneron n'en reste pas moins un des représentants les plus brillants de l'adresse et de la vigueur françaises. Et, chose curieuse, il n'a pas seulement, depuis qu'il travaille, grandi en force et en habileté : telle est l'influence des exercices du corps largement entendus et pratiqués, qu'il a conquis à ce métier je ne sais quelle grâce puissante qui fait ressembler ce fils des faubourgs à un héros de la palestre antique.

Le père Leboucher, lui, gros comme un muids, avec une voix de vieux grognard, une mine rébarbative, est un tireur de canne des plus terribles, et il faut entendre le poteau vibrer sous son coup de poing! Il n'y va pas de main morte, soit qu'il frappe, soit qu'il enseigne. Malheureusement il n'a pas de jambes.

Aux lutteurs, maintenant!

Ils sont plus populaires, plus connus, et ce spectacle de foires s'adresse à tout le monde. C'est le Colisée à deux sous pour la foule.

La salle Montesquieu a mis en relief les hommes de lutte, et transformé en héros quelques athlètes obscurs la veille et dont on sait aujourd'hui les noms: Arpin, Rabasson, Marseille, Dornier, Balandrin, Bonnet (de Lyon), Blas, Rivoire, Lebœuf, Bernard, Anthelme, Carcassonne...

On connaît la fin de Rabasson, qui mourut après une lutte avec Bernard, à Bordeaux.

On m'a dit que Carcassonne, devenu fou d'amour, s'était éteint dans un hospice d'aliénés.

J'ai assisté à une lutte sérieuse entre lui et *Pierre le Savoyard*, il y a quelques années, à la foire aux pains d'épice.

Carcassonne, du haut d'une baraque, lançait le gant:
« J'offre toujours 100 francs!... »

Pierre le Savoyard, ancien lutteur de Montesquieu, pour le moment cocher en vacances, demande un caleçon.

Ils se battirent: ce fut effroyable. Pierre le Savoyard luttait mieux; mais Carcassonne, à la façon des hommes du Midi, plus lourd d'ailleurs, gros, deux fois plus fort, avançait les coudes, et contre ses avant-bras noueux, se brisait, se cassait le courage du Savoyard.

Par-dessous même, quand la tête était prise au *coup de la chancellerie*, c'est-à-dire tenue sous l'épaule de

Carcassonne, celui-ci broyait, à l'angle de ses os, en tendant ses muscles, le visage du lutteur intrépide. Il en vint à bout de cette façon, après l'avoir défiguré. Pierre, lui, ne disait rien, il croyait tenir le coup qui enlève et se laissait meurtrir pour ne pas le manquer. Il l'essaya; mais Carcassonne était lourd, et le poids triompha du courage.

Les deux adversaires, vainqueur et vaincu, étaient furieux.

— Je te ferai passer par-dessus la baraque, criait Carcassonne.

— T'es-t'une vache, hurlait Pierre, et la foule haletante les excitait.

On promit une revanche qu'on ne donna pas, c'était assez d'une fois.

Un autre jour, et sur le même champ de foire, à la barrière du Trône, dans la baraque de Cadet (de Moissac), celui dont j'ai parlé tout à l'heure, c'était encore Carcassonne qui tenait la lutte.

De l'autre côté était une autre arène, sous le pavillon d'Albus et Ramon, *premiers lutteurs du monde*. Ils défiaient aussi les hommes forts; mais leur parade était trop maigre, la musique trop faible, le vent ne soufflait pas de leur côté, et ils ne gagnaient pas un sou.

Tout d'un coup, à deux heures, un dimanche, au moment où Carcassonne, chez Cadet, jetait son défi, Ramon, qui est descendu de sa baraque vide, Ramon paraît.

Il lève le bras et crie : « Un caleçon! »

On reconnaît le lutteur d'en face; il se fait reconnaître, d'ailleurs, car il parle haut et laisse échapper son indignation et sa fureur.

— Pourquoi, lui, Ramon, le héros de Nimes, ne fait-il rien, quand cette puce de Carcassonne (une puce qui pesait 300) fait de l'or!

« Ils vont lutter : le public a entendu; il est témoin.

Si Carcassonne est tombé, au vainqueur les 100 francs, (qu'on étalait sur les tréteaux de la baraque.) On viendra peut-être le voir, alors! »

Carcassonne sourit et dit : Montez!

La foule se précipite, on supprime tous les autres exercices. Ramon, par manière d'ironie, demande à gagner d'abord vingt-cinq francs d'un coup de hanche, en faisant mordre la sciure de bois à la *doublure*, un petit nègre qui roule à terre après le premier engagement. Carcassonne traite Ramon de lâche, et ils s'abordent.

C'était beau à voir ; mais pour qui s'y connaissait un peu, le résultat n'était pas douteux.

Deux fois Ramon tombe à faux. Il hurlait : Carcassonne riait d'un rire jaune, et l'on se reprenait.

Ramon sentit que c'en était fait ; deux fois il avait fléchi ; il va tomber, les épaules approchent de terre. Confus, désespéré, il prend dans ses dents l'oreille de Carcassonne, s'y accroche et l'arrache.

Carcassonne voulait le tuer! on les sépara. Ramon paya deux cents francs l'oreille qu'on apporta au tribunal dans un verre.

On m'a dit que Blas était mort, mais les détails de cette mort sont assez romanesques pour me faire espérer que l'ancien lutteur vit encore.

Voici l'histoire.

C'était à Toulon, dans une auberge du port. Huit ou dix hommes se trouvaient réunis, échauffés par le vin, les yeux ardents, avançant la main sur les couteaux. Une querelle était survenue à propos d'une bouteille cassée, peut-être d'un verre dérangé, que sais-je? L'un des convives était Blas l'Espagnol, dit *Sans-Pitié*. C'était contre lui que se dressait menaçant le groupe des matelots ivres d'eau-de-vie et de colère.

On le serrait de près ; ils allaient l'assommer et commettre un crime sous l'influence de l'ivresse.

Blas, que le vin rendait fou, leur crie :

— Arrêtez ! vous êtes plusieurs, je suis seul. J'en écraserai bien deux ou trois, mais les autres me tueront. J'ai un moyen de tout arranger. Vous allez voir.

Et il s'avança jusqu'à la fenêtre, qu'il ouvrit toute grande. Elle était à vingt pieds au-dessus du sol.

— Que ceux qui veulent se battre avec moi me suivent ! dit-il.

En même temps il sauta par la croisée.

En tombant, il se fendit la tête ; le narrateur dit qu'il en mourut.

Qu'est devenu Lebœuf ?

Je l'ai connu à Nantes, où il s'était acquis une popularité, des sympathies. On l'avait appelé aux fonctions honorables de tambour-major de la garde nationale, et il tint près de la mairie d'abord, puis près de la salle du père Moreau, notre bon vieux professeur d'armes, un café qu'il abandonna ensuite.

Je le vis pour la dernière fois au théâtre des Variétés à Nantes, où il lutta contre un vieux lutteur nommé Turck. Turck avait lancé son défi par affiches.

Lebœuf releva le gant, et tout Nantes avec lui. La ville entière était au théâtre pour assister au triomphe de son champion.

En attendant que le spectacle commençât, on vit Turck rôder dans les couloirs et dans l'arène pour commander les derniers préparatifs ; et les Nantais de rire ! Turck était petit, maigre, déjà un vieillard ; ses cheveux étaient gris, sa mine triste ; il y avait de l'inquiétude, presque de la douleur dans son regard.

Le spectacle commença ; un frémissement parcourut l'assemblée quand Lebœuf et Turck se présentèrent.

Turck était sombre, défiant, à peine soutenu par l'encouragement des servants, tandis que Lebœuf saluait tout souriant, distribuant à droite, à gauche des poignées de main.

On s'attrapa : tout le département de la Loire-Inférieure luttait. C'étaient des « oh! des ah! Il tombera!. »

Turck tenait toujours.

— Lebœuf s'amuse, disait la foule.

Lebœuf, en effet, opposait aux attaques impétueuses de Turck vaillant, désespéré, mais froid, la masse terrible de son gros corps ; il empêchait qu'on ne le prît. Une fois pourtant il fut saisi et tomba à terre ; le coup était faux, dit-il.

Ce fut un épouvantable vacarme. On se serait cru aux Cordeliers ou aux Jacobins. Il y eut des luttes isolées dans la salle ; quelques-uns, malgré leur chauvinisme, croyant Lebœuf vaincu, tenaient pour Turck, au nom de la saine justice ; d'autres criaient que les champions *montaient un coup;* il s'exhalait de l'arène une odeur de fièvre que dissipa la menace de la force armée. On se donna rendez-vous pour le dimanche suivant. Je ne sais plus quelle en fut l'issue.

Lebœuf, lui aussi, a sa légende.

Dans sa jeunesse, à Madrid, il annonce un jour sur des affiches fanfaronnes qu'il luttera contre huit hommes : que lui, Français, défie huit Espagnols.

A l'heure de la représentation arrivent huit hommes, de front. Ce sont les délégués de la Péninsule.

Lebœuf se récrie, prétend qu'il a défié huit forces, huit lutteurs, mais une à une, mais un à un.

— Non ! dit la foule ; vous avez dit huit, les voilà !

Lebœuf s'adresse au consul qui n'ose, de peur d'une émeute et d'un malheur, donner tort tout haut à la foule en délire.

La cour a été blessée par l'insolence du Français herculé.

— C'est bon, crie Lebœuf, avancez !

Ils avancent, l'athlète recule, recule encore, et s'acule enfin contre un poteau ; mais, dans sa retraite, il a pris au cou un Espagnol, qu'il lève en l'air et casse comme un morceau de bois sur son genou!

Deux autres arrivent : deux coups de poing en étendent deux ; encore un autre! Quand il n'en resta plus que trois, il quitta son poteau, et les autres quittèrent l'arène! L'Espagne vaincue salua la France triomphante.

Le lutteur s'en va : Arpin est vieux ; il a perdu sa force, et c'en est fait de cette grande gloire. Dornier est fort aux halles, Bonnet est pêcheur ; Balandrin (de Lyon), boulanger : Balandrin, qui soutint contre Arpin cette lutte célèbre dans laquelle, pris à bras-le-corps, tournant en l'air, il s'accrocha de ses deux mains à l'armature en fer d'un bec de gaz, et, comme vissé là par les doigts, résista vingt-cinq minutes aux efforts d'Arpin qui tirait sur ce grand corps maigre sans le dépendre. Balandrin ne fléchit pas, et Arpin fut fatigué avant que l'autre s'avouât vaincu!

Il reste comme lutteur de profession, sérieux et fort, Marseille ; mais Marseille se fait vieux : il a le front ridé, l'air sombre, le teint blême, il est maigre, poilu, taciturne.

On peut dire de lui pourtant que c'est, parmi tous les lutteurs célèbres, celui qui a le plus d'*âme :* le mot est d'Arpin, je le tiens de lui. Tous ses collègues en force s'accordent à le répéter.

Mais Marseille n'est pas même le propriétaire de la baraque où il travaille. Il est en représentation chez les autres. Où finira-t-il ?

Le teneur de luttes officiel est Dubois.

Il est fort, très-fort, mais n'a pas d'haleine. Pourtant sa pesanteur lui permet de résister, par l'inertie seule, aux attaques des plus violents, et il a la solidité de l'éléphant.

Comme Lebœuf, Dubois a la voix fluette, et de ce corps énorme sort aigrelette et molle une parole d'eunuque.

Après Wolf et le gros Masson, Dubois est un de ceux qui manient le mieux les poids, et je ne lui connais guère de rival que Rabier et Papillon.

Au-dessous de ces célébrités, le monde qui grouille dans le pays de la lutte à main plate ne vaut pas le diable.

Le *comtois* n'est pas la fleur des pois de la gentilhommerie française. On sait que sous le nom de *comtois* ou *batteurs* de *comtois* sont désignés les compères que chaque baraque entretient au pied de l'escalier pour animer le jeu et entretenir la partie.

On les reconnaît à la carrure de leurs poitrines, au balancement des épaules, à l'éraillure de la voix. Ce sont des hommes *tombés* qui font métier de s'essayer à *tomber* les autres; gens sans scrupule, comme on pense, violents, féroces, qui n'ont d'autre Evangile que le code brutal des arènes, qui ne croient qu'à la force. Ils en vivent et quelquefois en meurent : quand, renversés à faux, ils se sont cassé une côte ou brisé les reins.

Il faut les voir à minuit, lorsqu'ils viennent toucher le prix de leur besogne. Ils ont sué, soufflé, mangé du sable, de la boue; quelques-uns montrent en grognant leurs membres meurtris. Souvent on se fâche; il y a lutte, une lutte à poings fermés et non plus à main plate; les yeux s'allument, on s'insulte, on se menace; voilà qu'on se bouscule et qu'on s'empoigne! ils vont se manger le nez : expression horrible qui, dans leur vocabulaire, veut dire entamer la chair, briser les dents, ouvrir la tête.

J'ai vu de ces colosses continuer à boire ayant dans

le crâne des trous à y mettre le poing, avec du sang plein les yeux, qui tombait dans leur verre!

Contre ces goujats peut se défendre, en ôtant ses gants, un élève qui a deux ans de salle chez Lecour, Vigneron ou Leboucher.

Je vais retourner chez Lecour.

# LA BOXE ANGLAISE

La passion de l'Anglais pour les jeux du corps, course à pied, régates, natation, lutte et boxe, est sans bornes.

Dans le dernier numéro du *Sporting life,* je lis sous la rubrique *Pedestrianism :*

« John Wearden, de Bradford, ayant vu, dans le journal de mercredi 26 août, un défi porté par James Clerk, de Glasgow, par lequel celui-ci provoque *à la marche* tout homme à jambe de bois, sur une distance d'un à deux milles, avec 25 ou 50 livres d'enjeu, Wearden offre à Clerk, si Clerk est en bois des deux jambes, de marcher *contre* lui, pendant une distance d'un à quatre milles, en pariant 25 livres ; la lutte aux jarrets de chêne aura lieu six semaines après la publication du défi. On indemnisera de ses frais de voyage James Clerk s'il veut venir à Royal-Oak, Manchester. James Holden, de Manchester, ou l'éditeur du *Sporting life,* seront les dépositaires des enjeux. Wearden attend. »

Des paris sont engagés ; on s'est informé en quel arbre étaient les jambes de chacun, depuis combien de temps elles servaient ; on a mesuré les moignons, et, là-dessus, après avoir tâté la cicatrice, fait sonner le bois, on a parié cent sous, cent francs.

Qui gagnera? Cela dépend beaucoup du menuisier, du marchand de jambes. Les coureurs en tous cas sont sûrs de ne pas être gênés dans leurs souliers, et si la peau de leurs pieds se pèle, ils ne le sentiront pas.

C'était, l'autre jour, à qui serait renversé le premier de *Bras-Seul* ou de *Jambe-Unique*. *Jambe-Unique* a terrassé *Bras-Seul* en le traitant d'infirme, et il a exécuté, pour fêter son triomphe, une gigue effrénée en marquant la mesure avec le chêne fendu de son pied gauche. Il y avait trois cents personnes.

On parie sur les pattes des chiens, sur la queue des rats.

Dans un *public-house*, le soir, on apporte une grande cage où sont enfermés des rats; les sportsmen du faubourg amènent leurs chiens, et chacun parie que son terrier tuera plus de rats en cinq minutes que celui de son voisin. Les jeux sont faits : les chiens frémissent ; on soulève une planche et les rats s'enfuient : le massacre commence. Les assistants prennent par la queue les victimes, on se les passe de main en main, on les compte et on les soupèse : quelques-uns se font sœurs de charité et recousent les éventrés. Plusieurs des mulots ont déjà vu deux ou trois batailles et sont couverts de cicatrices. C'est au tour de l'autre chien maintenant; on lâche le même nombre de rats pour lui, et l'on voit combien il en tue dans ses trois minutes. C'est le *raticide* le plus heureux qui fait gagner son maître.

On rencontre beaucoup d'annonces dans ce genre-ci :

« John, de Liverpool, est très-étonné que James, de Sheffield, après avoir crié si haut, se présente si tard. John le défie toujours. »

Ou bien encore :

« Si M. Tart est dans l'intention de lutter, non de hâbler, il est prévenu que M. Taylor l'attend. »

Quelquefois c'est une célébrité qui parle :

« William Jameson, de Penrith (Cumberland), champion de la lutte en Angleterre, a entendu parler d'un lutteur belge prodigieux qui va par le continent renversant comme plume tous ses adversaires. Eh bien ! William Jameson demande à lutter contre lui ; l'enjeu sera de 200 à 1,000 livres. En cas d'acceptation, il propose que le combat ait lieu à... tel endroit. On n'a qu'à répondre à... telle adresse. »

William Jameson est donc le champion de la lutte en Angleterre.

Le champion de la boxe est maintenant Jean Mace. Jean Mace est très-populaire sur tous les terrains du sport anglais. C'est lui qui va, sur les champs de course, protéger de sa présence le cheval et le jockey vainqueurs. Aux *Deux mille*, il dut, aidé d'autres boxeurs fameux, défendre Grimshaw contre la colère stupide de la foule. Il était l'an passé au Saint-Léger. Il fallait le voir se promenant calme et puissant près du poteau, et, quand *Gladiateur* eut gagné, allant se mettre à sa tête comme un général qui ramène une armée ; il avançait, écartant les coudes, élargissant l'épaule, remontant le flot de la foule, de toute la force de ses muscles. Il n'a pas eu cette fois, à porter quelques-uns de ces coups de poing terribles qui, aux *Deux mille*, cassèrent des dents, brisèrent des os. Il s'est seulement blessé au bras, dans l'excès de son zèle ; son coude passa, au moment où Grimshaw rentrait, à travers un carreau ; il coula quelques gouttes de sang ; on en baptisa *Gladiateur*.

Jean Mace aura, dans deux mois, en novembre, à défendre la *ceinture* contre Wormald, qui se présente pour la prendre. On dit pourtant que ce Wormald hésite : on ne le voit pas, il se dérobe. Serait-ce qu'il a peur ou qu'il s'entraîne avec plus de religion dans le silence? Les parieurs se le demandent, mais quelques-uns font grand fonds sur lui, et affirment que c'est un « large poing et un grand cœur ».

C'est King avant Mace qui a tenu la ceinture.

La légende dit que King n'était point un boxeur de profession, mais qu'il se présenta, poussé par l'amour de la patrie, pour humilier l'Amérique et venger l'Angleterre. Il vengea l'Angleterre, mais le boxeur heureux de la veille redevint le gendre respectueux du lendemain. King promit à son beau-père de ne plus se battre, en public du moins, et il laissa à Jean Mace, quand il se présenta, le soin de tenir la ceinture haute : il lui confia le drapeau.

King est maintenant propriétaire d'un *public-house*, comme fut, je crois, Sayers, comme a été Jean Mace. Ils exploitent ainsi leur renommée; on va les voir, comme on allait voir Nina Lassave à Frascati : la bière d'ailleurs ne se paye pas plus cher chez eux qu'ailleurs, et le wisky est aussi bon. Il y a tumulte la veille des luttes ou des courses.

On ne saurait croire avec quelle ardeur on s'occupe à l'avance des défis portés. Comme autour des grands chevaux, il y a des indiscrétions qui courent, des mensonges qui rôdent. On parle d'accidents arrivés à l'un, d'excès commis par l'autre, on prédit la fuite, on annonce la chute. En tous cas, des détails sont publiés dans les derniers mois, réguliers, périodiques, qui donnent des nouvelles vraies ou fausses de l'état de santé des boxeurs. Le bulletin de Jean Mace cette semaine est excellent. « Il n'a jamais paru plus frais, ni plus jeune;

on voit qu'il prend soin de lui : il *s'entraîne* encore dans le Nord, mais il finira à Brighton, pour profiter des bains de mer. Confiance ! confiance ! »

C'est l'*entraînement* qui fait les forts athlètes et les grands boxeurs, comme il fait les chevaux célèbres. Ceux qui tiennent le caleçon des luttes ou le gant du pugilat ont soin de leur corps robuste, comme les femmes ont soin de leurs formes tendres; ils veillent sur leur force, comme les coquettes sur leur beauté.

L'entraîneur ne se contente pas d'exercer son élève à l'attaque et à la parade; il ne se contente pas de lui apprendre le coup de face ou le coup de hanche; il a aussi l'oreille contre son cœur, et il en compte les pulsations; il en dirige les battements; il interdit à l'entraîné les passions trop chaudes, les plaisirs trop vifs. Il lui choisit ses distractions et ses amours. Il souffle sur tout ce qui pourrait exercer son intelligence, occuper son âme aux dépens de ses phalanges ou de ses muscles; il graisse et mène la machine comme il l'entend; arrache la maîtresse des bras, le verre des mains, le fruit de la bouche.

Cela se comprend.

On parie sur l'adresse ou la vigueur de l'homme. Ces parieurs, comme ceux des clubs ou des tripots, ont droit à surveiller le jeu de celui qui tient les cartes; ils sont intéressés dans la partie. D'autre part, le patriotisme s'en mêle, et c'est une question d'orgueil national. D'où l'on peut conclure qu'il y a bien quelque rapport entre le métier de champion et celui de galérien. On ne s'évade que par la défaite.

La défaite est souvent suivie de crachements de sang et couronnée par une mort affreuse. La victoire même conduit au cimetière. Montparnasse est près du Panthéon.

Un nommé Jones, se battit un certain jour avec un

adversaire à qui il creva un œil et cassa deux côtes. Mais lui-même fut atteint au côté gauche d'un coup de poing formidable qui brisa un organe essentiel à la vie, et le soir même Jones mourut.

La veille du Saint-Léger, deux Américains allèrent se battre près de Valsall; il y eut vingt passes très-vives; à la vingtième, l'un des combattants fut jeté lourdement à terre, et le premier sang coula de son sourcil fendu. On se reprit; la police vint et ordonna de circuler. L'arbitre, *the referee*, décida que les combattants se rencontreraient plus loin. Les deux boxeurs s'attaquèrent de nouveau avec vigueur; la police reparut, nous allâmes plus loin encore, la police revint. On dut se séparer et renvoyer au lendemain. Un seul des adversaires se trouva au rendez-vous. L'autre semblait le plus fort, pourtant; c'est lui qui avait eu les avantages de la première passe. Mais le bruit courait que ses poings avaient beaucoup souffert et qu'il n'aurait pu s'en servir le matin. Le prix fut remis à celui qui était là, et l'on poussa trois grognements contre l'absent!

Sans l'entraînement, les boxeurs n'y pourraient tenir. Ils sortiraient de chaque engagement agonisants ou contrefaits, avec des bras pour jamais cassés, des yeux pour toujours éteints. J'ai vu dans la baraque de Moulineaux et Crebbs, à Notting-Hill, des pugilistes gantés se porter des coups, à travers la peau de daim et le bourrelet d'étoupe, qui auraient éborgné un navire et fait saigner le nez d'un débutant comme un martyr. Mais après de longues études, quand l'éducation a été conduite avec sagesse, les os se durcissent, les muscles acquièrent une vigueur et une souplesse triple et quadruple, ils ont des ressources infinies pour la résistance ou la détente. Quant à la peau, elle ne s'écorche qu'après des meurtrissures réitérées. On voit dans des public-houses de Kensington et de White-Chapel d'anciens boxeurs, qui n'ont plus l'agilité et la vigueur d'attaque nécessaires pour boxer avec gloire, faire métier de mannequin, offrir leur poitrine pour cible : leur thorax s'élargit et s'enfle; l'entraîné frappe de toute la longueur et avec tout le ressort de son bras. Le vieux boxeur sourit, l'entraîné a amené le *mille*, ou bien la tête de Turc fait une grimace, c'est le *trois cents* seulement. Il faut, pour pouvoir ainsi présenter ses pectoraux, ses côtes, sans cracher le sang ensuite, avoir acquis une force de résistance énorme et que l'entraînement seul a pu donner.

Tout boxeur qui a de l'ambition doit posséder cette force, on dit alors de lui qu'il a du *fond*. Il ne sera pas aveuglé ou mis hors de combat qu'à la fin, si les coups sont portés avec un bonheur et une justesse rares. Ce jeu de la boxe anglaise exige malheureusement du bras qui pare une valeur terrible. C'est sur ce bras, du poignet au coude, que vient frapper le poing de l'attaquant, et il arrive que l'os est meurtri, haché, lors même et alors surtout que le boxeur est très-habile. Je suppose que le bras de Tom Sayers fut fatigué par la parade dans sa lutte avec l'Américain Hynan, et, sans que le membre fût cassé, il était engourdi et douloureux au point qu'il devait le tenir appuyé sur sa poitrine comme s'il était mort.

Pour dire la vérité, et après avoir assisté ici à quelques rencontres sérieuses, je regarde le jeu français, où le pied attaque, comme autrement dangereux que la boxe anglaise. Nous avons quatre membres à notre service, soit quatre ressorts qui jouent en équilibre et se détendent comme toutes les lames d'un couteau de Chatellerault. Je parie tout ce qu'on voudra pour Lecour contre John Mace, dans un combat sérieux.

Les Anglais ne frappent que d'un bras. Ils acquièrent avec le temps des facultés de développement et d'exten-

9.

sion considérables, mais la longueur des jambes supprime bientôt les distances; et si j'avais trois ans de salle au lieu d'en avoir seulement six mois, je ne craindrais pas, ce me semble, sur le pavé, un boxeur d'adresse moyenne entraîné par un Anglais. Que cette conviction, mon cher Lecour, soit la vôtre, et en élève reconnaissant je vous serre d'ici le pied qui m'a appris le *coup d'arrêt*.

On prononce volontiers, à propos de boxe et de coups de poing, le mot lourd de brutalité, comme on aime à parler de cruauté et de folie à propos des sportsmen et des chevaux. Les courses ont pour les défendre tout un monde de journalistes convaincus et de gentilshommes aimables. Je veux dire un mot, pour mon compte, en faveur des exercices de force, et les défendre à ma façon.

Ce n'est point pour casser les têtes, trouer les poitrines, donner des séances, que nous apprenons à tirer l'épée chez Dumesnil ou chez Jacob, à faire du chausson chez Lecour et de la gymnastique chez Triat. Non; c'est pour marcher dans la vie sans crainte et surtout sans aide.

Le goujat qui sait que le monsieur qui passe a le coup d'œil sûr, le coup de poing solide, ne se frottera pas contre sa manche pour le blanchir et ne le bousculera pas, de peur d'être corrigé par les armes mêmes de la brutalité. Si le goujat se risque, on n'aura pas besoin d'appeler à son secours la police, qui n'y mettrait pas, elle, de ménagement; et au nom de l'État éreinterait le pauvre diable. J'aime mieux savoir me défendre qu'être défendu, et je ne voudrais accepter de l'État rien, pas même son intervention à mon profit. Pour cette même raison; et parce que je ne veux pas non plus laisser un tribunal juge de mon honneur, et tout en traitant le duel de préjugé bête et barbare, j'apprendrais à tirer l'épée pour protéger ma personne à ma façon.

Est-ce encourager les luttes féroces et les combats sanglants? Non. C'est demander à l'éducation seule les moyens de marcher tranquille à travers la vie, c'est acquérir par le travail une force sage qu'on exerce en galant homme au profit de sa liberté.

# TOM SAYERS

Le héros du combat le plus illustre qui ait été livré à coups de poing, avec la terre pour plancher et le ciel pour plafond, Tom Sayers est mort. Il n'avait que 39 ans.

On se souvient de ce duel qui eut lieu à Fonborough le 17 avril 1860. L'Angleterre n'oubliera jamais ce jour-là; il est inscrit dans les fastes de son histoire, tout comme est inscrit Waterloo.

Mais ce n'était pas la France, c'était l'Amérique qui se battait contre elle, ce matin de printemps. A travers l'Océan était venu pour disputer la ceinture des boxeurs un géant, un colosse, Heenan.

Il arriva incognito à Liverpool, en décembre 1859, après que le cartel eut été réglé dans des correspondances qui restent aux archives du pugilat. Il était accompagné de son second, Cusik, et de M. Falkland, le délégué de ses soutenants américains.

Le combat du 17 avril a été raconté si souvent et avec tant de détails, que je ne puis y revenir. Tout le monde doit, en interrogeant sa mémoire, se souvenir de ce récit épique. Les journaux anglais ne furent pleins que de cela pendant des semaines.

Le *Times* y consacra des milliers de lignes passionnées, violentes ; toutes les feuilles du sport chantaient sur tous les tons le grand combat.

Il y eut un poëme épique : la *Tommiade*.

Il n'est pas dans un coin de l'Angleterre, le plus sale trou ou le plus grand salon, un homme, une dame, un fils de lord, l'enfant d'un pauvre, qui ne sache le nom de Tom Sayers. Il est aussi aimé que celui des femmes célèbres de l'histoire, et il a sous le ciel brumeux de l'Angleterre le prestige de Jeanne Hachette ou de Jeanne d'Arc, sous le ciel de France.

*Little Tom*, le petit Tom, — c'est ainsi que l'appelait sa patrie reconnaissante, — et ces lecteurs de Bible en avaient fait leur Benjamin.

Je suis allé en Angleterre exprès pour le voir. Mon premier soin, quand je me fus installé à Londres, fut de courir après Little Tom pour voir son visage, mesurer ses mains, contempler cet homme dont le monde entier s'était occupé pendant un mois, et qui a son portrait gravé (un journal américain l'a dit) jusque sur l'écorce des arbres au pied desquels viennent expirer les derniers Indiens.

Mais Tom Sayers était déjà marqué par le doigt de la mort. Déjà il toussait de cette toux qui présage les agonies lentes et sûres ; il était chez sa sœur, vaincu, brisé ; il n'était déjà qu'un fantôme deux mois avant qu'il ne fût un cadavre.

Je n'osai ou ne pus arriver jusqu'à son chevet, et je suis parti sans l'avoir vu.

J'ai vu Heenan.

On le rencontre, le soir, dans un *public-house*, près d'Haymarket, chez Swift Owen, ancien boxeur dangereux, terrible, qui tient la maison. Heenan est grand, gros, gras, d'une nature calme et qu'on ne croirait point, au premier abord, exceptionnellement énergiqué et vigoureuse. Je préfère le vieux Owen, plus petit, au visage osseux. Il a été en France jadis; c'est même lui qui y a popularisé la boxe anglaise. Il était le professeur de lord Seymour.

Quelle bataille celle entre Heenan et Sayers !
Sur le terrain de Fonborough, de sept heures trente-cinq à dix heures moins le quart, ils combattirent sous le soleil du matin.
Suivant quelques-uns, la victoire ne fut à personne, ou plutôt fut à tous deux. On coupa la corde qui formait l'arène, au moment où Heenan tenait Tom Sayers le cou contre elle, *à la chancellerie*, comme on dit en France; sous un bras il serrait la tête, et de l'autre il frappait. La corde coupée, ils tombèrent. On les vit tous deux se relever, orgueilleux, vaillants, et ils trouvèrent encore la force de sauter par-dessus des barrières, comme des athlètes frais huilés. Heenan, cependant, était méconnaissable; sa chair avait enflé sous le poing unique de Sayers; il était hideux à voir. Le petit Tom avait la tête fraîche encore, et le lendemain il se promenait dans Londres.
Jamais général revenant de loin, roi rentrant dans sa capitale, ne fut accueilli comme Sayers, quand il reparut en public. La foule se pressait sur son passage, les femmes agitaient leurs mouchoirs, les hommes le portaient en triomphe ! Le Parlement, la Chambre des lords, le *Royal Exchange*, la politique et le commerce, la Banque et la Bourse, tous se cotisèrent, et en quelques jours on eut recueilli, pour fêter son courage, 75,000 francs, dont le revenu devait lui être servi sa vie durant, et, comme une dotation royale, être reversible sur la tête de ses enfants.
Sayers ne devait plus lutter; on voulut qu'il restât sur ce grand souvenir. Il se fit entrepreneur de cirque. Cette existence nomade ne l'enrichit point, elle le tua; les excès auxquels il se livra dans ses voyages déter-

minèrent, dit-on, sa maladie. Une chute qu'il fit il y a six mois l'aggrava. Au moment où il passait en voiture près de l'église Saint-Pancrace, un homme qui lui en voulait le menaça du geste à travers la rue, et insulta le lion malade. Sayers, oubliant qu'il n'avait plus ni vigueur ni souffle, prit son élan, sauta à bas de la voiture, et il tomba. Cet accident compliqua son mal, et il ne fit que traîner depuis. Il est mort.

Avec lui, disent les journaux de sport d'outre-Manche, s'éteint une des gloires les plus pures de l'Angleterre. « C'était hier Palmerston, aujourd'hui c'est Sayers. Mais les hommes comme Palmerston se remplacent, les boxeurs comme Sayers ne se retrouvent pas! »

## PITRES, PUCES, ÉLÉPHANTS, TIRANGEURS DE BRÈMES

> J'aime mieux ma mie, ô gué !
> J'aime mieux ma mie !

Entonnez, paillasses joyeux de Paris, vos chansons sans queue ni tête !

> J'ai vu, tout comme je vous vois,
> Dans une coquille de noix,
> Douze éléphants à la lisière
> Ensemble passant la rivière,
>  Un n'hanneton
> Pour jouer du violon.
>
> J'ai vu, dans un autre pays,
> Un chat croqué par un' souris,
> Un renard pris par une poule,
> Dix-huit huîtres dans une moule,
>  Et dans un œuf
> Aisément valsait un bœuf.
>
> J'ai vu, sur le pont d'Honfleur,
> Un Normand, un aide-tailleur,

> Faire trois manteaux dans une veste,
> Tirer quatre gilets du reste,
> Dans les coupons
> Trouver encor six pantalons !

Et la fin :

> Je vis dans un salon, l'aut' jour,
> Un gros Bacchus jouer l'amour,
> Quat' grenuches (grenouilles) pour les grimaces,
> Et pour Vénus
> *On y voyait la mère Camus !*

Le paillasse annonçait, ce soir là, des animaux savants. Au rideau.

Toutes les races et tous les sexes ont eu des représentants glorieux, depuis l'éléphant jusqu'à la puce. La femme, ici comme ailleurs, occupe un rang inférieur, secondaire, et c'est le mâle qui triomphe, singe ou dindon, chien ou chat, insecte ou quadrupède ; c'est le sexe fort qui a produit les grands savants.

Il n'y a rien à dire de l'éléphant : on sait l'intelligence de ces pachydermes, et nous sommes rassasiés du récit de leurs gentillesses et de leurs exploits. Quelques-uns pourtant ont fait des leurs. L'un d'eux, un jour, se pencha négligemment sur son cornac Huguet de Massilia, et lui cassa le bras en s'appuyant ; un autre enfonça deux coups de défense dans les côtes de Flutiau, le célèbre danseur de corde ; un dernier se fit tuer dans un arsenal, à coups de canon.

C'était près de Genève ; le cirque était en marche, et l'éléphant avançait dans la nuit, portant, comme les tours antiques, les grands bagages sur son dos. Il allait majestueux, ainsi que ses frères d'Asie, aux fêtes du Bacchus indien, quand tout d'un coup la folie le prend ; il s'échappe et court, effondrant le sol sur sa route, déracinant les arbres avec sa trompe, renversant les murs ! Il entre dans la ville; une grande porte était ouverte : c'était celle de l'arsenal, où les canons étaient rangés et les boulets en tas.

On ferme sur lui cette porte, on lève le pont-levis et on le garde prisonnier. Mais il prend les boulets avec sa trompe, il arrache les roues des canons, lance boulets et roues en l'air. En même temps il heurte avec les flancs, la tête, les murs de la citadelle; le fer et la pierre volent. Il faut en finir avec le monstre ! On va chercher un capitaine du génie qui choisit la place, fait venir des artilleurs, une pièce de huit, ordonne qu'on la charge et qu'on tire; la mèche s'allume, le boulet part : l'éléphant tomba comme une maison un soir de guerre civile ! Son propriétaire perdit dix mille francs de ce coup de canon, et il ne resta de l'ennemi que des monts de viande qu'on attaqua avec la fourchette.

Les dindons ont eu leur heure dans l'histoire; on les montrait polkant sur une plaque de tôle qu'on avait préalablement chauffée à blanc et qui leur grillait les pattes; le pitre farceur appelait cela la valse de saint Laurent!

Sur le boulevard du Temple on lisait ceci :

## CONCERT DE MUSIQUE RELIGIEUSE

### PAR LES CHATS MÉLOMANES

(On exécutera le *Stabat mater* et on psalmodiera *le Salutaris hostia !*)

Était-ce un lazzi, quelque farce à la Janus, un mot à deux têtes? Les chats ne sont point nés, ce semble, pour faire de la musique, surtout de la musique religieuse. Enfin !

On entrait, et l'on voyait vingt têtes de chats qui passaient, en moustaches blanches, en barbes grises, avec des mines de vieillard, des fronts d'enfant; on entendait, comme dans l'orchestre qui s'emplit, les musiciens exercer leur instrument, puis tout d'un coup, sur un signal, le coryphée partait, et l'on exécutait le *Stabat* en mesure.

Voici le secret :

Il y avait des chats rangés comme des notes de piano, qu'on emprisonnait dans un sabot, de façon à ce que la queue passât : cette queue-là était la note. Il y avait la queue effilée du baryton, la queue énorme, celle de la basse-taille, les queues blanchettes et minces des enfants de chœur. Le maestro tirait là-dessus de toutes ses forces, et il arrivait qu'au finale quelques-unes lui restaient dans la main.

A Londres, j'ai vu des oiseaux savants.

Mais les oiseaux anglais sont tristes; dans les jardins ils ne chantent pas; dans les baraques ils *remportent des vestes*. On me montra un soir des moineaux; je suis parti convaincu que c'étaient des serins, et je n'ai eu pour me consoler que la conversation d'un pitre muet pour les autres, mais bavard pour moi, que j'avais rencontré à Paris dans quelques foires et qui a bien voulu m'honorer, après la dernière séance, de sa compagnie. Nous nous assîmes en face d'une bouteille de vin de France, et il causa.

Avant d'être voyageur mime au service des grands banquistes qui passent les frontières et courent le monde, notre homme a été paillasse *bonissant* pour un tireur de cartes. Il a chanté devant la foule à la barrière de l'École, boulevard de Sèvres, place Saint-Sulpice; les vers de facture bizarre que j'ai cités plus haut, et, pour se délier la langue, il a de sa voix éraillée écorché quelques couplets qui sont dignes des précédents. C'est le fameux air de *Gentille amie*. Fameux? c'est lui qui le dit. C'est de la poésie à un sou; et comme les rimes sont riches!

> Depuis longtemps, gentille *amie*,
> Tu ne viens plus à la guin*guette*
> Danser au son du flageo*let*.
>
> Lorsque tu quittes ton tra*vail*,
> Tu ne viens plus à la cui*sine*.
> Dis-moi pourquoi, dis-moi pourquoi.
>
> Dansez, dansez, gentille amie,
> Dansez la rond' du flageo*let*.
> Un jour, un jour tu feras comme *moi*,
> Un jour, un jour, un jour, tu m'en diras le *motif!*

Puis c'est le *Père Gribouille* :

> Le père Gribouille,
> Qui faisait patrouille
> Dans une citrouille,
> Ou bien au milieu de l'eau;
>
> Le petit Jean Broche,
> Dans le fond de sa poche,
> Fondait une cloche
> A grands coups de marteau.

Après avoir battu son entrechat musical et poétique, l'ancien tireur de cartes prit la parole et ajouta à ma collection quelques notes; il me donna, sur la vie des *tirangeurs de brèmes*, des renseignements historiques et biographiques.

Il y a eu des *Messieurs Lenormand* célèbres, ils se disent tous cousins ou élèves de la fameuse devineresse; et ils sont élèves de la nature—comme Courbet. Il y en a eu de célèbres et qui se sont illustrés autant par leur adresse à duper le prochain que par leur habileté à prédire l'avenir.

Le bon temps est passé pour eux! C'est à l'époque où les jeux marchaient au Palais-Royal, que les tirangeurs de brèmes faisaient leurs affaires, et il y a eu des coups de cartes célèbres :

Ils *montaient des miquels* terribles.

On appelle, *monter miquel* prendre une dupe et la vider, lui tondre sur le dos le poil, la laine, lui faire croire qu'on va l'enrichir, et la ruiner. Voilà l'explication du mot en bon et plat français.

Il y a eu des gobe-mouches célèbres.

Un maire de Saint-Denis se fit saigner de vingt mille francs. On persuada à cet honorable fonctionnaire municipal qu'il y avait un trésor sous sa maison. Pour que ce trésor vînt dans sa cave, il n'avait qu'à donner au tirangeur, qu'il appelait le devin, dix mille francs. Le devin ferait un trou, y mettrait les dix mille francs; ces dix mille francs attireraient le trésor, etc., et voilà tout. Rien de plus simple! — Le maire donne les dix mille francs.

Huit jours après on lui en demande dix mille autres pour les opérations de physique et les derniers sortilèges, puis on lui dit d'attendre.

Mais l'impudence des tirangeurs (ils s'étaient mis quatre pour ce miracle) les perdit. Ils vinrent, quelque matin qu'ils avaient soif, redemander dix mille francs encore! — Le croira-t-on? M. le maire de Saint-Denis, tout en se plaignant de l'exigence du diable, s'y laissa prendre, et dit aux prophètes d'attendre à leur tour, qu'il allait emprunter l'argent et qu'il serait prêt tel jour.

Au jour dit ils vinrent, dans un fiacre, ayant déjà acheté un jambonneau. Il ne manquait plus que les cinq cents louis du maire. L'un d'eux se détacha, descendit de voiture, et alla avec un sac chez l'homme.

Les gendarmes l'arrêtèrent.

Ce n'était point le maire qui les avait trahis, jamais ! Et de loin, même, il faisait des signes au tirangeur pour l'avertir que les gendarmes étaient là, qu'il eût à revenir plus tard. Mais le jambonneau altère, le devin avait bu, il ne comprit pas. Il fut seul arrêté, d'ailleurs. Les trois autres, voyant qu'il ne reparaissait pas, disparurent.

Le tirangeur fut condamné à cinq ans de travaux forcés. Son nom était Besnard; je dirais le nom du maire, s'il n'avait pas des parents fonctionnaires.

A la *Petite-Pologne*, barrière du Maine, un tirangeur, qu'on appelait Joseph Estiau, consulté par un vacher qui avait là ses étables, lui promit, moyennant 1,500 francs, de lui faire gagner le gros lot à la loterie prochaine.

500 francs furent versés d'abord; les 1,000 autres furent appelés pour la *messe* — on disait la messe, paraît-il, dans cette taverne! — Estiau se perdit comme Besnard. Il avait pris des associés et monté un *drague*, c'est-à-dire acheté une voiture, un cheval et seize cents fioles. Dans ces fioles il mettait de l'eau, puis les vendait 1 franc, — rien que 1 franc! Seulement il recommandait d'en prendre très-peu, mais très-peu à la fois, et de la boire goutte à goutte. La liqueur avait fait déjà, à ce qu'on dit, beaucoup de cures, et ils en vendaient tant et tant que les fioles manquaient. Ils avaient bu les recettes au fur et à mesure qu'elles arrivaient, mis beaucoup de vin dans leur eau. On avait bien de l'eau à la fontaine, mais il fallait acheter les contenants. On alla trouver le vacher, sous prétexte qu'il y avait du grabuge en enfer, et que s'il voulait que Lucifer lui fît encore gagner le gros lot, il devait ajouter 500 francs aux 1,500 autres. Il détacha une vache dans l'étable et

alla la vendre. Mais l'aventure transpira, et la police s'en occupa. Cette fois encore, Estiau fut arrêté seul, ses complices purent s'échapper. Il fut condamné à cinq ans de bagne.

C'est, dit-on, un tirangeur de brèmes, Dabin, qui livra le secret de la conspiration des quatre sergents de la Rochelle.

Il était alors bouquiniste, en face du Louvre, et faisait partie d'une vente de carbonaros. Il trahit. C'est sur ses indications que commencèrent les arrestations qui conduisirent Borie et ses trois compagnons à l'échafaud.

Sous Louis XVIII et Charles X, il toucha sur les fonds secrets une pension de 600 francs. Le gouvernement de Juillet lui supprima le prix de sa trahison. C'est alors qu'il se fit banquiste. Il vola et mourut au bagne.

Il aurait déshonoré l'échafaud!

# LES DOMPTEURS

Je lis tous les mois dans les journaux qu'un dompteu vient d'être dévoré par son tigre.

Le lecteur verse des larmes sur la tombe du Morock mangé dans la cage.

Je préviens mes lecteurs que j'ai beaucoup fréquenté les bêtes féroces, beaucoup causé avec les propriétaires de ménageries qui courent la France; et, dois-je le dire? il est résulté de mes interrogatoires et de mes recherches cette certitude que pas un dompteur n'avait jamais été dévoré par les bêtes. *Jamais!* L'Anglais n'a pas vu Carter mangé.

Plus d'un a eu à soutenir des luttes dangereuses, parfois terribles, mais aucun n'a rendu l'âme sous la griffe d'un animal féroce. Ils ne sont guère plus redoutables que des chiens irrités. Que dis-je, ils le sont moins, tous ces captifs des prisons roulantes! Ils n'ont pas la voracité et la force des molosses qu'on laisse libres au moins pendant la nuit. Ils ont la résignation terne et béate de tous ceux, hommes ou bêtes, qui sont esclaves.

Il y a des légendes sinistres, je le sais.

Le dompteur Martin est le héros d'une des plus tragiques.

Il avait la tête dans la gueule du tigre du côté du public. La foule put lire sur son visage les traces de l'émotion, suivre le drame, analyser l'agonie.

Il sentit à un moment les crocs faire trou dans le crâne. Sans essayer un mouvement, et bougeant seulement les lèvres :

— Remue-t-il les oreilles? demanda-t-il d'une voix calme.

— Oui, répondit la foule.

— Dites un *pater* et un *ave* pour moi ! je suis perdu !

Un prêtre qui était là approcha, les femmes se mirent à genoux, et l'on commença la prière des morts!

Les hommes descendirent avec des barres de fer, des fourches; un officier tira de sa poche un pistolet chargé et s'avança pour faire feu : il était trop tard; le dompteur n'était plus; le tigre jouait avec son cadavre.

Voilà la légende; voici l'histoire :

Martin était déjà avec un lion dans une cage; il s'agissait, comme cela se faisait tous les jours, d'y faire entrer son voisin. La porte de séparation était levée; le lion faisait la sourde oreille :

— Ici, Cobourg !

Cobourg ne venait pas.

Le dompteur, à la fin, irrité, va droit à l'animal, et, du gros bout de sa cravache, lui assène un coup sur la tête.

Le lion se jette sur lui : alors commence une lutte, lutte sauvage entre la bête et l'homme!

Martin ne tremble point, ne crie pas, il fait le coup de poing avec le lion; ils s'enlacent, ils roulent à terre!

La foule, les cheveux droits, le cou tendu, qui croit qu'ils jouent, la foule applaudit, jusqu'à ce qu'enfin épouvantée, lasse d'horreur, elle crie d'une voix étranglée : Assez ! assez !

Assez ?

Mais le dompteur est sous le lion !

Heureusement derrière lui, tout d'un coup une barre de fer se lève et va frapper la bête au crâne, elle lâche prise.

Martin se redresse, et par la porte de salut disparaît.

L'étonnement de la foule fut grand, quand on vint lui dire que son héros venait de tomber baigné dans son sang, et qu'il avait laissé dans la cage une livre de chair.

On dit que son lion lui garda rancune, et si la légende n'est pas impitoyablement vraie, l'histoire n'en est pas moins sanglante. L'animal l'aurait guillotiné d'un coup de dent quelques années plus tard.

Mais si vous allez jamais en diligence sur la route d'Amsterdam à la Haye, demandez au conducteur : « A qui cette maison blanche aux deux tourelles sur la lisière de ce grand parc ? » Il vous répondra : « C'est le château de M. Martin le dompteur, qui, la nuit, fait garder sa maison par des tigres. »

Le frère Poisson, l'héritier d'une famille de dompteurs célèbres, a été victime une fois d'un douloureux accident. Il a eu, à la fête de Lisieux, en Normandie, la jambe entamée, l'index coupé.

Il avait paru, cette année-là, à la foire au pain d'épice, où tout le monde put le voir faisant l'exercice pendant lequel il devait être blessé six semaines plus tard.

Il y a cinq hyènes dans la cage ; il s'assied, plante une table, met le couvert, et sert d'abord quatre bêtes qu'il irrite, à qui il arrache leur souper dans la gueule Mais elles sont cinq ! Cette cinquième est sur son dos, les pattes sur l'épaule, debout, attendant sa part !

Il la lui jette, en fouettant son museau ; puis la fait descendre et passer sous la table entre ses jambes.

C'est à ce moment-là que la bête a mordu ! Elle ne passait pas assez vite, il paraît ; il l'a poussée du pied sous la table, brusquement ! — Comme je vous l'ai dit, il ne reste guère de la jambe que l'os : heureux encore ! pour la faire lâcher il prit la gueule dans ses mains ! l'index a été à moitié dévoré !

Un autre dompteur l'échappa belle aussi il y a quelques années. C'était à Perrache, à Lyon ; on sortait du café, un des Pianet était avec nous. Le matin même son frère avait acheté d'un capitaine anglais deux panthères qui grognaient à côté du lion, tout étonné, ce vieux captif, d'entendre une révolte dans la prison !

Pianet parie d'aller voir les panthères, il jette son cigare, met bas sa redingote, il entre !

Mais il avait à peine fait un pas, les panthères rugissent, se ramassent et s'élancent ! On n'eut que le temps d'ouvrir la porte basse et il sortit ! Son visage n'était pas plus pâle, mais sa chemise était rouge !

Le 24 décembre 1847, à Dieppe, madame Leprince fut horriblement mutilée par son tigre.

Il était dix heures du soir, la foire était terminée, la ménagerie devait se mettre en route la nuit, et avant son départ on avait permis aux garçons d'aller voir la grande pièce militaire que donnait, pour faire ses adieux aux habitants de Dieppe, la famille Loyal, qui devait, elle aussi, atteler ses chevaux et emporter sa tente, une fois la dernière cartouche brûlée, le drapeau pris.

Le cirque et la ménagerie levaient le siège ensemble et se rendaient de compagnie à la foire d'Elbeuf.

Madame Leprince, seule avec son mari, faisait les derniers préparatifs et donnait à boire aux animaux.

Elle s'approche, une jatte à la main, de la cage du tigre. Elle avait à peine l'avant-bras dans les barreaux, quand tout à coup, — est-ce un coup de feu du cirque, n'a-t-il pas reconnu sa maîtresse dans l'ombre? — l'animal étend sa patte, plonge ses griffes dans la chair et *piétine* dans le bras de la malheureuse, qui peut s'échapper, mais sanglante, les morceaux pendants. — J'ai vu la cicatrice : c'est affreux!

Trois médecins qui se trouvaient au cirque sont appelés en toute hâte : ils décident l'amputation.

La jeune femme s'y refuse : comment gagnera-t-elle ensuite sa vie?... La mort ou son bras!

M. Desbroutel, de l'hôpital de Dieppe, prend parti pour l'atermoiement, affirmant que si la fièvre ne la tue pas avant dix jours, elle est sauvée; on l'écoute.

Pendant dix jours le sang coula à flots! Mais elle survécut, et le bras est resté, le membre est solide, toujours droit, résolu, il tient à un corps plein de vie où bat un cœur plein de courage!

C'est elle, la blessée, qui alla chercher dans la caravane le fil et l'aiguille pour recoudre les chairs qui tombaient, et trois mois après elle allait retrouver le tigre!

Le tigre avait maigri, il gémissait derrière les barreaux, et quand sa maîtresse approcha, il vint tout honteux demander son pardon et lécher la main qu'il avait voulu dévorer.

A Versailles, c'est une hyène qui mord le pied de la dompteuse et le traverse avec ses dents. Elle avait vu passer d'autres animaux achetés du matin, et avait entendu sa maîtresse les caresser dans la cage voisine : elle était jalouse!

Un héros, cette femme! l'allure des panthères, le courage du lion! je défie qu'on lui fasse peur.

Elle achète un jour à M. Godillot — quatre beaux mille francs — un ballon fait pour les ascensions des fêtes de Paris; les accessoires sont détachés d'un autre ballon de coton qui était redescendu quelques jours auparavant, en rapportant dans sa nacelle le cadavre de l'aréonaute, non blessé, mais la tête penchée sur sa poitrine, le cœur brisé, mort d'épouvante, peut-être, là-haut, près du ciel!

Il n'y a pas pour elle de pressentiments! Sous le ballon, elle attachera une cage pleine d'hyènes et de panthères, et le ballon les emportera tous, bêtes féroces et femme intrépide, dans les airs! Si l'on veut, elle restera seule avec le lion ou prendra avec elle le tigre!

Mais si elle n'a pas le vertige, le tigre peut l'avoir?

Quel drame dans cette nacelle! Et ses cris au secours se perdront dans la nue, et elle sera tuée, non d'un coup, mais broyée, dévorée, mâchée par les dents ou les griffes des animaux devenus fous!

La police ne permit pas ce jeu terrible, et le ballon vendu par la dompteuse désespérée est celui avec lequel M. Godard a fait longtemps ses ascensions, *le Napoléon*.

Elle vit à présent retirée, loin des bêtes, loin de Paris, où elle vient de temps en temps voir ses anciens amis, toujours impétueuse et jeune, prête, maintenant qu'elle est riche, à monter dans la nacelle pour rien, par amour du danger!

Le grand fournisseur des ménageries de France, le grand marchand est M. Herbert, du Havre, chez lequel en voit tous les jours entrer les nègres ou de vieux matelots amenant, pour leur compte ou pour celui d'un capitaine de navire, les bêtes féroces prises ou achetées dans le voyage.

Jeunes tigres, lionceaux, petits léopards, panthères au berceau! C'est en les prenant tout jeunes qu'on est sûr d'en être le maître, et qu'on les rend dociles et souples comme des caniches.

Il n'est pas rare, en Algérie, de voir des lionceaux

conduits par des Arabes et marchant tranquilles sur leurs talons. Le fils de M. Samson, de la Comédie-Française, avait chez lui une petite lionne, caressante comme une chatte et douce comme un épagneul.

J'ai vu un chacal mené en laisse dans les rues de Paris. Les hyènes se laissent chasser à coups de bâton.

La conviction d'un de mes amis à cet égard est faite.

— Si je trouvais assez de parieurs pour faire un enjeu passable, j'entrerais après le dompteur dans une cage devant laquelle on m'aurait laissé rôder quelques matins les jours d'avant. — 3,000 francs de viager, 20,000 francs d'épingle, et j'entre : avec un habit sans basques, des gants, un masque, disposé à jouer ma tête, mais pas mon visage, si laid qu'il soit! m'engageant, si je ne suis pas terrassé ou dévoré au début, à passer là trois minutes dans un coin avec lui.

J'ai connu un nègre qui couchait avec deux lions, deux grands lions à barbe, qui auraient dévoré une tribu! Un bon petit nègre entrelardé, avec une grosse tête ronde et noire, une boule d'ébène! détail terrible! car c'est une des fantaisies du lion privé : il aime à jouer avec les corps ronds.

Trois dompteurs célèbres sont morts depuis quelques années.

CHARLES a expiré, il a deux ans, au coin du feu, dans son fauteuil, du côté de la rue Montmartre, laissant 300,000 francs de fortune à ses bienheureux héritiers. Depuis quelque temps, il souffrait. Ce matin-là, se sentant plus faible, il demanda une tasse de tilleul; à peine il l'avait porté à ses lèvres, il rendit le dernier soupir.

On n'a pas su sa mort, et il n'y avait presque personne derrière ce corbillard qu'auraient dû traîner des lions.

Mort aussi le capitaine HUGUET DE MASSILIA, mort

dans son lit après avoir agacé la bête féroce pendant vingt ans. Il avait perdu à la bataille un de ses bras. Certain éléphant qu'il dressait, s'appuya sur lui nonchalamment du côté d'un mur et le bras cassé s'aplatit ; il était brisé pour toujours.

On m'a dit que VALLET aussi avait disparu : Vallet qui montrait sa femme et son lion. Sa femme était superbe, son lion ne l'était pas moins, et à promener ainsi son épouse et sa bête, il avait gagné, paraît-il, un château, non sur les bords de la Garonne, mais sur les rives de la Gironde.

Son lion était farceur et aimait à courir les champs. Un jour, aux Batignolles, il s'échappa de sa cage, et le voilà flânant tranquillement d'ici, de là, la queue dans l'herbe, le nez au vent.

Un homme était dans un coin, au bord d'un champ de betteraves... Figurez-vous son effroi, quand en face de lui, au lieu d'un garde champêtre, il voit un lion qui l'examine...

C'est dans cette position que Vallet, qui cherchait sa bête, les trouva tous les deux. Il prit le fugitif par la peau du cou et le ramena piteux au logis, tandis que l'homme, blanc de peur, laissait échapper un soupir horrible !

A Saint-Cloud, un autre soir, le même lion file dans le parc, renversant sur son passage tirs postiches, loteries de faïences, cuisines en plein vent, bouleversant la république de 90 ! (Je vous dirai un jour, lecteur, ce que signifie 90.) Il allait du côté du château, où il aurait trouvé le roi ; Vallet arriva à temps ; mais il paraît que, depuis lors, on ne laissa plus s'installer de ménagerie auprès de la résidence royale.

Enfin, pour terminer la série de ses exploits, il se jeta un jour sur Vallet et mordit à même. Il fallut que la fille du dompteur arrivât. Le lion l'aimait et la craignait; il lâcha prise ; mais Vallet ne put plus entrer dans la cage qu'accompagné de son enfant, charmante petite fille que je vis un jour, à deux heures de l'après-midi, jouant avec le lion comme elle eût fait avec un chien.

C'est affaire d'insouciance et d'habitude. En tout cas, n'importe qui peut être dompteur, s'il a de la patience et du sang-froid. Avec cela, on vient à bout de tout, et l'on domine les hommes ou les tigres.

# LONDRES

## A un Rédacteur en chef

Je prendrai le chemin de l'Angleterre demain, et, ma foi, à moins que les circonstances ne m'y forcent, je ne reviendrai pas de longtemps. Paris m'a fatigué, Londres m'attire. On me fait peur de son brouillard, mais à travers ce brouillard je respirerai un air de liberté qui me fera du bien au cœur.

La plupart de ceux qui ont couru la prétantaine le long du ruisseau de la rue du Bac s'étonnent qu'on s'éloigne ainsi et menacent les voyageurs de la nostalgie du Paris fiévreux. Il sera temps pour moi de rentrer quand le chagrin m'aura pris. Je n'ai point le douloureux honneur de partir proscrit, rien ne m'oblige au rôle d'exilé. Je pars, attiré par la curiosité : quand ma curiosité sera assouvie, je reprendrai le paquebot et je reviendrai. Si j'ai du courage encore, je me rejetterai dans l'arène.

Aujourd'hui, je trouve la lutte trop inégale, ou plutôt, pour rompre avec les grands mots, je suis gêné dans les liens où nous garde captifs la tyrannie des règlements et des préjugés. Non que je tienne à vomir des cris de guerre dans les clairons et que je veuille ici ou là battre la charge! mais on n'a pas même le droit de rire en France. Ne m'avez-vous pas dit plus d'une fois, la plume levée sur ma copie, quand vous revisiez mes articles : « Cette épigramme nous tuera. » Et vous me limiez les griffes, au coin des phrases.

Hélas! appelé tout jeune par le bruit que fit à mes oreilles de seize ans la République de 48 en marche, mêlé à des aventures révolutionnaires qui m'ont laissé des procédés administratifs et pénitentiaires un assez hostile souvenir, porté par tempérament à m'indigner des lâchetés et à me moquer de la sottise, je ne puis écrire dix lignes sans éprouver, moi aussi, l'indicible douleur du vaincu!

Le difficile, à l'heure qu'il est, n'est pas de dire, mais de ne pas dire; on redoute d'avoir trouvé l'expression juste, le terme vrai; quand la conviction a donné au talent la chaleur, la flamme, il faut bien vite jeter des cendres sur cette flamme, se brûler soi-même la main dans le brasier!

Le talent consiste, en ce temps pénible, à passer, ses feux éteints, à travers les écueils; on emporte sous son manteau des armes de salon au canon étroit, qu'on charge de sel fin, et il faut tirer sans qu'on vous voie viser! Ce talent me manque; je ne sais pas m'escrimer ainsi, et je crois peu d'ailleurs à cette guerre d'allusions voilées, si voilées parfois qu'on a besoin d'y mettre, pour voir quelque chose, toute la complaisance du dindon de Florian. Il est arrivé bien souvent qu'on se méprenait sur des sous-entendus, et qu'il fallait écarteler la phrase, faire des trous et des ponctions, pour arracher à la malheureuse un sens et en tirer une goutte d'opposition!

Ce sont plaisirs de grands seigneurs, desserts fins de lettrés; mais il serait bon qu'on parlât un langage qu'ils puissent entendre à ceux dont on se dit tous les jours l'ami, et dont on se fait, aux heures d'élection, le candidat! Aussi, tout en aimant comme les autres le dessous du panier, au fond, et dans l'intérêt de la liberté, je me réjouis peu de ces guerres malignes, il me semble que ces plombs dorés ne trouent la peau d'aucun!

Quoi qu'il en soit, et sans me vanter de ma maladresse, je me trouve inhabile à ce métier; je ne sais pas glisser les serpents sous les fleurs, quand l'ennemi passe, encotonner la cloche; je ferais de la polémique plutôt en corsaire qu'en contrebandier. Encore éprouverais-je comme une humiliation à hisser dans la course un pavillon qui ne serait pas le mien!

Comme rédacteur politique, je donne donc pour le moment ma démission. Vous avez frémi, l'autre jour, quand je vous ai parlé de monter pour une heure du rez-de-chaussée jusqu'au balcon; vous avez craint qu'au lieu de passer obscur, mon article ne s'affirmât trop clair; et il suffit d'une pointe pour attirer la foudre, d'une allumette pour mettre le feu à une maison...

Un jour viendra, peut-être, où j'aurai acquis cette science habile qui permet de défendre la vérité au tribunal de l'opinion publique sans que l'avocat ait à craindre, que le président, l'huissier ou les gendarmes lui ferment la bouche, lui cousent les lèvres Peut-être aussi l'heure sonnera-t-elle des libertés rendues! Alors on n'aurait plus cette éducation un peu humiliante à faire, et l'on défendrait ses idées au péril seulement de sa tranquillité. Je relèverais de ceux qui voudraient me lire ou m'entendre, ne courant d'autre risque que d'être délaissé, sifflé, hué, si je n'étais écouté, applaudi, aimé! A moi d'agir pour triompher! Ce serait l'avénement tout simple du travail, de l'honnêteté et du talent.

En attendant que je vaille mieux ou que mon pays

soit plus libre, je ne puis qu'effleurer avec la barbe de ma plume des abus que je voudrais attaquer à outrance, acculer dans l'impasse, et meurtrir avec les anneaux de nos chaînes ! — Je pars !

Il y aurait bien, pour se distraire, à s'enrégimenter sous la bannière de l'opposition classique, qui a son code comme une armée, sa théorie, son livre d'avancement, ses uniformes. Ils peuvent trouver courageux, dans ce camp-là, de sacrifier leur intelligence à leur ambition, et traiter d'orgueil la franchise désintéressée des autres ! — Orgueil, courage ? — J'ai cet orgueil, je n'ai pas leur courage.

Grâce à vous, monsieur, j'ai pu toucher en m'amusant à cette démocratie autoritaire qui veut se faire passer pour la liberté ; vous m'avez laissé rayer de mon doigt la poussière sur ces pots de tradition confite, et gratter au couteau les tartines de ces pseudo-révolutionnaires.

Les sympathies joyeuses et vaillantes qu'on m'a témoignées me prouvent que je frappais juste. Ces pots ne sont plus sacrés.

Mais, pour combattre la religion de ces derviches rouges de la démocratie qui vivent l'œil tendu sur le nombril de leurs ancêtres, il faut combattre aussi l'autorité ; pour leur prouver qu'ils sont illogiques, bornés, il faut dire que d'autres sont cruels, méfiants, injustes ! On montre, pour ruiner leur influence, qu'ils aboutissent au même système de prévention et de violence que ceux dont ils se prétendent et croient être les indomptables ennemis. Le danger est grand ! on doit s'arrêter en chemin, retenir les coups. Ces tyranneaux de comité, que je ne sais quelle sottise a érigés en protecteurs de la démocratie, trouvent une protection naturelle et fatale de la part de l'autorité. L'autorité est mécontente, je le comprends, qu'on compare les gouvernants du jour à tels gouvernants d'autrefois sous qui s'écroula, dans le ridicule et le sang, le gouvernement, et elle n'entend pas qu'on la bouscule même avec des têtes de mannequins!

A peine donc on peut exercer la justice en dehors des sphères ministérielles! Quel que soit le but qu'on veuille atteindre, le grenadier de tir sur lequel on vise, la flèche ou la balle, toujours l'ironie ou la passion traverse le carton, et par derrière va toucher le pouvoir. C'est ce qu'il croit du moins, et il avise!... C'est son droit, et, comme il le disait lui-même par la bouche d'un de ses orateurs, il ne peut vivre qu'à ce prix-là! C'est son droit, son excuse, et s'il allait trop loin, ce serait sa condamnation.

Si, les tribunes publiques étant gardées, il restait encore quelques coins, salons, ateliers, cénacles où l'on pût éprouver au feu des discussions ses idées, prendre par les cornes les idées des autres! Mais vous ne savez pas?

Quand on ne s'est pas résigné à porter toujours le même costume, la même barbe, un habit bleu à boutons d'or ou un chapeau à larges ailes; quand on n'a pas suivi le petit lever ou les soirées de tel député mélancolique dont la douceur fait peur; quand on n'a pas le courage de cacher son mépris pour l'hypocrisie des uns, la nullité des autres, si l'on n'est pas d'un cercle ou d'une corporation, qu'on s'avance seul et libre, il n'est point possible d'exprimer sa pensée. Comme tous ou presque tous, parmi les jeunes, nourrissent leur ambition au biberon des popularités courantes, tous, presque tous, intelligents ou bêtes, emboitent le pas derrière celui qu'ils croient devoir être, la veille du vote, leur parrain et leur patron, et on ne saurait croire, hélas! que de sacrifices ce métier impose aux uns, que de fautes il fait commettre à d'autres!

Nous résisterons, la fois prochaine ! Nous lutterons, chacun avec nos convictions diverses, contre l'influence de ceux qui espèrent encore escamoter la liberté au bénéfice de leur boutique, et nous verrons à quoi servira la protection de quelques faux bonshommes. — Mais je me laisse emporter au courant de mes désillusions : je voulais dire seulement que l'heure n'est pas encore venue pour ceux qui sont francs du collier, que cette heure viendra...

En attendant, je vais, moi qui ne suis rien, n'espère rien, je vais étudier sur une autre terre un autre peuple, et voir comment, sans le mécanisme des réglementations, une nation est grande et forte ! Je n'ai pas le préjugé du pays natal et ne place pas ma patrie où fut mon berceau, mais où je trouve la liberté.

J'engage les lecteurs qu'effrayerait cette déclaration à lire dans un roman d'Alphonse Karr, qui est le *Chemin le plus long*, ou *Une heure trop tard*, un chapitre sur la patrie. Ils y verront ce qu'ils ont à rabattre de leur chauvinisme ; il y a bien douze ans que je n'ai relu le passage, mais il a contribué à faire de moi un sceptique en matière de pays natal. C'est une question que je traiterai sans solennité après que j'aurai tâté de l'Angleterre, si j'arrive en Angleterre !

Je n'ai éprouvé de sentiment de tristesse à quitter Paris qu'aux années brûlantes, quand je croyais qu'on allait faire une révolution ou déclarer la guerre sans moi. Je parle de longtemps !.

Pour dire vrai — adresserais-je aujourd'hui à ce Paris un éternel adieu, — je ne regretterai que les endroits où j'ai senti les émotions du cœur, et je n'ai de reconnaissance que pour celles qui m'ont fait souffrir.

Je pourrais être à mille lieues loin de la France, sur l'écueil d'un océan, entre le ciel et l'eau — ces inconnus — il me suffirait d'évoquer par la pensée l'image de quelques journées du temps jadis, et en fermant les yeux je reverrais les milieux joyeux ou les paysages grandioses qui servirent de cadre aux amours ardentes de ma jeunesse. On peut ainsi emporter avec soi tout son passé, on y découpe les souvenirs touchants, et on leur bâtit une chapelle dans un coin de son cœur.

J'ai, comme un enfant, rôdé hier par toutes les rues où j'ai laissé, depuis dix ans, un peu de moi-même. J'ai regardé longtemps à un balcon sur lequel nous nous appuyions en frémissant jadis, et d'où l'on apercevait revenir le mari que la nature avait fait myope et que sa confiance rendait aveugle! Elle a paru un instant à la fenêtre, et je crois même qu'elle m'a vu! Mais rien dans son regard et dans son geste n'a trahi une émotion.

Une bouquetière passait; j'ai repris des forces à baigner ma tête un peu pâle dans le parfum des œillets rouges, et riant jaune, j'ai porté chez celle qui dit ne m'avoir pas oublié encore ce bouquet, dont j'avais bu l'odeur en pensant à une autre.

C'est qu'il faut à ceux qui aiment le bruit, l'action, il faut, aux heures de fatigue ou de défaillance, des affections douces où leur courage se retienne! On se raccroche sur le bord des abimes à des branches de saule, à des touffes de fleurs. Ainsi l'on aime, au soir des jours bien combattus, à s'oublier dans les bras faibles de ces anges de grâce ou de dévouement qui essuient d'une main aussi fière, sur les fronts lassés, la sueur du triomphe ou la poussière de la défaite.

Quelles femmes, dans le monde, sont habiles, à consoler les peines, égayer les blessures, comme les femmes de France, et comme celles surtout qui ont été baptisées autour du Luxembourg ou des Tuileries? Je ne regretterai de Paris décidément ni ses cafés, ni ses églises, ni ses prisons: je regretterai les Parisiennes.
— Que quelques-unes me le rendent!

Il m'est arrivé déjà de vouloir partir, au temps où je croyais qu'on va porter aux peuples dans des gibernes de soldats ou des havresacs de volontaires la liberté. Je désirais la guerre sous toutes ses formes, et j'aurais été heureux de faire reluire mon sang à tous les soleils. Je pleurais d'avoir été trouvé trop jeune pour suivre Raousset-Boulbon en Amérique, et je me sentais, à seize ans, la force d'aller, un fusil sur l'épaule, des revolvers à la ceinture, à pied, à travers le sable brûlant, jusqu'à l'ennemi. Quand eut lieu l'expédition de Garibaldi, plus tard, j'avais du côté de Marsala un ami d'Auvergne qu'une balle coucha pour sept mois sur le flanc, et qui, de son lit d'hôpital, m'appelait à la bataille.

Non !

J'ai peut-être, comme fils des montagnes, le tempérament d'un soldat, mais je hais la guerre et j'immole sa poésie sauvage sur l'autel de l'humanité.

Je ne crois point que la liberté se conquiert à la pointe ensanglantée des armes, et la protection que prêtent aux peuples qui se révoltent les gouvernements ou les partis ne sert qu'à créer un danger de plus pour ce peuple. Je sais ce qu'en vaut l'aune de ces cordons de générosité !

J'ai dit comment je ne connaissais pas l'art d'échapper par les mailles au filet de l'autorité, et que je me cassais toujours les dents sur les plombs de l'épervier.

N'ai-je point pris le bon parti?

J'enverrai de Londres des études sur les mœurs de cette population d'aristocrates et d'affamés; mon courrier sera daté de là-bas au lieu d'être daté d'ici. Voilà tout. Après avoir peint les irréguliers de Paris, je peindrai les irréguliers de Londres. J'ai, comme un proscrit que j'irai voir, fait moi aussi, contre la misère, mon serment d'Annibal : je le tiendrai sur les bords de la Tamise comme sur les bords de la Seine.

J'étudierai les mœurs de la vie publique et de la vie privée, j'irai où se rencontrent le dramatique et le pittoresque, où l'on fait de l'histoire et du roman, dans les tavernes de boxeurs et aux séances du Parlement, je regarderai courir les chevaux, passer les hommes, je raconterai mes impressions; et quand le spleen me prendra, je reparlerai de la France.

Mais on dirait que je vais au bout du monde? En dix heures on arrive à Londres, le voyage coûte 53 francs! et la distance me paraît grande! C'est qu'il y a loin d'un pays où tout se réglemente à un pays où tous sont libres!

## DEMAIN SEULEMENT...

On ne quitte pas aussi facilement que je le pensais le quartier qu'on habite et la maison où l'on a demeuré longtemps; on s'aperçoit qu'on tient à sa patrie, à son logis par des racines qu'il est difficile de trancher, alors que la résolution est définitive et qu'on s'éloigne pour longtemps du centre de ses intérêts et de ses affections.

L'amitié même est une entrave; on est tiraillé en tous les sens par les camarades qui veulent avoir été les derniers à vous serrer les mains : il faut aller déjeuner au café de l'un, goûter au pot-au-feu de l'autre, expliquer pourquoi l'on s'en va, quelle ligne on suit, à quelle heure on file, à quel moment on arrivera...

Il faut acheter un calepin, un gros crayon pour noter le fait, marquer l'accident, arrêter au vol la sensation comme un oiseau dont on prend les ailes; j'ai des cigares, un vocabulaire. J'ai l'air, avec ces gibbosités que mon paletot dessine, d'un contrefait prétentieux ou de l'homme-orchestre en pardessus; joignez-y que je porte sur la poitrine une gibecière qui ressemble à une sébile d'aveugle ou une bourse de moine quêteur.

Quand donc serai-je arrivé, et pourquoi ne suis-je pas déjà parti? Dans les milieux provinciaux et honnêtes, où l'idée d'une traversée en paquebot effraye autant aujourd'hui qu'effrayait jadis la pensée d'un voyage en chemin de fer, on a cru, on a semblé croire que je partais pour ne revenir qu'avec des millions, des femmes ou une armée de révoltés, et c'est presque le banquet des funérailles que j'ai présidé comme Léonidas, l'autre jour, loin des Thermopyles, au coin de la rue du Sentier, avec des compatriotes aimables, marchands de grains ou de dentelles, qui ont cru, même aux heures d'obscurité parfaite, que j'avais dans le ventre de quoi faire honneur un jour au pays. Dieu sait ce qu'il me manque encore pour avoir une statue sur la place de mon village! Je jure même que je n'y tiens guère et me soucie peu des sérénades lorsque je serai *dans leurs murs* pour un dimanche, ou de leurs coups de fusil devant ma tombe lorsque j'y aurai mon oreiller. Mais j'aime à trinquer, loin des bureaux de rédaction et des cafés d'hommes de lettres, avec des gens simples et bons vivants, qui ne me parlent ni d'Hugo, ni de Michel-Ange, et, au dessert, ne font pas des mots, mais des mariages.

On n'y met pas de vanité, on cause *à la bonne franquette*, et c'est plaisir que d'entendre les conseils qu'ils donnent, les plaisanteries qu'ils osent; je l'avoue, je préfère ces diners pantagruéliques du Marais à ces repas littéraires du boulevard, où la préoccupation glace la gaieté sur les lèvres, où l'on n'est jamais ni naïf ni simple; où l'on découpe des mots comme on ferait sauter une aile; et, à moins d'exceptions rares, je ne sache pas un découpeur qui ne fasse, en maniant le couteau, la grimace. Hélas! c'est plus souvent un croupion qu'une aile, le calembour gras plutôt que le mot fin qui tombe dans l'assiette des gens d'esprit, à ces tables de littérateurs sans appétit. Il faut être un spécialiste pour réussir, ou avoir, comme quelques-uns, autant d'estomac que de gaiété, de capacité que de talent.

Enfin, j'ai oublié d'aller à Londres au milieu de ces compagnons robustes du Velay qui m'ont arrêté à ma porte et ont voulu boire avec un des leurs le coup rafraîchissant de l'étrier. C'est la faute à quelques anciens venus *de cheux nous*, et à quelques étudiants qui battent ici le quartier Latin. Ils m'ont retenu par les basques, pour causer encore un peu de nos montagnes et parler du Puy !

Le Puy ?

Il y a bien trois rues qui, de mon temps, étaient horriblement pavées.

Sur la place du Plô, une fontaine, était le centre du marché campagnard; sur la place du Breuil, la préfecture montrait sa cour vide dont les pavés avaient la barbe verte, et où la voiture du préfet roulait triste comme un chariot dans les catacombes; en plein milieu était le Palais-de-Justice, sur l'escalier duquel j'ai vu, tout enfant, monter Jacques Besson, le meurtrier de M. de Marcellange. — Que dis-je ? le mystère plane encore sur cette dramatique histoire, et l'on murmure tout bas que Jacques Besson aurait bien pu être l'amant, mais ne fut pas l'assassin.

Ne trouvez-vous pas triste la présence de ce temple où les prêtres officient en robes rouges et où l'on condamne à mort ? Était-ce au milieu de la promenade joyeuse et bordée d'arbres verts qu'il fallait dresser cette maison, qu'assiègent en plein jour les gendarmes au baudrier jaune, les geôliers au képi bleu : d'où part l'ordre pour le bourreau d'aiguiser sa lame !

J'ai fait remarquer cela. Un camarade ensuite s'est levé et a porté un toast à nos vignes natales ; nous avons arrosé nos lèvres et nos cœurs avec le vin blanc des coteaux, champagne à casque de liége, sans couronne de plomb ni d'argent !

Je ne regrette pas de quitter Paris, où mes opinions se heurtent à chaque heure au péril, mais je pars tout triste de n'être point allé là-bas, dans mon village, faire dans un mois les vendanges !

Tout jeune, c'était mon rêve ! Partir de grand matin avec la famille, arriver en bande à la vigne, et là, sous le soleil, pendant dix heures, travailler des dents, des mains, en compagnie des petites voisines : ces grandes coquettes qui savaient être si jolies sous leurs larges chapeaux de paille, et qui s'amusaient, les démons, à barbouiller du jus des grappes, la figure de leurs compagnons de douze ans !

Hélas ! j'étais toujours ou privé de sortie ou retenu à la maison par des hasards malheureux, et ces demoiselles s'en allaient sans moi dans la carriole qui les emportait à deux lieues de la ville, tout près de la rivière, près de la maison blanche qu'abritait un pêcher !

J'ai eu du temps à moi depuis, et j'en suis encore pourtant à désirer voir les vendanges ! Je ne sais pas si les poëtes ont menti, si mes convives m'ont trompé, et si c'est une fête aussi joyeuse qu'on le dit, cette moisson des vignes, quand on enlève aux ceps leur couronne à grains d'or, et que la bande des vendangeurs boit en chantant le sang rouge de la terre.

Comme il doit être gai pourtant, le repas à la grande table qui gémit, et qui fume comme au temps du père Homère ! Tout le monde est content, les vignerons ont fait une bonne journée, ils ont gagné du pain pour leurs enfants, un tablier neuf pour leur femme ; le maître de la vigne a lapé un peu trop de son vin, les enfants crient et se battent, les mamans essayent de mettre la paix, le grand-père veut qu'on s'amuse, on remplit les bouteilles vertes, les cruches jaunes ; le fils de la maison, gamin terrible, a décroché le vieux fusil, et est allé faire feu sur les cailles dans le champ voisin. On le rattrape et on le gronde, on le tâte pour voir s'il n'a pas du plomb dans le ventre et si son pantalon n'est pas perdu! Je devine leurs joies, leurs transes, et je ne les ai jamais senties! Dix fois j'ai dit : « J'y vais! » et je suis toujours resté. C'était une femme qu'on croyait aimer, une comédie qu'on devait finir, un journal qu'on allait fonder... C'est aujourd'hui un voyage à Londres!

Adieu paniers! vendanges sont faites!

On ouvrira aussi la chasse sans moi.

Que d'émotions pourtant ce mois d'août réveille, et comme je me rappelle mon fusil des vacances, mes courses de jadis, mes chasses d'*antan!*

C'était alors le bon temps! Il ne fallait pas nécessairement le port d'armes que messieurs les gendarmes demandent maintenant au premier moutard armé d'un fusil d'étrennes qui court après les malheureuses bergeronnettes autour de la maison. Il y avait encore des gardes champêtres, bêtes, complaisants et doux, qui donnaient volontiers au gamin l'adresse d'un moineau et laissaient même les notaires en vacances tuer par-ci par-là une perdrix près du jardin.

Tout se passait comme en famille : propriétaires, fermiers, gendarmes trinquaient ensemble.

Bon gendarme! Par le carreau de la diligence, on le voyait debout dans le chemin, qui fumait nonchalamment sa pipe en relevant les bretelles qui retenaient sa culotte bleue et sans sous-pieds; il était au mieux avec Hippolyte le pied-bot, disait un mot respectueux à Bovary quand il passait, et baissait, un peu rouge, devant Emma, son képi à gland ou son bonnet à poil. Dans la caserne, il avait un carré de fleurs qu'il soignait comme une pensionnaire soigne un rosier; le brigadier était leur père à ces braves gens; il était en même temps l'ami à tout le monde.

Il me semble qu'il n'en est plus ainsi.

Le gendarme est moins bonhomme et plus *agent*; il court après le chasseur et est impitoyable pour le braconnier. Le chasseur est moins familier avec lui, le braconnier est plus terrible; et quand un coup de fusil, parti d'un buisson, a traversé un baudrier, troué une poitrine, on plaint moins la victime. Il s'est posé en ennemi.

Mais les gendarmes sont plus rares en Angleterre. Ceci me console des vendanges manquées, et je trouverai bien à chasser dans quelque parc.

J'ai payé ma dette aux compatriotes, bouclé mes malles, pris mon billet. J'entrerai demain soir, sauf naufrage ou mort, dans la Tamise.

# ALL RIGHT!

*All right!* Tout va bien!

Pas de désillusions, on ne m'avait point trompé : les rues sont tristes, les gens lugubres, il pleut toujours.

Tout va bien! J'ai quitté Paris à dix heures du soir dimanche. A quatre heures du matin, le jour se levait dans la campagne, près de Boulogne, et le soleil, comme un ostensoir d'or fin, jetait ses rayons dans le ciel; et de chaque côté du train les prairies se déroulaient vertes et fraiches, couronnées d'une auréole de vapeurs blanches.

Le pas du laboureur, le pied des bœufs, le fer de la charrue n'avaient pas encore tracé leur empreinte du jour; il ne restait point de marques des labeurs de la veille, on eût dit un sol vierge où les hommes n'avaient point passé : c'était la sérénité des paradis antiques, du ciel chrétien, et je me félicitais, en ouvrant tout grands mon cœur et ma poitrine, d'avoir toujours défendu la poésie robuste de la nature. Je sentais mieux que jamais, à ce moment, qu'il n'y a de vraiment grand et de sûrement immortel que cette vie du sol où, dans la poussière, le fumier, le sang, la boue, poussent les fleurs, les hommes, les bœufs, les arbres !

La campagne par là est pleine d'eau, et toujours le voisinage de la rivière ou de la mer donne aux prairies, aux champs, une gaieté tendre qui plaît aux yeux, et la fraîcheur monte de la terre au cœur.
L'eau luit dans l'herbe comme une larme dans un sourire.
Je me sens joyeux et bon devant ces paysages mouillés. Les muscles se détendent, la pensée s'adoucit, la douleur se noie dans ce brouillard pâle. Au lieu de regarder le soleil en face, comme on regarde l'incendie ou le danger, on le voit dans une flaque d'eau refléter sa gloire en rayons d'or, en éclairs de sang ; puis on tend le cou comme pour boire et s'enivrer ; car les rivières ont leur odeur comme les fleurs ont leur parfum.
Qu'il ferait bon prendre par moments ces bains d'air pur et d'herbe humide ! le bonheur serait de respirer au matin l'odeur fraîche des champs avant d'avaler en plein midi la poussière du cirque !

Cependant, chacun, sentant qu'il arrivait, se frottait les yeux, s'étirait les jambes ; on était fatigué de la nuit ; toutes les têtes étaient vertes dans le wagon, excepté celle d'un John Bull, rouge comme un brasier, et que je regardais quand j'avais froid. Avec quel plaisir nous eussions trempé nos cheveux embrouillés, nos fronts poudreux dans une de ces cuvettes creusées au milieu des champs, sur le bord desquelles voletaient des oiseaux mal éveillés !
Les genoux cassés par les coins de la cage, nous regardions d'un œil d'envie des chevaux qui, le museau brillant, le sabot clair, la robe humide, pâturaient à l'aventure dans les pacages. Par ce matin d'été, tout chantait la jeunesse et sentait le printemps. Et moi qui

recueilli mes impressions comme un trésor, j'ai mis celle-là dans la poche aux louis d'or.

Le train s'arrête : c'est Boulogne.

Nous sommes en gare, il faut aller jusqu'à la mer. On m'avertit qu'un omnibus de la Compagnie nous portera, ma valise et moi, jusqu'au bateau. Mais je vois les autres qui s'en vont à pied, jambes au cou ; je fais de même et je marche du côté où l'on s'embarque.

Un pauvre diable m'offre de me conduire ; je sais mon chemin, il me suffit de suivre une colonie anglaise ou japonaise qui a grogné toute la nuit dans mon wagon ; mais j'ai besoin de causer avec quelqu'un, de parler un peu de Boulogne, de Londres, sans compter que je songe au mal de mer et veux prendre des renseignements sur le roulis.

Mon cicérone me rassure ; la traversée sera superbe.

J'aperçois, assises le long du quai, des femmes à large coiffe qui regardent du côté de la mer. Ce sont, si j'en crois mon guide, les femmes des pêcheurs de hareng qui attendent le retour de leurs maris. Si j'étais venu quelques jours plus tôt, j'aurais pu assister à la fête « simple et touchante » de la patronne des marins. *Simple et touchante*, c'est un cliché ! il n'y a peut-être ni pêche aux harengs ni fête, et je n'ai pas le ciel pour moi ! le commissionnaire s'amuse. En attendant, il me pousse avec autorité dans un café où il commande pour ma personne, sans que j'aie rien dit, une tasse de thé. Je le laisse faire, lui donne dix sous ; il me remercie et s'en va prendre un cabas aux mains d'une grosse femme. Mon thé arrive, je l'avale, je paye, je sors.

J'arrive toujours, partout et malgré moi, au dernier moment ; on allait ôter l'escalier qui mène au pont, quand j'apparais. J'enjambe, me heurte à des marches faites comme on n'en fait pas, le pied me manque, je me

raccroche, et, les cheveux épars, rouge, la cheville en
sang, je me précipite sur le paquebot. Personne n'a ri,
on n'a pas fait attention à moi ; j'aurais pu être plus ridicule, tomber à l'eau, on se serait à peine retourné.
Allons! nous sommes bien près de l'Angleterre.

Personne, sans doute, ne s'en va d'ici par force ou
pour toujours. Car personne ne paraît ni joyeux ni triste,
on se salue du pont à la berge avec le bout des doigts,
on ne jette pas de chapeaux en l'air, je ne vois pas de
lèvres qui baisent des reliques et pas une goutte de douleur sur les joues. En est-il ainsi sur le navire qui mène
en Amérique, aux Indes? Je me souviens, moi, des em-
brassades, des sanglots, des recommandations et des
paquets qu'on entassait au pied des diligences quand
quelqu'un de chez nous partait. Il n'avait pas besoin
d'aller au bout du monde : — de l'autre côté de la
montagne seulement, à quarante lieues loin du foyer!
Lorsque mon oncle se rendait à Paris, la famille se
réunissait émue dans une grande pièce, et l'on échan-
geait les bénédictions. Tel que vous me lisez, j'ai été
béni.

On part.

L'escalier sur lequel j'ai failli me casser le cou est retiré ; du haut du quai, un petit homme vêtu comme les
sourds-muets de Paris, qui fume un cigare d'un sou,
grogne quelques mots d'anglais ; sur le paquebot, un
autre petit homme aux favoris carottes et au nez rose
répond par des cris gutturaux, les roues tournent, le
bateau marche.

*All right!*

Il y a dix minutes que nous sommes partis, rien que
dix minutes, le ciel et la mer sont bleus, et déjà les cœurs

que n'avait pas secoués le départ sont agités par le tangage.

— *Ah! mon Dieu!...*

Ce cri triste comme un soupir d'amour ou d'agonie sort des lèvres d'une Française aux grands yeux bleus, qui s'accroche aux basques de son mari, lequel s'accroche au gouvernail.

— *Sir, sir, oh! sir!*

Je me retourne, c'est une femme qui me tend les bras. Je l'avais prise jusqu'alors pour un tuyau de poêle déposé contre le grand mât. On dirait maintenant une vieille armure galvanisée et qui fait des gestes.

Elle se penche vers moi, et je crois l'entendre dire qu'elle n'a plus de jambes. — Est-ce qu'on les aurait oubliées en la remontant?... Serait-ce un monstre? — Non : ces jambes sont une figure, elle ne peut plus rester sur le pont et n'a pas la force de s'en aller. Elle me fait signe, en entre-choquant ses mains, de lui offrir mon bras jusqu'à la cabine. J'ai peur de tomber dans les siens, grâce au tangage, et c'est en tremblant que je l'accompagne...

Nous avons l'air ivres tous les deux, le roulis nous pousse contre une planche, nous rejette dans un gros monsieur, la planche ne dit rien, le gros monsieur se fâche ; enfin, nous tenons l'escalier de la cabine. Je prends la femme en tôle sous les aisselles et la fais glisser en bas comme un colis.

Sans tourner les yeux, je remonte ; le gros monsieur qui vient de se fâcher est penché sur le bastingage, il a défait ses bretelles et desserré son pantalon, il souffre !

Un monsieur moins gros, mais aux traits durs, à fortes moustaches, barbiche longue, est soutenu par une petite blonde pesant vingt livres, qui ne peut s'empêcher de rire par-dessus la tête de son amant (je vois bien qu'il n'est pas son mari). Dans une crise, une femme vertbouteille dénoue son chapeau et le jette à la mer, comme un naufragé lance une bouteille sur l'Océan.

Je vois dans le fond deux hommes qui se serrent les mains et font des efforts en cadence : comme les violoniste du Cirque, ils n'ont pour eux deux qu'un instrument, en forme de cuvette et qu'ils louent par moitié chacun. Un des associés me semble tirer à lui la couverture ; la location est d'un shilling ; sur les vingt-cinq sous, il doit bien pour sa part un franc !

Je me tiens fier et raide derrière ces frères Lyonnet du mal de mer ; jamais je n'ai eu la tête plus fraîche, le regard plus clair. Je prends, appuyé sur le bastingage, des attitudes de Child-Harold mêlant l'écume de ses rêves à l'écume des vagues et laissant errer sa pensée brûlante au hasard des flots. — Je ne pense à rien.

A peine la mer m'attire par son immensité. Quoi qu'en disent les expansifs à mes côtés, elle est douce et calme. J'éprouve, à la voir ainsi plate et muette, la déception que je ressentis, il y a quelque seize ans, à l'Hippodrome, devant les combats de taureaux. On m'avait promis le danger, l'audace, et je me trouvais en face de toréadors mis comme des choristes, qui agaçaient des vaches poltronnes comme des moutons. J'aurais voulu qu'il y eût la houle, la fureur, l'orage. Chez certains hommes (je suis de ceux-là à mes heures), la curiosité domine l'inquiétude, l'amour du grand voile le péril. Mais il me faudra, je le crains bien, pour éprouver ces émotions, aller sur d'autres mers et sous d'autres soleils ! La Manche m'a fait l'effet d'une rivière sans rives, et je préférais la Loire quand elle inondait le pays, de Tours à Nantes. Des têtes d'arbres crevaient la nappe immense, on apercevait des maisons au loin, et l'on éprouvait avec la même sensation de l'immensité le sentiment triste de la dévastation.

Ici rien, rien qu'une eau calme coupant le ciel clair à

l'horizon, la perspective de dîner le soir dans un hôtel banal; rien de dramatique, point d'inconnu...

De temps en temps, à droite, à gauche, apparaissait quelque navire qui avait déployé ses voiles, mais semblait cependant immobile. Des pavillons que je ne connaissais pas pendaient aux mâts, et l'on ne pouvait distinguer les marins dans les huniers. Les capitaines ne s'appelaient point d'un bord à l'autre, chacun tranquillement filait son nœud : c'était le sommeil dans le silence.

Pour arrêter la vue, il n'y avait sous ce ciel froid, sur la mer tranquille, que des bateaux peints en rouge et qui portaient en guise de mât un espèce de quille à tête, sans agrès ni voiles : bateaux de sauvetage qui ont jeté l'ancre aux endroits dangereux et indiquent, par leur présence, le péril. Il y a, m'a-t-on dit, du monde dans ces guérites pour porter secours en cas de naufrage; mais les sentinelles étaient probablement couchées, car je n'en ai pas vu une seule, même avec une lunette d'approche.

Les bouées abondent dans ces parages : on les voit de loin s'agiter sur la vague comme de grosses cloches en branle qui sonnent silencieusement l'alarme. Elles sont de couleurs diverses; quelques-unes ressemblent de près, avec leurs cerceaux blancs et noirs, à des jupons rayés. D'autres, peintes en vert, indiquent les endroits célèbres par des sinistres. J'ai regardé longtemps celles-là, comme si je pouvais découvrir alentour les traces des malheurs passés. Mais la mer prend tout, et rejette au bout du monde ses épaves comme la lie d'un vase. Il ne reste pas un brin d'herbe, des continents, des îles qu'elle a engloutis dans ses jours de caprice : des milliers de navires, des millions d'hommes ont sombré dans ses flots profonds, au vent des batailles ou des tempêtes; son lit est pavé d'ossements. Mais qui a vu, qui verra jamais ces catacombes? Les plus hardis plongeurs descendront dans l'abime,

> Sans heurter de leur front les cadavres des mondes
> Que la mer sans souci pousse à l'éternité.

Je me trompe? La science un jour jettera sa sonde et ira jusqu'au fond des mers comme au milieu du ciel... croyez-le. Mais ce n'est pas le moment de faire l'impie ou le poëte, quand je n'ai pas su faire de la poésie au bon moment. Ma foi! je regardais moins les flots que les visages, et j'étudiais les gens au lieu de fixer la mer.

Il n'y avait sur le paquebot que huit Français : deux ménages, un beau-frère, je ne sais qui, je ne sais quelle et moi. A part *je ne sais qui* et moi, tous avaient le front penché et ne quittaient la faïence que pour aller dans la cabine. Les Anglais étaient plus drôles.

L'un d'eux, que j'avais pris tout le temps pour un rêveur, parce qu'il avait regardé l'Océan sans souffler mot pendant quatre heures, se trouva chassé par la bourrasque dans le trou où j'avais découvert un abri.

Il revenait de Paris où il avait passé quinze jours à se faire voler par les cochers, les hôteliers, les femmes, ce qui ne l'avait guère surpris ni irrité, car le récit de ses aventures était coupé de hoquets joyeux qui lui soulevaient depuis le ventre jusqu'à la tête.

Ce *carotté* de Paris me donnait des conseils pour n'être pas filouté à Londres.

— Prendre garde aux pick-pockett, *oh yes!*

Et comme je lui montrais que j'avais attaché ma montre avec une chaîne à chien, il reprenait :

— *Oh! yes! very!* mais prendre garde tout de semblablement à vô! Un pick-pockett inviter vô à boire... vous bouvez... lui mettre une chausse à lui dans le verre à vô, puis vô. (A ce moment, il faisait le geste de l'homme qui dort...) Durant ce temps, lui prendre chaîne, montre... ne bouvez point !... » .

Comment! je trouvais sur le pont d'un paquebot un bachelier d'Oxford qui en était à croire qu'on verse des narcotiques aux journalistes comme aux jeunes filles! Jusqu'à ce moment on n'endormait les gens que pour les violer un peu, et mon sexe semblait me protéger contre de semblables attentats. Je plantai là ce nigaud blond.

Je me retournai du côté de la famille anglaise ou japonaise qui avait changé en ménagerie ambulante le train de Paris à Boulogne. Ils étaient tous accroupis sur le pont, près des cuisines, et la moitié dormaient.

Cette moitié était de six ou sept ; il y avait des enfants, une mère, des tantes, un père : la mère se contentait de grogner en dormant, les tantes se montraient leurs dents...

Le père, en chapeau pointu, en barbe grise, avait l'air d'un vieux professeur de sixième échappé de quelque collége communal; il portait un pince-nez comme un lorgnon de carnaval et lisait dans un gros livre. C'était sans doute quelque pasteur protestant, rigoriste et fertile. Autour de lui, couchés, debout, se tenaient les enfants maigres, bariolés, déteints. On eût dit des marionnettes cassées par le bâton de Polichinelle. C'étaient, sur des corps taillés en joujoux de village, des chapeaux dépaillés, des manteaux verts, des robes jaunes, un spincer sur un garçon, une veste sur une fille : mascarade triste de la misère!

Ceux et celles des garçons, des filles, qui ne dormaient pas et dont on ne pouvait savoir si c'étaient des femelles, des mâles, sous la bizarrerie des costumes : ceux-là, celles-là, pressés comme des lapins autour de leur grande sœur, qui était peut-être leur grand frère, psalmodiaient une chanson d'école ou d'église, dont le père donnait le ton d'une voix grave en battant la mesure le doigt au ciel ; et, au milieu du bruit, sous la pluie, près des cuvettes, malgré les cris, les rires, mômes, mômesses, tantes et père, tous chantonnaient... C'était d'un triste ! Derrière, malgré moi, je suivais l'air, et ma tête se balançait comme le cou d'un ours blanc.

Un commerçant de Regent street, qui savait le français, se désespérait tout haut de n'avoir pas le mal de mer ; depuis vingt ans, disait-il, il mâchait de l'aloès ; rien... Rien, rien !... Le mal de mer aurait pu le sauver, rapproprier — *oh yes !* — son *intérieur*. Mais non, en vain il regardait se contracter les estomacs et s'approchait carressant des révoltés, il gardait sa bile. C'était comme la tache de lady Macbeth que rien ne pouvait laver.

Nous sommes depuis une heure dans la Tamise.

Sur les bords, le canon gronde. J'espère un sinistre : on fait simplement des expériences.

On m'avait beaucoup vanté l'entrée de Londres par la grande rivière. Le spectacle, en effet, est beau ; mais un souvenir de jeunesse me le gâtait.

Ces hauts trois-mâts venant du bout du monde, de l'Amérique et de l'Asie, des côtes d'Afrique, des îles de l'Océanie, cette flotte de bateaux en course, de navires à l'ancre, cette fumée dans le ciel, ce vent dans les mâts, j'avais vu tout cela autrefois en allant et venant de Nantes à Saint-Nazaire : c'était moins touffu, il n'y avait pas de branches d'agrès ni d'aussi profonds sillons dans la vague ; mais l'impression était la même : c'était la *forêt en marche*. Et pour moi, qui avais quatorze ou quinze ans alors, la scène était d'autant plus grande que j'allais être acteur sur ce large théâtre : je devais, le lendemain, partir comme pilotin pour les Indes sur un navire, gros trois-mâts que commandait un capitaine à tête de bourreau. Comme tous les enfants, j'avais rêvé les voyages lointains, la lutte contre les flots, les hommes; pour tombeau, l'Océan avec la sérénade de la foudre et du canon... J'étais à la veille de réaliser mon rêve!

Le hasard, aidé des larmes de ma mère, fit que je ne partis point; mais j'avais eu les pensées et l'angoisse de celui qui va attaquer l'inconnu, et la mer au loin me réservait les périls, la souffrance, la gloire... Enfant, je m'exagérais et la peine et l'honneur. Aujourd'hui, je connais la peine, je sais ce que vaut la gloire. La Tamise m'a laissé, non pas indifférent, mais froid, et mes yeux ne s'étonnaient point, parce que mon cœur se souvenait : j'étais occupé à regarder en moi.

Voici qu'on parle de la douane, il faut songer à ses bagages : on va les tirer de dessous les toiles, il les faudra trainer sur le pont, chercher les clefs, tâter les serrures. C'est pour moi, en route, le plus horrible des supplices. Je ne sais rien de plus mesquin et de plus lourd que cette préoccupation nécessaire des bagages. On n'est plus un touriste, un voyageur, mais une sentinelle, un galérien. L'envie me prend de planter là cartons et coffres, plutôt que d'attacher mon regard et d'enchainer ma pensée à la corde qui les ficelle; j'y perds des sensations neuves, je suis impatient, irrité, furieux. Trop pauvre pour faire le sacrifice de mes malles, obligé de garder du linge pour le lendemain, forcé de compter avec le drap, le fil et la toile, je ne lâche pas mes colis et j'attends d'un pied fiévreux que la douane vienne.

Elle est dans un canot qui approche, en ramant, le paquebot; les gabelous abordent, ils ont enjambé et pris possession de l'arrière. Une planche a été dressée en guise de table, devant laquelle ils tiennent leurs assises. Chacun pousse jusque-là ses colis, et l'on attend qu'il plaise à ces saint Louis de l'octroi de rendre la justice. Saint Louis dut ressembler d'une façon effrayante à l'*homme aux rats* (Cœlina! l'obéi-s-sance!) Je vais pour lui serrer la main, car j'ai connu à Paris ce sourisicole; il fait mine de ne pas me reconnaître. Serait-ce qu'il a honte ou que je me suis trompé? Il était plus grand, au fait, quand je l'ai connu, et depuis un an, il n'a pas pu raccourcir d'autant. Je lui livre ma malle qu'il fouille avec bonté et dont le désordre le fait sourire. C'est fait, on met à l'épaule de ma caisse une marque, au derrière une raie, et je n'ai plus qu'à retraîner le tout sous la toile.

L'opération m'a préoccupé une heure, retenu une demi-heure! pendant ce temps, je n'ai rien vu ou j'ai vu tout mal. Quand donc l'abolira-t-on cette douane, gros impôt fécond en petits ennuis? Quand cessera-t-on de fouiller ainsi les gens, les caisses? Pour qu'un poulet ne paye pas, il faut lui manger le croupion. Une grosse dame, qui au moment n'avait pas soif, me priait de dévirginiser sa bouteille pour l'exonérer; un négociant en verres, peut-être bien contumace en prose, fut obligé d'ôter le ventre en paille de ses cristaux; je n'eus pour me consoler que les chagrins des autres.

Dieux! le pilote a crié : *Londres!*

J'ai hâte d'arriver et de descendre : un homme que j'ai vu toute la journée, portant des côtelettes et du fromage, s'approche de moi un carnet à la main et me réclame six pence. Six pence! et pourquoi? Je lui demande par signes; il me répond en me montrant six doigts courts, sans ongles, entrelardés. Je m'adresse à un Anglais, qui me baragouine que c'est pour les *saletés* que j'ai faites. On me calomnie indignement. Je paye pour l'estomac des autres. Si j'avais su!

Cependant, au haut du pont, le capitaine rôde, la chique à la bouche; sous la pluie qui trempe son feutre, il a l'air d'un singe qui se démène : un moussaillon au-dessus de la machine transmet ses ordres ou traduit ses signes au mécanicien ; l'homme du gouvernail a les yeux sur lui. On a lancé l'amarre, jeté le pont. Nous sommes à terre.

Comme l'eau tombe à verse, nous grimpons jusqu'à une espèce de trou où sont entassés des paniers, des caisses, de hautes malles, de grands colis.

— Mes bagages?

— Ils vont venir, me dit-on, et je n'ai qu'à les attendre.

Voici en effet des porteurs qui arrivent, pliant sous les lourds fardeaux. La cave où nous sommes, déjà pleine de caisses, est maintenant pleine de monde, on est empilé comme des sardines, il faut que les portefaix passent sans les abattre ; j'aperçois des coins de malle qui vont me crever les yeux, me trouer le crâne, nous casser les reins! Je ne comprends pas comment dans ce petit espace, à travers ces manœuvres, il n'y a pas déjà des pieds écrasés, des fronts fendus.

J'ai reconnu la couleur de mes deux malles!

Je me précipite à travers cors, œils-de-perdrix, oignons, jusqu'aux porteurs qui les soutiennent, je les aide à décharger, je tire mes colis à moi, on m'injurie, on grogne, je n'écoute rien, et me voilà en face d'une guérite administrative qui est le tourniquet de la douane. Je veux échapper au tumulte. On m'arrête pour me réclamer trois pence. Encore un impôt!

Que faire maintenant? Toute la colonie des Français se consulte ; l'un parle d'un hôtel où il s'est trouvé bien, il propose de nous y conduire ; mais d'autre part, des Français de Londres m'accaparent, m'entourent, je lâche mes compagnons et prête l'oreille à un Gascon qui m offre l'hospitalité chez lui. J'ai voulu aller à l'aventure, n'avoir pas, d'avance, quand je suis parti, mes relais préparés, mon lit tout fait. A la grâce de Dieu! — Mes bagages?

Si je les traîne avec moi, me voici forcé de camper où mon cab les a descendus ; je ne puis passer ma vie à monter et remonter ces colis de Sisyphe! Il me passe dans le cerveau un éclair de génie. Je demande si l'on peut, comme à Paris, les laisser en gare, et dès qu'on m'a dit oui, lançant le Gascon à travers les portefaix, je lui crie de me ramener un homme qui roule jusqu'au lieu de dépôt mon boulet. Je paye sans voir, suis l'hôtelier, on arrête un cab et nous partons!

A travers ce bruit et ce désordre, rien ne s'est perdu, rien de cassé! Il n'y avait pas de facteurs en uniforme, de sergents de ville en service; on n'avait pas la place pour bouger, mais tout joue à l'aise où il y a la liberté.

———

*Après trois semaines de séjour à Londres, je m'apperçus que pour pouvoir parler de l'Angleterre, il fallait y passer dix ans. — Je regardais et ne voyais pas; j'écoutais et n'entendais pas : je n'aime à parler que de ce que j'ai entendu et vu. Je me moquai de moi-même et repassai la mer.*

Voilà comment finit ce grand voyage!

# LA SERVITUDE

# LES GALÉRIENS

Dans les vrais bagnes, au fond des maisons centrales, derrière les murs qui séparent l'homme coupable du théâtre de ses folies ou de ses crimes, on ne pousse point de sanglots, on ne jette pas de blasphèmes; la vie s'écoule silencieuse et calme.

J'ai été frappé de l'air vénérable des galériens.

Sur quelques faces aplaties ou mal taillées, têtes de bêtes greffées sur un corps d'homme, j'ai lu l'instinct cynique, la passion sauvage; mais le désespoir, la tristesse ne plissaient pas ces fronts et n'assombrissaient pas ces regards. Ils portaient, ces gens, le poids de la fatalité, non pas celui du châtiment, riaient d'une gaieté franche dans ces milieux horribles, et se prélassaient, libres, dans leur captivité.

C'est que, dans cette vie réglée par les juges et surveillée par les gardes-chiourmes, dont les étapes sont marquées heure par heure, et du premier jour au dernier, ces galériens ne sont point forcés de mentir jamais ni à eux ni aux autres; ils n'ont point pour rider leur face, crisper leur lèvre, les tracas de la vie à gagner, les émotions des amours à conduire; et leur cœur dort sous la veste grise. N'en déplaise aux punisseurs et aux philanthropes, on peut dire que la Muse des bagnes s'appelle la Sérénité. La prison gâte et ne guérit pas — le remords engraisse.

Eh! que leur manque-t-il pour être heureux? Ils ont la régularité bourgeoise et saine des habitudes, leur loyer payé, du pain tout cuit : que leur manque-t-il? La liberté? Mais qui donc est libre, s'il vous plait?

Nous sommes tous des galériens de par des hasards douloureux ou l'influence sombre de la misère ; n'en parlons pas! — Et en dehors de ces fatalités, que de forçats encore, condamnés à temps, prisonniers à vie ! ceux-ci à plaindre, ceux-là grotesques! les uns attachés à la roue d'Ixion, les autres au rocher de Sisyphe!

Galérien, ce malheureux enfant dont le père ou la mère fut criminel ou vil, fille ou fils d'assassin, d'espion ou de bourreau.

Il y a dix ans, le bâtard était encore un galérien, et même aujourd'hui, au fond des provinces, les bâtardes, à moins d'être bien riches, ont peine à franchir le seuil d'un certain monde. Le sang et la boue éclaboussent toute une génération, et pour laver une tache, il faut des flots d'or ou de larmes.

Galérien, par la faute du père au corps gâté ou par un caprice affreux de la grossesse, le rejeton chétif, contrefait, l'infirme aux yeux doux dont les camarades à l'école frapperont la bosse ou la béquille, qu'on fera souffrir, pleurer, et que la mère, qui a honte, voudrait voir mourir!

Galérien encore cet orphelin recueilli, dont on fait un domestique ou un martyr, à qui l'on reproche le pain qu'il mange et l'eau qu'il boit. Qu'il devienne un jour riche ou célèbre! quand il rendrait dix fois le bien pour le mal, toujours ils diront dans la famille du *bien-*

*faiteur* qu'ils l'ont élevé par charité, et, si généreux qu'il soit pour enrichir ou pardonner, on criera encore qu'il est ingrat.

Les galériens de la muraille !

Qui ne se souvient d'avoir vu jadis sur tous les murs et dans toutes les vespasiennes de Paris cette inscription : *Crédeville, voleur* ?
Des Batignolles à Belleville, de Montmartre à Vaugirard, partout on lisait les deux mots écrits au charbon, à l'encre, avec la pointe d'un couteau ou le coin d'une brique, sur le bois, le plâtre ou la pierre. C'est avec une proclamation de Watbled, candidat éternel à la députation ou à la présidence, ce que mon oncle et moi nous lûmes tout d'abord dans Paris en 1848, près de la gare. Je restai rue Saint-Jacques, mais mon oncle partit, emportant ce souvenir dans sa valise. Dans ma province, maintenant, s'il passait un voyageur nommé Crédeville, on commencerait par le faire mettre en prison.

Plusieurs de ces inscriptions sont célèbres. *Galimard, pou mystique — Barbey d'Aurévilly, idiot.* J'en ai vu une qui m'a flatté : *Eh ! Poupelin ! tes papiers !* Je me souviens d'une autre qui m'amusa fort. C'était le lendemain de la mort de Béranger, après que, par une lettre, le gouvernement avait exproprié ses cendres pour cause de gloire nationale. Dans toutes les colonnes Rambuteau, le long du boulevard, une main malicieuse avait mis : *Mon cher Perrotin.*

Sur tous les murs des promenoirs, à Mazas, il y a des inscriptions qui sont le châtiment ineffacé des traîtres.

J'oubliais le *nez de Bouginier*. Ce Bouginier vient de mourir après avoir, toute sa vie, traîné son nez célèbre comme un boulet: Il aurait eu beau le faire sculpter ou rogner, c'était fini! Ce nez appartient à l'histoire, et le nom de son propriétaire est resté gravé dans l'âme des gamins de Paris.

Les compagnons de chaine!

Deux garçons se rencontrent, qui se plaisent, se *vont*. Les voilà qui passent leur vie ensemble, bras dessus bras dessous, courant l'un après l'autre à travers les bibliothèques ou les cafés.

C'est généralement la même ambition qui les pousse, ils veulent être artistes ou *tribuns*. Ce ne sont que châteaux en Espagne, espérances folles, avenir brillant. Ils associeront leur vie : *On est si fort à deux!*

Vite, à la fin du mois, congé est donné chez les deux concierges, et l'on prend ensemble un logement. Il y aura économie évidente de lumière, de bois, rien qu'une femme de ménage. Ils achèteront une cafetière à esprit-de-vin et feront leur café eux-mêmes. Ils fumeront un cigare, une pipe, et se mettront à la besogne sous la lampe. Le matin, à six heures, debout!

— Je te jetterai de l'eau si tu ne te lèves pas.

On emménage.

Les malheureux! — A ce frottement de chaque minute, le carton se fend, le vernis s'éraille, les défauts de chacun et son vice dominant se dessinent, s'accusent, ils se savent par cœur au bout d'un mois, n'ont plus rien à se cacher ou à s'apprendre, et ils s'ennuient....!

Puis il y a eu des discussions à propos de la blanchisseuse, du charbonnier, du concierge!

L'un, qui a deux douzaines de chemises, voulait être lavé à Boulogne, où l'on abîme moins le linge. L'autre, moins bien monté, prétendait que la repasseuse du coin suffisait bien; il y a eu des mots aigres; la fatuité et la débine se sont prises aux cheveux. On s'est insulté à propos du feu que chacun veut faire à sa manière, où l'un met trop de charbon et l'autre de petit bois; ce sont des épigrammes mielleuses, des réticences cruelles; on cache les pincettes, on égare la note, c'est un duel de sauvages!

Quand il vient quelqu'un, fera-t-on du thé, aura-t-on de la bière? Qui invitera-t-on?

Pierre déteste celui-ci; Paul ne peut pas sentir celle-là.

Si Paul amène Caroline et qu'il s'enferme., voilà Pierre qui frappe avec le parapluie de Marguerite. On parlemente, il faut attendre, tous les quatre se gênent; quand ils sont trois, celui qui est seul a tous les épuisements de Tantale et le désespoir de Philoctète. — A quatre, à trois, à deux, c'est toujours prétexte à discussions, combats.

Quand l'un des *amis* rentre le soir, s'il déplace un meuble, renverse le bougeoir dans l'ombre; s'il ouvre la fenêtre ou s'il la ferme, c'est une tempête de grondements sous la couverture qui abrite le premier couché. Il crie à l'asphyxie ou au courant d'air, il geint, se retourne et grogne; on l'empêche de reposer, on l'éveille, on *l'embête!* Ils se jettent à la tête, en chemise, des grossièretés et des jurons, et un beau soir on entend voler les meubles.

S'ils ont mis leur bourse en commun, celui qui tient la caisse inflige à l'autre les supplices du Dante.

Il mène déjeuner et dîner à ses heures, où il lui plaît, à la Villette, aux Batignolles; presque toujours dans un endroit qui déplaît à l'autre! Le caissier se fait encore tirer l'oreille; il n'accorde que sur des supplications le plat de *poisson, gibier* ou *volaille* qu'il fait acheter par des colères blanches, des rires jaunes; il se condamne à ne pas boire de café, pour que l'autre souffre dans son appétit ou dans sa soif.

On devient un monstre!

La jalousie s'en mêle! Seuls ensemble, quand la pluie, le froid, la pauvreté les retiennent dans leur logement, ils écoutent tomber les heures, en se haïssant. Mais qu'un hasard vienne enlever Paul tout d'un coup et en délivrer Pierre pour la journée, la nuit, Pierre gémit, et, débarrassé de sa chaîne, ne sait que devenir! Il en veut à Paul qui s'en va et le laisse; il regrette sa compagnie lugubre et lourde. Il tâte en gémissant son anneau vide. Et Paul, de son côté, se hâte de rentrer, le poltron; il vient remettre son cou dans le collier.

Pourquoi ils ne brisent pas tout d'un coup, ils ne s'évadent pas? — C'est que, par la nécessité même de la vie à deux, ils ont été forcés de se raccommoder à midi quand ils s'étaient disputés le matin, et que, d'ailleurs, les mots ont été plutôt aigres-doux que violents, il y a eu plus d'allusions que d'injures.

Puis, vis-à-vis d'eux-mêmes, vis-à-vis des autres, ils se doivent de cacher leur fatigue; ils auraient trop l'air d'avoir fait une sottise et de s'être trompés grossièrement; l'aveu de leur erreur coûterait à leur amour-propre, et ils vont ainsi, cloués l'un à l'autre, comme ceux qu'on attache à deux dans les bagnes, tirant chacun de son côté, s'insultant quand on ne les voit pas, se réconciliant quand on les regarde.

Ils ne se haïssent point, il s'en faut; mais ils se gênent mutuellement, et ils s'en veulent de leur servitude muette! Séparez-les, ils seront les meilleurs amis du monde, ils se rechercheront, et ils s'appuieront dans leur vie. Laissez-les ensemble un jour, ils se donneront des soufflets et iront se battre à mort dans un coin: — hommage sanglant rendu à la liberté!

Le forçat du succès!

Si le boulet de la défaite est lourd, celui de la victoire l'est aussi. Il y a des gens qu'écrase leur premier triomphe. La critique fait à leur œuvre l'accueil que l'on fait aux heureux, et leur taille une statuette ou un buste, avec les attributs de leur talent. C'est fini : les voilà rivés au genre qu'a créé leur réputation, et ils étouffent en grandissant dans leur berceau. Ils auraient beau écrire des chefs-d'œuvre, découvrir des Amériques : si c'est sur un autre terrain, par d'autres voies, malheur à eux! Le public paresseux et bête s'en tient aux premières données et ne sait ni ne veut changer son impression.

Fabius Cunctator doit toujours temporiser, toujours Byron doit être impie. Si d'aventure Fabius ose, si Byron prie, on ne croit point à cette foi ou à cette audace. D'autre part, si l'artiste insiste et reste bravement dans sa manière, on se plaint qu'il n'ait qu'une corde! Par ce temps de médiocrité, messieurs, l'originalité tue!

Le forçat du bon mot!

Oh! il n'est pas le moins à plaindre! Je ne connais pas de métier plus fatigant parmi les métiers honnêtes que celui du « causeur charmant », qui court après le calembour bizarre, l'épigramme aimable, le trait malin, comme un nain à califourchon sur les dents d'une *scie !* Quand une fois on a cette réputation, si l'on n'a qu'elle, on est perdu!

Pauvres gens d'esprit qu'on invite à sa table pour qu'ils pondent des bons mots sur la serviette, et dont on attend, comme un œuf sous la poule, la plaisanterie fine ou salée!

Les petits jeunes gens qui débutent donneraient dix ans de leur vie pour voir écrit à côté de leur nom : le *spirituel*, l'*étincelant* Merluchon. Hélas! condamné pour la vie à la fécondation artificielle, aux travaux forcés de l'improvisation hâtive, celui à qui l'on a mis ce sceptre aux mains comme une marotte aux doigts d'un fou! forcé d'accoucher, coûte que coûte, à la seconde, d'un calembour ou d'un sonnet, d'un quatrain piquant ou d'un *par à peu près* inattendu ! Il ne peut laisser tomber un mot sans qu'il soit tout de suite ramassé, tourné, retourné ; et, quand il dit *bonjour* ou *j'ai faim*, les commentaires d'aller leur train ! — *il y a quelque chose là-dessous, on rit* — comme dans les annotations de pièces ou les comptes rendus de la Chambre.

Il existe ainsi dans Paris quelques hommes dont c'est la spécialité et qui ont succombé à la tâche ; farceurs attristés, poëtes finis dont le rire s'éteint dans les rides et le talent dans les albums. Notez que pour eux, comme pour les autres, le public est impitoyable ! Un moment arrive où ils travaillent comme le pître grimace ! L'amphitryon se fâche, le public se plaint. Ils portent le châtiment de leur gaieté factice ! Il faut qu'elle soit communicative et qu'elle dure, cette gaieté, il faut qu'elle soit naturelle et franche, il faut que ce ne soit pas la grimace de Triboulet qui souffre, mais le rire heureux de Figaro qui *rase*. A la bonne heure, c'est l'esprit français qui coule bavard et frais comme un ruisseau ! Ironie joyeuse, filleule piquante de Beaumarchais, compagne robuste de Proudhon, tu as à la fois la grâce et la vertu ! Mais de cette gaieté puissante qui est un don à ce raffinement d'esprit qui est un métier, il y a toute la différence du sucre qu'on râpe à la fleur qui embaume, de l'huile qui graisse au vin qui coule.

Partout, partout des galériens, marqués au front, à la joue, à l'épaule, aux mains ; je laisse ceux qui sont sinistres ! je ne parle que des grotesques.

Un galérien, ce poëte qui copie Barthélemy, Barbier, relit Gilbert et Hégésippe, et force son ton, son geste, son accent, sa voix pour ressembler au génie de la révolte, à l'Adamastor du désespoir. Il s'habille à la triste, se chausse à la Cincinnatus et dit, en montrant son chapeau ceint d'un crêpe :

— C'est le deuil d'Emma !

L'avait-il connue, cette Emma ? — Avait-elle existé jamais? N'était-elle pas une amante de convention, une déesse *ex machina* qui permettait de faire croire à une douleur subie, vaincue? Je l'ai toujours pensé. Bon galérien ! il s'était passé cette chaine au cou, comme on s'attache une corde à la ceinture pour faire croire aux revenants la nuit, en traînant de la ferraille derrière soi sur son plancher ! Nous jouions pour lui le rôle des locataires, et quand il ne savait plus que dire, il faisait paraître son fantôme. Comme il lui a fallu de l'habileté, des peines pour ne *se couper* jamais ! Quel travail d'Hercule !

C'est le même poëte satirique et ardent qui, aux anniversaires de la mort des poëtes-cygnes, nous entraînait sur leurs tombes, et là on mangeait de la charcuterie pieusement, en rappelant les souffrances glorieuses des martyrs, en regardant d'un œil ému voleter les moineaux qu'il appelait dans sa langue mystique les pinsons du Calvaire ! On m'accusa de n'avoir pas de cœur un jour que, las du cochon sacré, je m'esquivai pour aller manger un beefsteak au restaurant voisin ! Il y a dix ans de cela, dix ans ! Le bon galérien ne me l'a pas encore pardonné.

Un beau forçat encore, ce garçon nommé, je crois, de Labadie, qui voulait avoir la réputation du dandy de l'orgie, et faire concurrence à Mylord l'Arsouille. Pour étonner la foule, ameuter le monde, attirer les huées, les rires, il fit tout et s'encanailla jusqu'au menton. Mais quand il passait, avec ses équipages excentriques, sa mise osée, et qu'il jetait au peuple des calembours, des pommes cuites, le peuple lui renvoyait ses pommes cuites et ses bons mots, en criant : Vive lord Seymour ! — Homme fantôme, galérien comique, il passa toute sa vie pour un autre, et alla mourir sous son vrai nom, triste et désespéré, dans un coin désert de l'Italie.

Les individus, comme les nations, portent le poids de leur faiblesse et souvent ont fondu leur boulet eux-mêmes!

## ENCORE LE BOULET !

Vous connaissez X...? on se l'arrache, c'est la gaieté même. A peine il est entré que les folies commencent. Il fait le chien, le coq et l'âne, imite Lassouche, contrefait M. Villemain ; on se tient les côtes, on demande grâce.

Minuit sonne. On s'en va.

Notre homme lâche une dernière farce, imite encore un animal dans l'escalier ; on l'entend qui rit, en partant dans la rue, et l'on se dit : « L'heureux garçon ! comme il est gai ! »

Gai ? mais si vous le voyiez maintenant : il fait peur ! Cet homme de tout à l'heure à frimousse de paillasse, il a une tête de supplicié ! Son front est plissé, son œil sombre ; de sa bouche s'échappe une malédiction.

Cette gaieté qu'il promène, comme on montre un ours, l'épuise ! Blessé dans les combats tristes de la vie, il en a gardé au flanc des blessures qui se rouvrent quand il est seul, et il fuit la solitude et le silence. Il parle comme d'autres boivent — pour se griser, et il se soûle avec sa salive.

Il attache des casseroles à la queue de ses tristesses,

et, les fouettant devant lui, se venge de la souffrance par l'ironie !

Plaignons encore ceux-ci, les *galériens de la mort!*

Toutes les maladies dont on parle, ils se figurent qu'ils les ont! Ils n'osent ouvrir un livre de médecine, ou parcourir une salle d'hôpital; partout le fantôme les suit!

D'heure en heure, ils vont voir dans la glace ce qu'ils ont encore d'années à vivre; pour se tromper eux-mêmes, ils se frottent les joues afin qu'elles soient rouges, et serrent la boucle de leur gilet pour se persuader qu'ils engraissent.

Ils embrasseraient celui qui leur dit : « Comme vous avez bonne mine ce matin! » et vous leur rendez deux mois de santé, si vous faites remarquer, en les toisant, qu'ils ont pris du ventre.

S'il craint la mort subite, ce galérien, et qu'il passe une bouffée d'air chaud, il croit que c'est l'apoplexie qui vient, et quand il avale de travers sa salive, il crie qu'il étouffe ; — toujours sur le *qui-vive*, avec un voile noir entre le ciel et lui, ne riant pas, de peur que son cœur n'éclate ou que le feu ne prenne à son cerveau!

J'ai connu un garçon dont cette crainte de la mort a perdu la vie.

Persuadé qu'il mourrait jeune, il ne fit rien; il *attendit*. Il lui restait d'un patrimoine quelques billets de cent francs qui devaient le conduire jusqu'à l'agonie.

Mais la Mort ne se pressa pas.

L'argent fut mangé mois par mois, et, un beau jour, la commode fut vide; mon ami n'était pas sous terre. Le voilà sans état, faisant pitié à quelques-uns et détesté de quelques autres, traînant à travers les rues son corps maudit.

Mais tous les jours ce corps demande à manger, à boire,

et ne sait où dormir en attendant l'éternité. Dans cette carcasse qui ne veut pas se démonter rôde une âme ulcérée et qui s'use dans le désespoir, comme un vautour qui se serait mangé les ailes !

Arrivèrent la révolution, les complots, l'émeute. Il se jeta dans le mouvement, demandant pour linceul, au lieu d'un drap de toile, un drapeau de soie. Il revint, hélas ! de la mêlée, meurtri, mais non blessé, après avoir passé par la main des geôliers, sans arriver jusqu'au bourreau.

Le silence se fit; le temps des combats n'était plus.

Il gagna son pain comme il put et l'arrosa d'absinthe. Il espérait que la débauche lui donnerait le dernier coup. Non ; il souffrit et ne mourut pas. Son corps malmené criait grâce ; ce fut l'agonie sans la délivrance.

Un soir, furieux, plein de honte, il s'enfonça un couteau dans le cœur.

Émus et curieux, nous fîmes faire son autopsie.

— Quel dommage ! dit le médecin, il aurait vécu cent ans !

Entendez-vous hurler dans ce café ? Un homme jure, trépigne, écume, vous le prendriez pour un héros . c'est un *forçat de la peur*.

Il s'est réveillé ce matin avec des raies bleues sur la joue ; il se souvient que, la veille, on l'a souffleté deux fois, et même dans une heure des témoins vont venir.

Il se lève et fuit, rasant les murailles, prenant les rues sales, fuyant le regard humain. Ce sang qu'il n'ose exposer pour son honneur lui monte au front ; la honte l'étouffe.

Pour noyer ce crachat mal essuyé, il entre dans un café borgne ; il boit.

Mais peu à peu l'absinthe le grise, sa tête bout. Une lueur d'espoir jaillit de ce brasier. Avec deux verres encore il aura du courage. — Il en a bu quatre ; il sort.

Et vous le voyez courant bien vite ; une heure de re-

tard, un peu d'air frais, et il va trembler de nouveau !
Il faut profiter du moment. C'est alors qu'il se précipite
tête baissée dans le milieu où hier on l'a châtié.

Il se venge de sa lâcheté en se ménageant d'autres
affronts. Sa résolution se noie dans un crachat. Qu'on
réponde à ses insolences, il se démènera en porteur
d'eau, et, au besoin, voudra qu'on lui foule le poignet
ou la main pour pouvoir dire qu'elle ne peut tenir une
épée.

Tout homme qui a devant lui la lèvre souriante, le
regard clair, est l'ennemi de ce garçon au cœur de lièvre. En face des courageux, il est pris d'un sentiment
de colère et de haine.

Il a peur de tout, remarquez! il ne craint pas que les
duels, mais aussi les révolutions; il entrevoit ces chimères tombées, le tribunal féroce, l'assassinat, l'échafaud; le frisson le prend, et, l'œil hagard, la bave et le
fiel aux lèvres, il porte un toast à la force, et crie :
« Fusillez-les! ils pourraient me guillotiner! »

Il est catholique. C'est par peur de l'enfer. Sa raison
lui défend de croire ; mais si, d'aventure, le diable existait? Le grand *peut-être!*

Eh! n'est-ce point un enfer que sa vie? Et vaut-elle
donc tant cette guenille que, pour la conserver, en se
résigne à ces hontes bruyantes et à ces désespoirs sourds?

En regard de l'homme qui ne se bat jamais, on peut
mettre celui qui s'est un jour trop bien battu.

Jacques a eu un duel dans sa jeunesse; le hasard
voulut que l'adversaire fût son ami et qu'une balle allât
fracasser un bras et se perdre dans la poitrine.

Il n'y a rien là de bien singulier; on ne se bat qu'avec
des gens que l'on connaît, et quand on se bat, c'est pour
se blesser, je pense!

Tout est dit, n'est-ce pas? On est quitte. — Vous
croyez?

Chaque fois qu'il y aura une querelle dans la rue qu'habite Jacques, dès le matin, on arrivera pour forcer sa porte.

C'est un camarade, pas même, c'est un voisin d'un jour qui vient le prier d'être son second. Jacques répond qu'il a affaire, qu'on l'attend à son journal, à son bureau, chez la *marquise;* mais on insiste; s'il n'est pas libre à l'instant, on le prendra dans la journée; et on le prend! Il est poursuivi, traqué, on l'arrache à son sommeil, ses amours, ses fonctions. C'est lui qui doit rédiger les notes, garder le testament, écrire à la pauvre mère. Souvent les deux adversaires à la fois lui demandent le même service.

Après deux ou trois jours de courses et de pourparlers, où on l'a traîné de café en café, de rendez-vous en rendez-vous, tout s'arrange.

Jacques a perdu son temps et passe toujours pour un spadassin.

Ce n'est pas tout.

Ce garçon qui aime l'esprit, la gaieté, l'ironie, que tout amuse, que rien ne blesse, voilà que pour un malheureux duel où il a eu la main heureuse, on fait de lui un susceptible, un ombrageux, ayant une main sur son épée, l'autre sur la crosse d'un pistolet, toujours prêt à dire : *Feu* ou *en garde!*

Qu'une plaisanterie ou un article lui partent d'aventure au visage, entre les jambes, les amis se regardent silencieux et pâles.

Que, dans une question littéraire, il intervienne pour demander qu'on laisse à l'esprit ses droits, aux abeilles leur aiguillon, la galerie n'y croit point.

— Toi! tu l'aurais déjà tué! — C'est Jacques qui dit ça!

— Mon bonhomme tu n'as pas voix au chapitre.

Il a de l'esprit, on l'oublie; du talent peut-être : qu'importe? On écoute toujours le coup de pistolet qui a daté sa vie.

13.

Il y a le forçat du grand homme, — le Roustan des petits Napoléons — un inconnu qui se fait l'ombre d'une célébrité, la réveille, la couche, lui ôte ses bottes, si elle est ivre, et se vante de l'opération le lendemain.

Il recopie les manuscrits, fait les recherches, les commissions, les courses, corrige les épreuves, allume le feu, nettoie l'encrier et ne demande pour cela qu'un sourire et un tutoiement, le droit de dire : — Quand Chose a fini cette scène, j'étais près de lui comme tu es là. — Je viens de quitter Chose. — J'ai à aller pour Chose. — Chose, encore Chose, toujours Chose!

Quel métier! J'ai connu un Chose qui battait son galérien.

Le plus souvent on les ménage. Ce sont des porte-voix de la renommée, des avocats du talent, des chefs de table dans les estaminets de lettres, des chefs de claque, aux *premières*. Ils font l'annonce, la réclame, le boniment! Ils amènent l'étudiant, enrégimentent les romains, payent à boire à celui qui applaudit, crient : A la porte! si quelqu'un siffle. Ils se battront au besoin pour leur homme, recevront des gifles, en donneront, se feront calomniateurs, lutteurs, allumeurs.

*Et allez donc! En avant, les autres! Vive Chose, à bas les envieux!*

Ils sont des galériens, parce qu'ils sont des niais, ceux-là. D'autres le sont, qui ne semblent point l'être.

Quels forçats, les hommes que la foule salue ou craint!

Ces ambassadeurs, ces diplomates, tout le monde des *attachés* (le mot sent la chaîne) qui, suivant les nécessités de la politique aux abois, varient leur ton, changent d'accent, accablent l'un, exaltent l'autre, et qui, gênés, confus, honteux peut-être, n'ont pas le droit d'avoir une pensée et des sympathies, jamais!

A côté du mot comique qui fait l'égratignure, il y a le bruit bête ou méchant qui prend naissance on ne sait où et vous suit partout, et fait de vous aussi un galérien.

J'ai connu une femme jeune et belle qu'on m'a montrée du doigt la première fois que nous nous rencontrâmes, en me disant d'elle, qu'elle avait... L'infirmité était si comique qu'on n'oubliait sa jeunesse et sa beauté que pour songer à cette cocasserie. Qu'y avait-il de vrai dans ce bruit? Rien sans doute. Quelque soupirant éconduit s'était ainsi vengé. A moins pourtant, à moins que le mari cynique n'eût trouvé piquant de répandre le bruit lui-même et de s'assurer une femme fidèle en se faisant passer pour un mari aveugle! Elle vit encore et le bruit n'est pas mort. Seule, dans la rue peut-être, elle ignore qu'elle est un phénomène.

Il allait jadis au café de Tournon un homme d'un certain âge, à l'air distingué, au visage un peu triste, qui demandait régulièrement une demi-tasse sans sucre et la buvait à petites gorgées en lisant silencieusement les journaux.

Ce café sans sucre, cette distinction, cet éternel mutisme étonnaient et gênaient presque les étudiants bavards de l'estaminet.

Un de mes amis, invité de hasard, dit un jour en reposant sa chope :

— C'est un homme qui a tué sa femme.

Sur ce propos dit après boire passèrent des semaines, des mois, des années.

En décembre dernier, un camarade qui me donnait le bras me pressa le coude en me montrant sur le trottoir du boulevard un homme à l'œil morne, au front fané, vieilli avant l'âge.

— Tu vois bien ce vieux qui passe?

Je regardai et reconnus l'habitué silencieux de la rue de Tournon.

—Comme il est changé ! ne pus-je m'empêcher de dire.
— Tu le connais ?
— Je l'ai vu, sans savoir qui il est.
— Il a tué sa femme... oui, une nuit d'été, dans une partie de plaisir, sur le lac de Cosme. Il revint à la nage, tout seul, disant qu'un coup de vent était venu, l'embarcation avait chaviré... Tel fut son récit ; mais personne ne s'y trompa ! On savait que depuis quelque temps la comtesse pleurait beaucoup, que le matin même... Enfin il l'avait noyée dans le lac de Cosme. »

L'histoire elle-même, la grande histoire a ses forçats, hommes à qui la postérité prête des idées ou des crimes qui ne furent jamais les leurs : noms maudits de siècle en siècle, sans que justice ait été faite, — depuis Julien l'Apostat dont on fait peur aux hommes *bonnesfemmes* et aux petits enfants, jusqu'à Louis Blanc à qui, en dépit de tout, on attribue encore, malgré explications, protestations et preuves, les ateliers nationaux, terrain de manœuvres où s'essayait l'insurrection de juin.

On dira toujours de Lagrange qu'il tira le coup de pistolet du boulevard des Capucines. Et, si l'on remonte plus haut, toujours à travers les âges, le nom du général Dupont sera attaché à la capitulation de Baylen, et ces deux syllabes — Grouchy — signifieront trahison à Waterloo !

Toujours esclaves de quelqu'un, victimes de quelque chose ! — Jamais courageux ou francs.

Ce n'est pas assez que le pouvoir, l'ordre public, avec les filets réglementaires nous tienne prisonnier dans le réseau ! Nous traînons tous une chaîne que nous avons forgée de nos mains ou qu'a accrochée le hasard, chaîne de fer ou d'or, de laurier ou de ronce, boulet de plomb ou de bois blanc. Combien peu s'avancent dans la vie libres, au-devant de la mort !

# PROUDHON

Celui-là était un homme libre.

Le matin du 24 au 25 février, au lendemain du jour où Paris révolté avait proclamé la République, je suivis à Nantes le flot populaire qui envahissait la place Royale — on devait l'appeler Nationale le lendemain, Impériale douze ans plus tard! — J'étais un affreux collégien aux souliers mal lacés, aux doigts pleins d'encre, mais j'étais aussi un *fort en thème*, et je connaissais chez les poëtes latins tous les vers où luisait ardent le mot de liberté.

Summum disce decus pro libertate perire!

J'avançais tout débraillé et tout fiévreux, heureux je crois, de mon désordre, fier de ma redingote à *ressources* qui en était à son quatrième hiver, et rejetant mes longs cheveux en arrière à la façon des tribuns antiques. J'allais offrir mon bras à la République.

Je me trouvai, en arrivant, en face d'un officier de la garde nationale en grande tenue, schako en tête, sabre au côté, qui dominait par son attitude digne et fière un groupe d'orateurs improvisés. On me dit qu'il s'appelait Mangin et qu'il était le fils du vétéran intelligent et courageux qui représentait à la tête du *National de l'Ouest* les opinions persécutées de la démocratie. Je m'approchai de lui, au moment même où il disait à l'un de ceux qui l'écoutaient, en lui serrant la main :

— Et celle-ci sera *sociale*.
— Oui, oui! redit-on dans le groupe.

Et je criai : Oui ! — Je criai oui, comme les foules crient : « Au Panthéon! » ou : « A la lanterne! » dans l'épidémie de l'enthousiasme ou de la colère. Mais je ne savais pas ce que signifiait l'adjectif, j'ignorais ce que voulait dire cette épithète de *sociale* appliquée à la République. J'étais, il est vrai, un gamin ; mais, à mes côtés, il y avait, sous la redingote comme sous la blouse, des gens qui avaient dit oui aussi, et qui n'y comprenaient rien non plus. L'un d'eux, que j'ai souvent revu depuis, très-honorable et fort intelligent, m'a bien avoué qu'il n'avait été comme moi, ce matin-là, qu'un perroquet, moins ébouriffé et plus luisant.

Chassin, qui avait vu Paris, Chassin (Charles-Louis), pas Charassin, Chassin, Chassin qui était *bachau* — je devais ne l'être qu'en 52, tenir mon parchemin d'un ministre de la réaction ! — Chassin me l'expliqua ou fit tout pour me l'expliquer, mais on ne s'y arrêta pas; nous avions tous deux l'éducation et le tempérament des petits bonshommes élevés dans l'admiration des vertus romaines, et ce que nous demandions seulement, c'était qu'on nous envoyât aux frontières, qu'il y eût des combats, la mort. Je disais, moi, dans mon style de rhétoricien féroce, que le trou de la guillotine avait encore la forme d'une couronne. — Oh ! mon Dieu !

Je ne puis songer sans rire à ce temps-là.

Tantôt c'était moi qui allais prévenir Chassin que j'avais vu des hommes mystérieux se glisser dans un corridor noir qui devait mener à une vente de carbonari, tantôt c'était lui-même qui, plus libre, et pouvant rentrer tard sans crainte d'être semoncé, se promenait avec le peuple à la lueur des torches de résine, puis venait me raconter les détails cocassement tragiques de quelque expédition nocturne. Une fois, on avait vu un homme gris, masqué, rôder comme un fantôme, sur les ailes, à la tête et au derrière de l'émeute en marche. Et sur un signe de lui, à un moment, tout était rentré dans l'ordre, on s'était dispersé. — Quel était cet homme gris???

Le jour où l'on planta les arbres de la Liberté et où l'on gratta le mot *Royale* sur la plaque bleue du coin de la place, nous mîmes — n'engageons pas Chassin — je mis ma religion à rester tête nue tout le temps, et je bénis de hourrahs sauvages la cérémonie et le grattage ; seulement, avec bien d'autres, je déplorais amèrement que l'on ne dansât pas la carmagnole autour de ces drapeaux feuillus. Nous en avions les larmes aux yeux, dans mon coin !

A je ne sais quelle fête en faveur de je ne sais quelle loi, le lycée envoya, sur le conseil ou l'ordre du préfet, une députation d'élèves. Il pleuvait à verse. On m'avait acheté la semaine d'avant un chapeau neuf, je mis mon beau chapeau et j'y piquai, comme un insecte, une cocarde. La cocarde était large et le chapeau énorme ; pour avoir l'air plus militaire, j'avais, je crois, mis des sous-pieds. J'étais fantastique, impossible ! Recueilli et grave, j'allai me ranger sous le drapeau que portait un camarade, et je mêlai ma voix à celle de mes concitoyens. J'exaspérai tout le monde, j'en rendis sourds quelques-uns. Les tièdes me maudirent, les convaincus reconnurent ma supériorité, et ma tournure légendaire, ma musique vocale sans précédent, me désignèrent à l'attention. Pendant quatre mois, de février à juin, je fus chef de groupe dans l'armée des conscrits révolutionnaires.

Nous trouvions le gouvernement provisoire bien faible, d'un modérantisme sans nom, et il me semble qu'en cela nous ne nous trompions guère. La fameuse circulaire Ledru-Rollin à propos des élections nous laissa fort mécontents, et tout moutards que nous étions, nous osions dire qu'il n'y a pas deux routes à suivre, qu'on triomphe avec le temps par la persuasion, ou avec l'audace par la force, et je ne vois pas encore, à l'heure qu'il est, qu'il faille poser autrement le dilemme : on doit être l'ennemi de la violence ou le défenseur de la force à tout prix. C'est pour en arriver là que j'ai commencé ainsi. Ennemi de la violence maintenant, je raconte pourquoi et comment je fus son cymbalier jadis.

Deux hommes, dans ce temps-là, préoccupaient ma vie et agitaient mes rêves : ces deux hommes étaient Auguste Blanqui et P.-J. Proudhon.

Auguste Blanqui !
Je dois le dire : pour me débarrasser du fatras classique, pour arriver à aimer Voltaire et à maudire Jean-Jacques, avant de quitter le Champ-de-Mars et la place de Grève, où je voulais, enfant, qu'on promenât le drapeau rouge, il m'a fallu, oui, il m'a fallu imposer silence à bien des souvenirs sonores, glorieux, et plus d'une figure ardente et sombre m'est restée sympathique encore dans l'histoire des révolutions.

Auguste Blanqui est, je l'avoue, un de ceux que j'admire tout bas et que j'ai défendus et défendrai tout haut, car il a, celui-là au moins, la logique terrible de ses convictions.

Il mérite aussi qu'on le défende, cet homme, parce

qu'il a été l'objet des plus pénibles attaques et le point de mire de la calomnie. On a voulu le flétrir, le perdre, tuer son honneur! Il faut que les gens qui ont l'esprit libre se rangent du côté de ceux qu'on poursuit ainsi, quand ce sont de pareilles armes qu'on ramasse dans les vieux coins pour écraser un adversaire ou un concurrent, un ennemi ou un rival.

Ce qu'on disait de lui troublait mon imagination. Petit, l'œil ardent, le teint blême, froid dans sa colère, calculant l'audace, il avait une éloquence qui coupait comme la hache de Phocion ou brûlait comme le tonnerre de Mirabeau. Il étendait sur les têtes inquiètes, comme un poignard dans sa gaine, une main toujours gantée de noir. Les souvenirs de Rousseau, de Plutarque, se mêlaient pour lui faire une auréole, et je le voyais s'avançant au banquet de la révolution, raide et tragique comme une statue dont un geste marquait les hommes pour la mort.

Proudhon!
Ah! celui-là m'apparaissait comme une espèce d'antechrist gouailleur, qui riait de sa large bouche au nez des idoles puissantes, et, avec l'énergie d'un Cynégire, entamait des ongles, des dents le bois de l'arche sainte.

On n'est pas un fort en thème sans avoir un peu lu *Candide*, et j'avais dévoré déjà Naigeon et Boulanger, lu le *Voyage à Bougainville*, quand arriva la révolution de Février.

Vers les seize ans, tout bon fils qu'on soit, quoiqu'on adore sa mère, on n'est pas mécontent d'avoir sa petite théorie immorale et coupable sur la famille. Peut-être si l'on a un oncle tant soit peu malade, ou quelque tante légèrement avancée, on sera plus partisan de l'héritage; mais on accepte encore pas mal de remaniements dans la constitution de la propriété, on a enfin la haine des *jésuites*. Pour toutes ces raisons, pour d'autres, j'aimais, je croyais aimer Proudhon.

Je dois ajouter qu'une impression personnelle avait affermi mes sympathies. Un soir, dans un club dont ni la salle ni les membres n'étaient, hélas! guère éclairés, j'entendis le nom de Proudhon prononcé à la tribune par un homme dont le visage et l'éloquence m'avaient déjà frappé. Destitué de la veille, il faisait au club et à la ville ses adieux, non sans vaillance et dignité. A propos de l'état pénible de détresse où le plongeait sa destitution, il expliquait les idées du réformateur sur le travail et le capital. Je compris, ce jour-là, ce qu'avait voulu dire M. Mangin quand il avait parlé de la République sociale. Quelque temps après, je rencontrai le président du club au coin de la rue du Collége, tenant une lettre à la main. Elle lui annonçait que l'orateur de jadis, combattant de juin, avait été tué sur une barricade, percé de quatre balles au Petit-Pont.

Juin, date sinistre! sombre bataille!

A propos des malheurs qui suivirent, au milieu des cris que poussaient mourants et déportés, le nom de Proudhon reparut sur la scène; la mort tragique de l'orateur inconnu me l'avait particulièrement rappelé, et mon esprit s'arrêta inquiet et triste sur l'histoire de ce grand calomnié qu'on accusait d'être allé seul, par curiosité sauvage, écouter *la sublime horreur de la canonnade.*

M. Ernest Feydeau, m'entendant un jour parler de Proudhon, m'a fait l'honneur de me communiquer une lettre adressée par lui à M. Blanqui l'économiste, frère du conspirateur. Écrite le 9 juillet 1848, cette lettre a trait à l'insurrection de juin, touche à la question sociale et montre sous son vrai jour le caractère de Proudhon.

C'est une réponse à une première lettre que M. Blanqui avait écrite à propos d'un article malveillant qu'il regrettait d'avoir vu imprimé dans le *Représentant du Peuple*.

M. Blanqui avait été, dans plus d'une circonstance et surtout à propos du livre sur la *Propriété*, un défenseur désintéressé, éloquent, courageux de Proudhon. Tout adversaires qu'ils fussent, ils s'estimaient. La lettre le prouve. Elle fait grand honneur à M. Blanqui, et en une page reflète l'âme d'un grand honnête homme.

La voici :

« Paris, le 9 juillet 1848.

« Monsieur Blanqui,

« Votre lettre m'a été extrêmement sensible ; ce que vous me reprochez est, en bon français, de l'INGRATITUDE. La contradiction que vous prenez la peine d'établir entre une phrase de journal et celle de la deuxième préface de mon livre sur la propriété ne signifie pas autre chose.

« Si j'étais ce que vous paraissez craindre, car je ne veux pas encore dire ce que vous paraissez croire, un ingrat, je me bornerais à vous répondre, avec le rédacteur en chef du *Représentant du Peuple*, dont je vous adresse inclus la lettre, que je ne suis que le collaborateur du *Représentant du Peuple*, que tout ce qui vient de moi dans ce journal est signé de mon nom ou de mes initiales ; que je suis quelquefois trois jours sans paraître au bureau de la rédaction et sans prendre connaissance des articles ; qu'enfin je n'ai aucun titre de censure sur la rédaction générale.

« Mais, à vous que j'ai reconnu pour mon maître, à vous à qui j'ai voué à la fois reconnaissance, admiration et estime, je dois dire quelque chose de plus.

« L'article dont vous vous plaignez a passé, à mon grand regret, dans l'un de ces intervalles où, absent du bureau, je ne pouvais réclamer pour votre personne le privilége d'un peu plus de bienveillance. L'auteur de cet article, à qui je me suis plaint immédiatement et qui m'autorise à le nommer ici, est M. Jules Le Chevalier qui, d'ailleurs, se propose de vous écrire à cet égard.

« J'ai si peu oublié, depuis 1842, mes sentiments pour vous, monsieur, qu'en 1848, dans l'ouvrage intitulé : *Système des Contradictions économiques*, chaque fois que j'ai eu à vous citer, je l'ai fait avec une telle prédilection pour votre personne, qu'il m'en est venu des reproches. Ces reproches m'ont été précieux, car ils m'ont prouvé à moi-même que mes sentiments pour vous, au milieu même de la critique, n'avaient pas changé.

« En dernier lieu, — (permettez-moi, monsieur, pour ma justification, de vous rappeler ici des faits désagréables) — membre du club Barbès, faisant partie d'une commission chargée de faire une enquête sur la fameuse pièce apocryphe attribuée à votre frère, et chargé moi-même de présenter un rapport, j'ai réussi à empêcher la commission de publier les résultats de son enquête, non que votre frère eût grand'chose à redouter de cette enquête, mais afin d'arrêter le scandale. Votre nom, la considération de votre personne, ont été un motif grave pour moi, et qui m'a fait insister avec plus d'énergie que je n'eusse fait peut-être sur la nécessité de renoncer à une publicité d'ailleurs imprudente et injuste.

« Vous affectez de me dire que je suis *quelque chose* et que vous n'êtes *rien*.

« Hélas! monsieur, vous n'êtes point si ignorant de la triste situation où nous sommes pour ne pas voir que ce titre de *représentant du peuple* que je porte aujourd'hui n'est guère autre chose pour moi qu'un asile contre la proscription. Vos amis sont à peu près les maîtres de la République, et seront bientôt au pouvoir; moi, au contraire, calomnié à outrance, chargé de tous les péchés d'Israël, athée, anarchiste, ennemi de la propriété et du propriétaire, si, après avoir été traduit à la barre, je ne suis pas placé sous la sauvegarde de la prison, le moins qui m'attende est d'être massacré pas vos gardes nationaux. Ah! monsieur, si l'un de nous deux devait en ce moment solliciter la recommandation de l'autre, certes ce ne serait pas vous.

« Pour vous prouver avec quelle franchise je voulais faire droit à vos plaintes, je vous dirai en finissant que j'eusse fait insérer, sans hésiter, votre lettre dans le *Représentant du Peuple*, si vous n'aviez point mêlé à une question personnelle la question sociale, devenue, depuis dix jours, la question des insurgés.

« Je n'accepte pas plus que vous la responsabilité de ces massacres : les raisons que vous me donnez ont été jadis celle des païens contre les chrétiens, des papistes contre les réformés, des nobles contre les bourgeois. Il n'y a pas de réforme qui n'ait eu son baptême de sang : je soutiens que la vieille économie politique est seule coupable, vous affirmez que c'est le socialisme ; rien que cette opposition doit vous avertir que le débat, ainsi posé, est impossible.

« Daignez, monsieur, m'accuser réception de la présente, et me dire que vous me rendez votre ancienne estime, que vous me pardonnez la funeste méprise qui a contristé votre âme. C'est l'effet des révolutions : et si vous me connaissiez ou me jugiez mieux, vous sauriez que je ne les aime pas plus que vous.

« Je suis, monsieur, malgré tout, votre toujours obligé et reconnaissant.

« P.-J. Proudhon. »

Cette lettre si curieuse, si belle, soulève en moi un monde de réflexions, éveille tout un essaim de souvenirs. Il s'est passé du temps depuis le jour où fut jeté au charnier le cadavre du combattant, tué au Petit-Pont, jusqu'à l'après-midi triste où nous avons enterré

Proudhon! nous avons subi bien des défaites, commis des fautes!

La seconde République a mal tourné. — Si l'on me demande à qui il faut attribuer les malheurs qui arrêtèrent en route cette république, je n'hésite point à répondre que c'est le collége qui fut le coupable, et j'ai voulu saisir l'occasion que m'offre l'auteur des *Confessions d'un révolutionnaire* pour exprimer à ce sujet mon opinion.

—

Eugène Suë a fait dans *Léonidas Requin* l'histoire amusante et lamentable d'un fort en thème qui, après avoir été un lauréat des luttes universitaires, en est réduit au métier bizarre d'homme-poisson.

Tous ne finissent pas de même, Dieu merci! et ne barbotent pas dans un baquet. Il y a plus : c'est de l'Ecole normale qu'est sorti tout le jeune état-major de la littérature et de la politique contemporaine.

Mais si je rends justice à l'intelligence et au courage des uns, je sais aussi combien les succès universitaires en ont égaré d'autres. Ce n'est pas à cause de leur éducation brillante, mais malgré elle, malgré leurs lauriers de Sorbonne, que les premiers ont réussi. Au contraire, tout un troupeau de ces prix d'honneur s'est perdu dans les terrains vagues, et, au souvenir des distributions solennelles, a mené la jeune France au ridicule et à l'abattoir.

Quelle influence désastreuse, sanglante et triste le monde romain, enseigné par les professeurs de lycée, a exercée sur le monde nouveau! je n'ose y penser.

La moitié de nos maux, les plus pesants de nos désastres viennent de ce que des phénix de rhétorique ont gardé le pli que leur imprima l'éducation classique! Nous avons jusqu'à vingt ans, quelques-uns jusqu'à trente, nous avons rêvé bataille et mort, roche Tarpéïenne et Capitole sur la foi des souvenirs de classe : nous inspirant de Plutarque et de Tacite, prenant pour la liberté ce que Sparte féroce et Rome orgueilleuse appelaient de ce nom, c'est-à-dire songeant à opprimer le monde au nom d'une unité terrible, et aiguisant contre la hache de Brutus le coutelas de Guillotin.

Nous avons tous passé par là, applaudissant à ceux qui acculaient le char contre la borne, et voulant dans le tombeau du passé asseoir le berceau de la Révolution. Notre seule excuse fut d'avoir un peu d'héroïsme dans notre erreur. Aux heures orageuses, on joua bravement sa vie et l'on se plaisait à menacer la mort avec le regard de Décius.

Mais cet héroïsme même est un danger, le vrai danger, tout le danger, et je ne sais si nous nous relèverons d'ici à bien longtemps des malheurs qu'a entraînés l'opinion contraire, marchant sous le pavillon de l'antiquité.

Sanctifier l'héroïsme, c'est déifier la guerre et donner à la force un sceptre. Qu'importe ce qu'est ce sceptre ! sabre de dictateur, faulx des paysans, fusil des déclassés, poignard des régicides ! C'est une tyrannie toujours, une religion despotique et sombre qui a pour grand prêtre Ximénès ou Santerre, avec des boulets pour envoyer la mort ou des tambours pour étouffer le cri de l'agonie !

Nous fûmes, au nom de la liberté, de petits Santerres, le lendemain de Février. La Révolution nous vit, lycéens en délire, jurer fidélité à la République, parce que nous espérions les grandes luttes.

> Et j'irai crânement au fort de la bataille
> Découper mon linceul dans le coin d'un drapeau !

(Mars, 1848.)

Notre enthousiasme, hélas! n'était qu'une traduction! Notre foi politique nous venait, aveugle et sourde, des livres où nous avions lu ces mots de liberté ou de patrie exaltés par le génie héroïque de Tite-Live ou de Lucain.

Le collége, toujours le collége! L'éducation ridicule et fatale de l'Université!

C'étaient des forts en thème qui commandaient les hautes barricades dans la terrible journée de la Saint-Jean, et dans les chambres où ils furent massacrés par les soldats, parce qu'ils avaient les mains noires de poudre, il y avait des prix de collége à côté des portraits sinistres de Robespierre et de Jean-Jacques.

Des imitateurs aussi, et des forts en thème, ces révolutionnaires de 93, tout grands qu'ils furent! Rousseau, le philosophe chagrin et froid, ramena l'humanité sous les murs de Sparte, et Robespierre, son élève, avait invoqué l'ombre de Lycurgue pour protéger la République. Saint-Just et tous les hardis de la Montagne qui fauchaient avec lui ne firent que mettre en action leurs versions de classe, et c'est au nom des morts qu'on tua les vivants, dans ce temps-là.

Il reste encore, hélas! il reste des gens qui ont toujours dans l'oreille le couac de l'ophicléide qui beuglait quand on les couronna : ce couac a sonné le *la* de leur vie politique!

Ils se sont crus intelligents et forts parce qu'ils étaient les premiers dans ces concours de pacotille et qu'ils avaient traité passablement une composition où se fâchait en latin héroïque ou en français médiocre quelque Thémistocle de convention. Je me souviens de certain récit grotesque où je faisais se camper sur la hanche Spartacus, et qui me valut les plus grands éloges! C'est à en rougir, sur l'honneur!

Le mal, certes, serait mince s'il n'y avait que ce ridicule à craindre! Mais on ne pastiche pas que les mots, on copie les idées; dangereuse et terrible pour l'humanité, cette école de rhinoplastie qui veut qu'on couse à la page neuve des lambeaux de peau morte, et qu'on se découpe un masque dans le buste des conquérants ou des tribuns qu'ont tués, il y a des milliers d'années, les sectaires et les prétoriens!

Presque tous mes amis de 48 à 51, et moi le premier, nous avons été des petits copistes du temps passé, et nous agitions comme une arme neuve quelque vieux tronçon de glaive ramassé dans un champ de Grèce ou d'Italie!

J'ai joué pour ma part au héros, au fanfaron, et j'étais fier, ma foi, parce que je me sentais la force d'aller, avec des centaines d'autres, me battre dans la rue, au risque de la fusillade ou des pontons! Je ne pense plus ainsi, je l'avoue. Je ne crois pas que l'orateur qu'il faut écouter soit la poudre, et ce n'est pas donner à la liberté la vie, qu'aller en holocauste lui offrir la mort!

Les *purs* me feront honte d'avoir changé : je m'en fais honneur. Je ne trouve au monde rien de plus lâche que de mentir à sa conviction, par crainte d'un préjugé. Les gens qui se vantent d'une aveugle fidélité sont des sacristains révolutionnaires qui me paraissent les ennemis les plus redoutables de la Révolution et de la liberté. Leur courage du moment, un jour de bataille, n'excuse pas leur faiblesse de chaque jour, et il est plus agréable et plus commode d'aller un soir affronter un danger, que de faire effort sur soi-même pour étouffer son égoïsme ou découvrir la vérité.

Je dois à Proudhon d'avoir eu ce courage.

C'est lui, l'auteur des *Confessions*, qui a jeté la lumière dans mon esprit et m'a montré le néant de ces gloires autoritaires et jacobines. Toute ma vie je lui en serai reconnaissant, et je me féliciterai, dans mes déceptions même, d'être, sur ses pas, entré dans la voie périlleuse de la sincérité. Il n'est pas de joie au monde qui vaille celle d'un esprit honnête se lançant résolûment à la conquête de la vérité.

N'eût-il fait qu'inspirer à la jeunesse du lendemain le courage de juger les héros de la veille, quand il n'aurait donné que cet exemple, Proudhon aurait servi la cause libérale et républicaine mieux que ne l'ont servie un tas de martyrs sans intelligence, à qui leur malheur seul tint lieu de passe-port, et dont la souffrance fut tout le génie. Il est beau de souffrir, surtout quand on y apporte résignation, vaillance, mais il ne faut pas ériger non plus la persécution en déesse et le martyre en tyrannie. Il suffirait alors d'un hasard jetant un citoyen dans les cachots ou sur la terre de l'exil pour qu'on dût compter avec lui, et au bout du chemin qu'il aurait fait entre les gendarmes dresser en son honneur un piédestal ou un autel. Piédestal, autel : symboles lourds, barrières gênantes! Je n'en veux pas pour nos ennemis, encore moins pour nos amis! En un mot, la sensibilité n'a rien à voir dans la direction des affaires humaines, et il ne doit y avoir ni transaction ni compromis au nom de l'infortune particulière entre l'accident et l'idée, l'esprit et le fait, la tête et le cœur. — Parce qu'un Néron horrible fait une torche d'un chrétien dans les jardins embrasés de l'empire, est-ce que cette torche devra passer pour un flambeau, et, comme je l'ai dit souvent, avoir la sainteté d'un cierge?

Proudhon a résumé cette pensée en une ligne : « *Après les persécuteurs, je ne hais rien tant que les martyrs.* »

Et, de fait, on sait quelle ligne suivre et quelle conduite tenir en face de ceux qui vous bâillonnent, vous emprisonnent et vous écrasent; on les voit venir ! On n'a plus qu'à essayer de les convertir ou à montrer à ceux qui passent combien lâche ou cruelle est la conduite des victorieux, tandis que la raison et la justice étaient du côté des vaincus! Enfin, le malentendu n'est pas possible et les distances sont bien marquées : c'est la lutte à ciel ouvert.

Il n'en est pas ainsi, tant s'en faut! quand chaque blessure donne droit à un jeton d'honneur dans ces académies de convention qu'on appelle des comités, des clubs, jeton qui prend des couleurs de médaille, à qui l'on prête des vertus de scapulaire, et qui accorde aux gens des immunités comme les reliques assurent le paradis ou guérissent les hébétés. L'auteur des *Confessions d'un révolutionnaire* n'a pas craint de rompre bravement en visière avec tout ce passé de préjugés glorieux, et il a dit leur fait aux jacobins et aux communistes, à l'incorrruptible Robespierre, ou à l'autoritaire Louis Blanc. La phrase que j'ai citée est venue résumer son mépris ou plutôt sa haine pour ces saints modernes de la Révolution.

Nul ne l'avait osé avec autant d'intelligence et de courage. — Ce sera là le meilleur de sa gloire.

Il n'a subi le joug d'aucune coterie et d'aucun parti, il n'a jamais sacrifié à personne, à rien, un lambeau de sa conviction. Il a préféré n'avoir avec lui que Greppo, et tout dire, ne rien cacher de sa pensée, assumer la responsabilité du ridicule et de la haine. Hélas! il a eu à porter le poids de son courage, et on a organisé contre lui, dans le camp ennemi, la conspiration de la calomnie, dans notre camp, celle du silence! Combien étaient à son enterrement qui avaient fait partie de la conjuration!

On a reproché à Proudhon d'avoir donné à ses livres des titres à effet pour tirer l'œil, forcer l'attention, et on a fait feu sur l'enseigne avant même que d'entrer dans la maison. Je sais des gens qui l'ont appelé un charlatan, les imbéciles, ou encore un fanfaron d'immoralité, les hypocrites! et ces mots : *Dieu, c'est le mal; la propriété, c'est le vol*, ont irrité autant la timidité des uns qu'ils ont effrayé la vertu des autres.

J'ai peu de respect et peu d'estime pour le caractère ou l'esprit de ces gens tranquilles qui crient au scandale sur un mot, et, blessés par l'éclat qu'il jette, accusent d'impudeur l'artiste ou l'écrivain. Habitués à ne point toucher aux questions brûlantes, attendant toujours, pour formuler une condamnation ou un éloge, que le foyer soit refroidi; en tous cas suivant la foule, ne la dirigeant pas, ils sont, ces insignifiants, ces tièdes, offusqués par l'audace au point de ne plus rien comprendre ou même de ne rien pardonner.

C'est le malheur de notre pays que tout ce qui ne se présente pas sous le couvert de la routine soit à l'instant suspect, et l'on regarde une hardiesse comme une folie ou comme un crime. L'originalité fait sourire, la crânerie fait peur! On se moque de l'une, on se fâche de l'autre. Arrivent sur ces entrefaites les intéressés, qui, alors même qu'ils ont l'esprit élevé et libre comme quelques adversaires de Proudhon, pour ruiner l'esprit attaquent la lettre; s'emparant de l'étiquette, ils appellent un sac à poudre ce qui est un livre à idées, et, sur la couleur seule de sa lanterne, vouent au mépris Diogène.

C'est une manœuvre derrière laquelle se retranche leur ignorance et se barricade leur réputation. Elle réussit toujours, et l'on peut être sûr que celui qui a osé écrire tout au long sur son livre ou son chapeau quelque hardie devise sera assailli par les huées ou les imprécations d'un public aveugle, sur le signe d'un coryphée! Il faudra qu'il tienne tête à la rancune, l'envie, la brutalité. C'est chose sérieuse et grave et qui demande de la fermeté. Beaucoup de gens s'arrêtent en face de ces craintes et n'osent affronter ce péril.

Je sais gré à Proudhon de l'audace fière avec laquelle il arbora ses doctrines dès le début et y attacha ses flamboyantes épigraphes comme une torche à un ballon. Je dis plus encore! Par ce temps de lâcheté ou d'indifférence, dans cette ombre où flottent les idées de liberté et que traversent à peine de temps en temps les éclairs des phrases, je voudrais qu'on eût cette habileté, ce courage, qui consistent à attirer n'importe comment les regards sur une œuvre de six cents lignes ou de six cents pages, gaie ou triste, où l'esprit enfin chante et bat des ailes!

C'est exaspérant aussi, sous l'œil du pouvoir armé de ses règlements, flanqué de la censure, protégé même par l'égoïsme des partis, c'est exaspérant, dans le silence où dort notre génération, de ne pas avoir les moyens ni la liberté de hasarder une théorie neuve, de défendre une idée vaillante! Elle se heurtera dans l'ombre à d'éternels et mesquins obstacles. La presse, l'imprimerie, la librairie, le colportage, la publicité sont entourés de barrières, bordés de précipices! Dans les feuilles opposantes même, il faut s'en tenir au programme qui amène l'abonné, et qu'on ne peut changer sous peine d'être inquiet à l'heure du renouvellement!

Que fait-on, alors? On condense dans un seul mot, ou l'on amasse dans une phrase sa pensée extrême; tant pis si c'est trop, et si la goutte de salive ou d'encre déchire, creuse ou brûle; tant pis si quelque chose manque ou déborde: par amour de son idée, dans un transport d'audace, de douleur ou d'ironie, on lance sa flèche qui pique les uns, effleure les autres et revient parfois vous blesser au front.

Qu'importe? mieux vaut ne pas dire assez ou même dire trop que se taire et attendre en vain! Je permets au clairon de sonner faux, pourvu qu'il sonne la bataille! *La Propriété, c'est le vol! Dieu, c'est le mal!* Le problème social est posé.

Or, il s'agit moins d'expliquer les idées que de lancer les questions, et il suffit qu'un problème soit posé pour qu'il soit résolu ; il sera résolu par l'effet simple et fatal du travail souterrain qui s'accomplit sans cesse dans l'esprit d'un peuple. Pour être sérieuse, une question doit avoir ses racines dans la nature même de l'homme : il suffit que les intelligences ou les âmes aient été mises en éveil et sur la trace pour que, petit à petit, sinon tout de suite, l'ensemble des individualités dégage le terme du problème. Du sein de cette foule dont chaque tête ou chaque cœur a travaillé pour la victoire, sans qu'il y ait eu distribution des rôles, et quand quelques-uns à peine avaient conscience qu'ils jouaient un rôle, du milieu de cette fournaise, du fond de ce creuset où l'idée couve sous la cendre, la vérité monte et s'élance, déjà triomphante puisqu'elle est reconnue, et n'est, pour ainsi dire, que comme la flamme d'un brasier.

On comprendra qu'avec ces idées je fasse bon marché de la philosophie et des philosophants. Ce que je demande à un homme, c'est d'affirmer avec netteté et courage son athéisme ou sa foi, sa conviction, ses doutes, et je crois qu'une proposition formulée en langue claire, dans quinze lignes, sert l'humanité autant et plus que les livres obscurs de tous les métaphysiciens passés, présents, futurs, quelques noms qu'ils aient, seraient-ils ceux qu'on appelle les grands penseurs de l'antiquité!

Aussi quand on me dit, dans le monde des métaphysiciens, qu'il faut chercher le fond du fond, lorsque j'entends ces fanfarons de savoir se disputer sur la valeur des termes en se jetant à la tête des adjectifs comme des pavés, la tristesse me prend en face de leur pédantisme ou de leur faiblesse!

Le génie de Proudhon fut dans sa clarté et sa franchise. — Oui, ce fut un homme libre.

# COURBET

C'était, je crois, en 1850. Nous nous promenions, quelques amis et moi (le plus vieux pouvait bien avoir dix-huit ans), à travers les galeries de l'Exposition. Tout d'un coup, nous nous arrêtâmes en face d'une toile qui, sur le livret, s'appelait les *Casseurs de pierres*, et qui était signée en lettres rouges : G. COURBET.

Notre émotion fut profonde.

Nous étions tous des enthousiastes. C'était l'époque où fermentaient les têtes ! Nous avions au fond de nos cœurs le respect de tout ce qui était souffrant ou vaincu, et nous demandions à l'art nouveau d'aider, lui aussi, au triomphe de la justice et de la vérité.

Ce tableau teinté de gris, avec ses deux hommes aux mains calleuses, au cou hâlé, était comme un miroir où se reflétait la vie terne et pénible des pauvres. La raideur gauche des personnages servait encore à l'illusion : et l'inhabileté ou le génie du peintre avait, dans un geste, indiqué l'immobilité fatale à laquelle est condamnée, sous un ciel ingrat, toute la race des mercenaires.

A quelques pas de là nous vîmes, sous la même signature, un enterrement que suivaient des bedeaux au nez poilu, veiné, avec des trognes comme des nœuds d'arbre; derrière, sublimes de grâce et de douleur, des femmes habillées de noir pleuraient! On se serait cru au cimetière même, et l'on reconnaissait les chantres ivrognes, qui, avant de mettre leur surplis, vous avaient coudoyé en sortant du cabaret! C'était d'une fidélité terrible. Ici le cynisme indifférent, là, la douleur muette. En deux coups de pinceau l'artiste avait tracé la comédie, le drame, et peint avec une horrible sincérité ces contrastes, cette ironie et ce désespoir!

La foule s'arrêtait devant ces toiles, mais avec plus de stupeur que d'émotion ; et le lendemain, au lieu de rassurer cette foule, la critique faisait chorus avec elle ; elle poussait à l'indignation contre les hardiesses du peintre.

Courbet fut traité de vaniteux féroce et de charlatan comique. Quand il eut ajouté aux *Casseurs de pierres* et à l'*Enterrement d'Ornans* les *Lutteurs* et la *Baigneuse*, tout fut dit. Il devait pendant quinze ans être appelé un excentrique, et passer aux yeux de la foule pour un fanfaron de vulgarité.

Je heurte, en faisant l'éloge de Courbet, bien des opinions franches et désintéressées; beaucoup n'ont pu encore revenir de l'impression première, éprouvée au feu de ses tentatives hardies, et il leur reste vis-à-vis du peintre une défiance que le temps même n'a pu éteindre!

Ayons l'honnêteté et le courage d'avouer nos erreurs ou de sacrifier nos rancunes; et si la réflexion nous donne tort, confessons-le, gardons-nous de prolonger une injustice!

Quand Courbet parut, tout étouffait encore dans le cadre étroit de la tradition. Ce cadre, il le fit craquer; on fut blessé par les éclats. Les gens du métier surtout se trouvèrent atteints ; la critique, qui avait fait son siége, ne voulut pas retourner à l'école, et fut de l'avis de Vertot. Il s'organisa contre l'artiste aux audaces nouvelles une conspiration de la colère et du ridicule!

Mais l'envie fait les affaires des gens qu'elle jalouse, et mieux vaut avoir des ennemis que des amis bavards! Courbet se trouva tout d'un coup placé sur un piédestal. Il devint une cible. Ceux qui ont de ces bruyants bonheurs, sont sûrs de l'avenir.

Les pétards qu'on jette pour leur brûler la face éclairent simplement leur route.

Courbet arriva en quelque temps à une réputation considérable, et s'il eût voulu faire à l'esthétique bourgeoise ou à la protection officielle des concessions, sa fortune irait aujourd'hui de pair avec sa célébrité. Dieu merci, il ne faiblit pas et préféra rester un travailleur robuste, s'usant les yeux à plonger son regard dans la nature, se fatiguant la main à fixer sur la toile ce qu'il avait regardé et vu.

Et voilà qu'aujourd'hui cet excentrique du temps passé, ce peintre sombre qu'on accusait de ne vouloir et de ne savoir peindre que ce qui avait une odeur d'écurie ou de bohême, ce farceur-là peint de main de maître, avec des couleurs tendres et gaies, justes et fortes, des spectacles tout pleins d'odeurs saines, d'air pur! Il a la poésie, la mélancolie, la grâce!

J'étais dans son atelier.

Je me croyais dans la campagne, ma fenêtre ouverte sur la nature, ou bien, je me figurais que j'errais sur la grève. Tantôt l'horizon était clair et la mer heureuse, tantôt passait une bourrasque échevelée et noire, mais qu'il y eût le gai soleil ou le sombre orage, je sentais bien que c'était là la vérité, la vie, et suivant que je regardais un paysage de printemps ou d'automne, il passait sur mon âme ou des rayons ou des brouillards.

J'adjure ceux qui ont ri ou sifflé devant son œuvre de se placer, cette fois, impartiaux et francs, en face des tableaux du peintre.

S'ils n'éprouvent pas des sensations de mélancolie ou de joie, c'est que jamais ils n'ont aimé la campagne ou la mer.

Devant ces arbres roux que l'automne jaunit, le cœur se souvient et l'âme s'allanguit.

Quand donc a-t-on coupé cette branche de lilas humide et tendre, et n'est-ce pas le soleil même qui a lissé et verni la robe de ces tulipes? Voilà des feuilles de houx qui vont vous piquer les doigts!

Une histoire.

Un peintre, disciple de Courbet, donnait, pour vivre, des leçons de peinture chez un grand personnage.

Il défendait son maître avec vaillance contre les attaques du chef de la maison, qui n'est autre qu'un écrivain ayant, en matière d'art, toute la confiance de l'administration. Il passe pour un critique archicompétent, infaillible.

Ce malheureux Courbet était moqué et bafoué, comme on pense.

Certain dimanche on l'avait définitivement exécuté, traité de barbouilleur vulgaire, condamné à la forfanterie stérile. Le lendemain, le jeune professeur arrive avec un tableau qui n'est pas signé.

Un de ses amis, dit-il, l'a trouvé dans une vente, il l'a eu pour quelques centaines de francs, mais l'œuvre lui semble belle?...

Le critique infaillible regarde le portrait et s'écrie :

— Non pas belle, mais admirable! C'est d'un maître! Ce portrait a été fait il y a des siècles, et c'est la touche des Espagnols. Laissez-le-moi, je ferai venir un tel (il cite un nom illustre), et nous verrons à qui décidément il faut attribuer le chef-d'œuvre.

On garda le tableau huit jours, il y eut des consultations.

Au bout de huit jours, le jeune professeur revint et redemanda la toile.

— Et vous savez quel est l'auteur? dit-il.

— X... et moi, nous penchons pour Velasquez.

— Eh bien! monsieur, il ne s'appelle pas Velasquez, il s'appelle... *Gustave Courbet*.

J'adore ces natures tout d'une pièce, qui ne reculent pas d'une semelle et suivent bravement leur chemin à travers les quolibets, les huées et même la misère.

Ils laissent les faiseurs être les maquignons ou les domestiques de la banalité; ils sont, eux, les interprètes courageux et sincères des sensations qu'ils ont subies et des sentiments qui les dominent.

Jamais Courbet n'a tenu compte d'une injure ou d'une épigramme. Ainsi fait quiconque a confiance en soi.

Ils sont toujours récompensés de leur labeur, ceux-là, et tandis que les gâcheurs aboutissent où à la ruine ou à l'oubli, les hommes qui sont restés inébranlables ou indépendants, pleins de mépris pour les uns, d'indifférence pour les autres, sont sûrs tôt ou tard de la victoire.

On a reproché longtemps à Millet de ne peindre que des guenilles, on lui payait ses tableaux deux cents francs il y a dix ans; aujourd'hui on les couvre d'or.

Il en sera de même pour Courbet, qui lui aussi a peint des guenilles.

Il n'interprète que lorsqu'il a senti et vu, il regarde la nature, l'homme, et laisse dans les ateliers des mythologistes les dieux, les démons et les anges.

## L'ACADÉMIE

Bonnes gens, en quoi est-il nécessaire, dites-moi, au bonheur de la France que ce soit tel ou tel qui entre un peu plus tôt, un peu plus tard, dans le sein desséché de l'Institut!

Pousse-t-il des roses plus belles, une gerbe plus lourde, parce que M. Legouvé, M. Doucet, M. de Pongerville, M. de Laprade passent de temps en temps le pont des Arts et s'empilent pour causer de je ne sais quoi dans une salle triste du palais Mazarin?

Est-ce que les lettres y ont gagné un peu d'éclat et quelque honneur?

Tout ce qui est jeune, franc et hardi n'est-il pas exclu de droit de cette assemblée, où pour entrer il faut baisser la tête! Quelquefois la gloire brise les grilles, vous pousse par les épaules, et l'on arrive à cheval sur le succès dans le bruit et dans la fumée. Mais il suffit encore que quelques vieillards s'entendent pour que la porte reste fermée. Si l'on n'est point le grain d'un chapelet ou l'insecte d'une collection, on est condamné à faire le pied de grue pendant vingt ans!

A vrai dire, les coupables ne sont point ceux qui ferment leurs oreilles et leur porte, mais bien ceux qui veulent qu'on leur ouvre et qui crient : *Cordon!*

On rit partout des académiciens.

Il n'y a pas assez de mots malséants ou grotesques pour définir leur sénilité puérile. Mais dès qu'un des quarante perd sa perruque, il arrive des candidats en foule, on se dispute sa défroque, et, suivant les nécessités du moment, on fait des visites avec un habit retourné ou un drapeau déteint.

Vous méprisez l'Académie? — Que personne ne s'y présente! Et, bientôt, on ne se dérangera plus pour aller entendre chancelier ou récipiendaire, quelque espérance qu'ils donnent, quelque nom qu'ils portent.

A quoi mènent toutes ces harangues, et que vaut ce tissu de compliments fadasses où passe comme un fil de coton l'allusion mesquine? Est-ce qu'une parole nette et franche, un geste, un cri ne servent pas mieux, dans leur simplicité, la liberté et la vertu?

Affreux embrigadement des petits partis, alliance sournoise des corporations! Ils se sentent le besoin d'être abrités par une guenille ou un pavillon, et, grognards de Béotie qui se croient la légion thébaine, ils s'attachent les uns aux autres par des liens de fer ou des chaînes de foin!

Pour moi, j'estime peu quiconque s'embrigade ainsi. Je fais bon marché de ces récompenses, et dans un prix donné par l'Académie, je n'aimerais guère que le bon sur la banque, qui m'offrirait pour un trimestre ou pour un an le loisir et l'indépendance. Mais c'est encore trop cher payé. Malheur à qui reçoit de ces couronnes! Il lui en reste au front la marque. C'est le signe, d'ailleurs, qu'on ne sera jamais ni bien hardi ni bien fécond! Il faut, pour plaire à ce jury, être l'homme d'hier et jamais l'homme de demain,

Il faut se rapprocher d'un modèle qui reste le même pendant des années ou des siècles, suivant les hasards de l'histoire ! Les palmes de l'habit académique ne sont le plus souvent que des plumes de perroquet, rarement des feuilles cueillies fraîches et vertes.

Qui représenterait l'esprit de Voltaire dans cette maison, s'il n'y avait pas là MM. Sainte-Beuve, Mérimée et Émile Augier !

Qu'on rende justice à l'honnêteté des uns et qu'on se serve de la popularité des autres, c'est bien. Respectons-les, comme on respecte, dans les administrations qui s'en vont, les employés anciens ! On les salue jusqu'à la dernière heure et ils occupent leur siége jusqu'à ce que la mort arrive. On les enterre, mais on ne les remplace pas ! Embaumons les académiciens, ne leur succédons point ! Organisons contre ces cérémonies et ces triomphes la conspiration de l'indifférence !

En sortant de la première
représentation de *Barbe-Bleue*.

Viens, Barbe-Bleue, et que les dieux s'en aillent !
Et ils s'en vont !

Nous descendons des hauteurs de l'art solennel et vide dans le domaine de la bouffonnerie joyeuse. Bravo !

On fait bien de traîner devant la rampe et de livrer à la risée du peuple tous ces héros, ces dieux, qui depuis trois mille ans, six mille ans peut-être — on n'a jamais bien su ! — rôdent en caleçon abricot et en tricot de laine bleue, sans chaussettes, sur les planches d'un théâtre triste, où se tient la tradition comme un pompier.

On nous dit que nous insultons « le vieil Homère ».

Ah ! ils me fatiguent avec leur vieil Homère ! Ils sont toujours à nous parler de cet aveugle, et l'on passe pour une mauvaise nature si l'on ne se signe pas et si l'on n'ôte pas son chapeau devant cet immortel Patachon !

Pourquoi donc ne se moquerait-on pas du vieil Homère ?

A-t-il existé seulement, et tous ces *vieux casques* dont il nous raconte les disputes dans un ciel qui ressemble à une loge de portier, que nous veulent-ils ? *Junon, Jupin, Athéné, Zeus*, est-ce qu'on s'appelle comme cela ?

— Qu'est-ce qu'ils vendent ?

*Au risque d'être conspué !* — Je n'aime dans l'épopée d'Homère que ce qui a trait à la cuisine, les grands bœufs et les grasses brebis qui grillent devant des bûchers énormes. Encore ne vois-je jamais de jus dans leur histoire, et tout me fait supposer que leurs rôtis étaient trop cuits !

Quant à ce qui est du récit des aventures, je préfère Robinson à l'Odyssée, et l'histoire de 1848 à l'Iliade.

Pourquoi respecter ce qui nous ennuie ?

On n'ose guère exprimer une opinion si franche, de peur de paraître illettré ou fanfaron ; mais combien, s'ils l'osaient, diraient qu'ils n'ont jamais lu Homère qu'au collége, en grec, sans le comprendre ; combien avoueraient qu'ils sont indifférents aux beautés du *divin* Phidias !

Vraiment, est-ce qu'on peut s'intéresser beaucoup à des gens si anciens ? On n'a avec eux aucune relation d'affaires, pas de degré de parenté ; ils ne peuvent vous faire avoir crédit chez un tailleur puisqu'ils s'habillent avec rien, vêtus qu'ils sont de leur « *immortelle beauté* ». Nous sommes laids, nous autres (je parle au moins pour moi) nos feuilles de vigne nous coûtent cher, il nous faut des gilets de flanelle et des cache-nez : quelle sympathie peut-il y avoir entre des journalistes en habit noir et des guerriers qui portent des pet-en-l'air en marbre?

C'est pour n'avoir pas voulu s'avouer qu'on a gaspillé son argent, et pour rattraper en fumée les trimestres de collége, qu'on fait chorus avec les spécialistes qui vivent de l'antiquité et sont payés pour marcher sur les genoux tout autour des tragédies et des ruines.

A une époque où nous nous fourrions encore les doigts dans le nez, on nous a affublés d'une tunique et d'un képi, trop larges, en cas d'hydrocéphalie ou de croissance, et l'on nous a enfermés dans des endroits qui s'appellent colléges sous la monarchie, et lycées après les révolutions.

Là, au lieu de nous apprendre à parler français et à gagner notre vie, on nous a fait éplucher des racines grecques, conjuguer des verbes romains. Cela a duré un an, puis encore un an, puis encore trois ou quatre autres...

C'était toujours « le vieil Homère » ou « le mélodieux Virgile »; on est sorti à dix-neuf ans ne sachant rien, rien, rien, obligé de commencer son éducation et de se faire, pour manger, répétiteur de gymnastique ou d'athéisme, ou bien encore professeur ou journaliste. On veut au moins, à ce moment, bénéficier du temps perdu et des pensums passées; il serait maladroit d'ailleurs de décrier ce qui vous fait vivre, et l'on répète la formule d'admiration banale par calcul ou orgueil, c'est une nécessité ou un luxe!

On dit « le vieil Homère », « le vieux Caton », on parle de la *patavinitas* de Tite-Live, et il n'y a pas de raison pour que dans quatre-cents ans il ne se trouve pas encore des gens qui se feront six mille livres de rentes avec le lapin de la tradition, et s'indigneront dans les feuilletons du lundi contre les Offenbachs de l'avenir.

*Don Quichotte* a tué la chevalerie, *Barbe-Bleue* est la parodie grasse du moyen âge; sous le grand règne, la censure aurait dit que c'est l'excitation au mépris de la féodalité. Croyez bien que la comédie fait d'une pierre deux coups, et que les extravagances aussi ont leur philosophie !

Dans ce *Barbe-Bleue* innocent et fou, on n'a de respect pour rien.

On ne vise point à *blaguer* la solennité ou la vertu, mais on rit à pleine gorge de la canaillerie naïve d'une reine, et de la bonasserie terrible d'un roi. On y courbe jusqu'à terre, comme des nez de chats, les fronts des courtisans, et de la légende de Barbe-Bleue on fait un roman comique étourdissant, d'où se dégage un parfum qui grise les sceptiques comme du vin.

C'en est fait, allons, de la majesté de l'histoire et de la sainteté béate de la légende ! Nous ne nous arrêtons respectueux et lâches devant rien, pas même devant cette vieille coureuse qu'on appelle la mort. Ils lui ont peint la tête en bleu et ont cousu à son linceul des queues de lapin, bravo !

On nous rassasie de gravité et de morale ! — Merci à vous qui jetez pour contre-poids dans la balance la gaieté à pleines mains, et qui attachez des grelots d'argent au plateau de fer !

Et toi, « vieil Homère », aux Quinze-Vingts !

# DEUX AMES

Il y a de cela huit ou neuf ans, dans un petit cercle littéraire, formé de quelques jeunes hommes, dont plus d'un maintenant est célèbre, on se mit à parler d'un écrivain presque inconnu, à qui George Sand avait fait dans la *Revue des Deux-Mondes* un triomphe d'un jour, mais qu'avait oublié la foule indifférente ; et on lut de lui dix pages, rien que dix pages. Ce fut assez pour le faire aimer.

Il y avait là des artistes, des poëtes, des journalistes, tous gens d'humeur indépendante et libre, plus disposés à secouer qu'à accepter les influences. Pas un ne resta froid à cette lecture. Chacun emporta avec soi son impression. On reparla peu, dans le cénacle, de Guérin ; c'était le nom de l'écrivain inconnu. Mais quand, à deux ou trois, on s'égarait, les jours de loisir, dans la campagne, au milieu du silence des champs, sous le ciel gris ou bleu, par les chemins déserts, on se prenait à songer à lui, et, avec un peu de mélancolie et de tristesse, on en parlait. Il était de ceux pour lesquels on a plutôt un culte qu'une admiration, et dont on craint de jeter le nom au hasard des conversations bruyantes, de peur de le profaner. Nous étions, si j'ose dire, plus heureux que tristes de l'obscurité où vivait Maurice (c'est ainsi que nous appelions notre nouveau saint), et nous préférions pour lui, à une notoriété banale, une gloire discrète dont le rayon tiède tombât, comme le jour pâle des églises, sur des âmes pieuses et préparées.

Le cénacle se dispersa : la vie emporta chacun de son côté, souvent hors du chemin qu'il aurait voulu suivre! On ne se revit que par hasard : mais, quand on se retrouvait, il était rare qu'on ne parlât pas de Maurice; et qu'à propos de ses propres déceptions et de ses fatigues, on n'évoquât point son touchant souvenir. C'était notre bonheur et presque notre orgueil de l'avoir remarqué dans son ombre, et comme nous disions, *découvert*. Nous nous sentions l'esprit plus haut et le cœur plus large pour l'avoir les premiers, dans la foule, compris et aimé.

Mais au-dessus de nous, des gardiens pieux veillaient sur sa mémoire, et tandis que nous échangions de stériles regrets, s'en allaient frapper à toutes les portes pour recueillir les reliques de celui pour qui ils avaient espéré et voulaient l'immortalité.

RELIQUES, *Reliquiæ;* c'est ainsi que s'appelaient deux volumes qui parurent, un matin d'automne, derrière les vitres des libraires. Ce bouquet de fleurs mortes avait été lié par des mains qui avaient serré la main de Guérin. MM. Trébutien et Barbey d'Aurévilly, deux nobles cœurs qui l'avaient compris, aimé, s'étaient mis en quête de ce qui restait de lui, et sous ce titre, mot touchant! ils offraient ce qui avait été l'âme de leur ami.

Le livre eut le succès qu'il devait avoir : il réussit auprès de ceux qui portent haut leur cœur et leur esprit. M. Sainte-Beuve fit sur Maurice de Guérin une étude qui fut comme la consécration et le passe-port de sa gloire. Ce sera le mérite et l'honneur de M. Sainte-

Beuve d'avoir toujours prêté au talent, quand il l'en croyait digne, l'appui de sa parole, et d'avoir salué à leurs débuts ou dans la tombe, les oubliés de la veille ou les glorieux du lendemain.

La réputation de Maurice était faite. Les lettrés et les délicats, tous ceux qui pensent et ceux qui sentent furent séduits, touchés. On se laissa prendre à tant de souffrance et de grâce, et l'on écouta pleurer cette âme, d'où s'échappait la poésie, comme d'un calice renversé.

Il avait conquis, sans éclat ni bruit, sa place et son rang, et l'on bénissait l'heureuse fortune qui avait voulu qu'à côté de cette âme il y eût une âme faite pour la comprendre, que Dieu eût fait naître près de lui une sœur qui serait comme la fée et le bon ange de cette existence sitôt finie.

Et voilà qu'on découvre sous ce dévouement un génie, sous cet ange un poëte ! L'amour qu'elle a pour son pauvre frère l'inspire un jour, et l'idée lui vient d'écrire pour lui un journal qui sera comme le miroir de sa propre vie. Elle jette là à pleines mains son esprit et son cœur. Il se trouve qu'elle a la grâce, le trait, un charme étrange et pénétrant. — Hélas! un matin, le journal s'interrompt. Celui pour qui elle l'écrit est mort. Mais elle le reprend et l'adresse par delà la tombe : *A Maurice, au ciel !* A tous elle parle de lui, toujours de lui; et par le vent ou le soleil, à chaque pas, son souvenir se dresse devant elle, triste et haut, comme un cyprès sur la montagne.

On dit qu'au sommet du Calvaire une fauvette perchée sur les épines de la couronne consola, pendant le supplice, l'agonie de Jésus, et quand Jésus eut expiré, alla faire son nid et gémir entre les pierres du saint tombeau. Comme la fauvette du Calvaire, Eugénie consola l'agonie de Maurice : — n'est-ce point ainsi qu'il faut appeler sa trop triste vie? — et, quand la mort le lui eut pris, blottit son âme, épuisée, vaincue, dans la désolation du souvenir.

Moins heureuse que l'oiseau de la divine légende, qui put voir le sépulcre s'ouvrir et le Christ ressusciter, Eugénie n'assista point à la résurrection! et il y avait longtemps qu'elle était morte quand Maurice prit possession de cette gloire dont elle n'avait pu réunir de son vivant les rayons dispersés.

Se doutait-elle qu'un jour on recueillerait aussi ces pages qu'elle écrivait en cachette au Cayla, et que peut-être (ce dont elle eût pleuré!) la gloire de son frère pâlirait devant la sienne? C'est là pourtant ce qui est, dit-on; et quelques-uns, parmi les poëtes et les penseurs, préfèrent au *Cahier vert* de Maurice le cahier décousu d'Eugénie. La gaieté se mêle si bien dans ce livre à la mélancolie! Dans un style pur comme un vase antique, à côté de la pensée qui gémit, l'humeur petille, l'esprit éclate, on reconnaît qu'on est en France.

Eugénie ne porte point un cilice et ne se noie pas, oisive et fatiguée, dans le flot orageux du rêve. Elle est *homme d'action*, si je puis dire, et femme de ménage, en même temps que poëte et sœur de charité. Le travail est une de ses prières. Après avoir songé tout le soir à son balcon, seule avec les étoiles, elle ira, le matin, laver sa robe à la fontaine. Il s'échappe de son œuvre, en même temps qu'un parfum des bois, comme une odeur de linge blanc, cette odeur douce qui sort des draps dépliés, quand on ouvre, sous les toits honnêtes, la grosse commode de noyer! Rien de plus pénétrant, rien de plus doux que le charme qui s'attache à ces révélations intimes, à ces épanchements du cœur.

Grâce au soin religieux qui a présidé à la double

résurrection de la sœur et du frère, nous pouvons, suivant notre propre histoire, choisir entre le livre du jeune homme et celui de la jeune fille. On a ramassé les grains des deux rosaires.

N'ont-ils pas, hélas!, tous les deux, le frère et la sœur, l'attrait mystérieux de la souffrance? Femmes au cœur aimant, rêveurs au cœur blessé, je vous confie la mémoire de Maurice et d'Eugénie! Si j'avais un fils ou un frère, je voudrais qu'il lût avec moi le *Cahier vert :* si j'avais une fille ou une sœur, je leur donnerais, au jour de leur fête, le livre d'Eugénie, pour le mettre sur le rayon choisi, entre les *Lettres de madame de Sévigné* et *l'Imitation de Jésus-Christ*.

# TESTAMENT DE M. PRUDHOMME

#### PUBLIÉ PAR SON FILS

Tout spirituel qu'est le petit pamphlet attribué à Prudhomme père, il est plutôt un miroir coquet des mœurs de la vie publique sous le gouvernement de Juillet qu'une peinture exacte des habitudes de la politique contemporaine.

Hélas! trois fois hélas! les rigueurs qui peuvent atteindre le journaliste de 1865 ne sont plus celles qui menaçaient le folliculaire de 1830 à 1848, et les juges ont changé aussi! Ce n'est point un jury souvent cruel, mais jouant parfois au libéralisme, qui prononce l'acquittement ou la condamnation. Il n'y a pas, pour compenser les années de prison et couvrir les frais de l'amende, la joie bruyante des plaidoyers hardis, l'honneur d'exposer bravement sa liberté; rien de tout cela, rien! C'est la mesure administrative qui arrive, vous fait une entaille au front, et peut un jour vous tuer! C'est le châtiment sans bruit, LA MORT SANS PHRASES!

Mais ce n'est pas seulement le silence, la mort, c'est

aussi la ruine ! Tout un groupe d'actionnaires, une population d'ouvriers, un monde d'intéressés est menacé par cette épée de Damoclès.

Du jour au lendemain, et sans appel, l'argent est perdu, la tribune détruite, le chômage forcé ; quelquefois on fait au mourant l'aumône, et une lettre de grâce, en tête du *Moniteur*, avertit que les avertissements sont périmés. La vie de la presse n'est qu'une douloureuse agonie, et il faut avoir bien du courage pour parler encore sur ce lit de Procuste. Il faut s'exposer à des défaites sans revanche, à des maux sans remède ; il faut aussi refouler dans son cœur, en le meurtrissant, tous les élans de sa passion, ses enthousiasmes et ses colères. Quelle tristesse de se sentir ainsi captif : moins, certes, parce qu'il y a danger, que parce que la pensée est amoindrie ! De peur de ne pouvoir rien dire, on dit avec précaution, timidité, détour : on cache, comme le marchand d'Homère devant Achille, on cache les armes sous la franfreluche des phrases, on n'ose aller droit et jusqu'au bout !...

Si nous ouvrons le code des châtiments, nous voyons que ce qui fit la fortune et la gloire de M. Prudhomme sous le gouvernement de Juillet ferait le malheur et pourrait entraîner la mort du condamné aujourd'hui ! Ce n'est plus la prison galamment hospitalière, comme jadis. La presse n'a plus l'œil et l'oreille braqués sur les cellules, pour recueillir les plaintes et pour signaler les abus. C'était leur consolation et leur récompense, à ces détenus d'autrefois.

On protégeait et l'on honorait leur défaite. On était battu, du temps de M. Prudhomme père, mais l'on pouvait au moins combattre. Avant de s'écrouler, en s'écroulant, le lendemain aussi du jour où l'on était tombé, on avait la voix libre, et l'attitude fière du blessé passionnait la foule.

On nous a sauvés de ces périls, arrachés à ces entraînements :

*Deus nobis hæc otia fecit.*

Mais il est un point sur lequel il faut, en souriant, être d'accord avec Prudhomme, tout séparé que l'on en est sur le terrain des premiers principes.

« Mon fils, SOYEZ DE L'OPPOSITION ! »

N'étaient les égarements de l'ambition, le désir d'exercer à tout prix son intelligence, sa force, et d'éprouver pendant un jour ses théories, il n'y aurait point un homme vraiment intelligent, honnête, qui ne pût jurer qu'il sera toujours et quand même de l'opposition ! — quand même et toujours ! Car un gouvernement, si avancé qu'il soit, ne représente jamais que l'idée du jour, quand ce n'est pas l'idée de l'avant-veille, et la probité même des gouvernants est en ce cas un obstacle à la liberté des gouvernés, obstacle fatal adossé à la conviction !

Ils ont le pouvoir parce qu'ils ont été les défenseurs les plus solides de l'opinion en vogue, qui les a nommés ses mandataires. Il faudra, si ce sont de braves gens, qu'ils apportent toute l'énergie de leur foi a faire triompher ce qui les a fait triompher eux-mêmes. Et un jour viendra où ils représenteront le passé ; ils seront borne et non canal, non pas le fleuve, mais la digue ; et, comme leurs aînés, ils devront être emportés un jour par le flot de la Révolution !

« Mon fils, SOYEZ DE L'OPPOSITION !

Car le gouvernement (et il n'est pas question ici de l'empire, il ne s'agit pas plus de lui que de l'orléanisme, la légitimité ou la république : je parle de tout pouvoir organisé), le gouvernement, dis-je, est soumis à des chances qui n'atteignent pas l'opposition. Centralisateur par force, il a besoin, pour commander, d'une hiérarchie administrative, et comme il tient tout dans sa main, il faut, quand un fil se casse, qu'il le raccommode à tout prix ; si un des fonctionnaires de son armée a péché, il faut, ou qu'il le désavoue (ce qui donne tort à son système et jette sur lui du discrédit), ou qu'il le défende. C'est le meilleur moyen. Les amis du pouvoir alors, ceux qui tiennent de lui leur pain ou la croix, ses avocats, ses journalistes doivent obéir le matin au mot d'ordre, et quand du ministère on crie : « En joue! » mettre genou en terre pour faire feu.

Enfin, le vent des négociations et les orages de la guerre peuvent démentir les prévisions, compromettre un vote, tuer un emprunt... Les journalistes officieux doivent alors apporter leur plume comme les généraux leur épée, quand on affiche que la patrie est en danger. Vilain métier, quand on le fait sans conviction — mais je ne suppose pas qu'il y ait de ces gens-là en France — vie de martyr, quand on est convaincu ! Est-il galérien plus malheureux, voyons, que ce gouvernemental de bonne foi (ils le sont tous) qui va chercher le mot d'ordre au ministère, tous les jours, et suivant les hasards d'une campagne électorale ou militaire, rédige blanc ou écrit noir, attaque ou flatte, fait du saint Vincent de Paul ou du Cambronne! — Ils me rappellent ces employés mystérieux et coiffés de loutre qui vivaient et mouraient sur le piton d'une montagne ou le toit d'une cathédrale, passant les journées, les heures, les minutes et les secondes à attendre que le télégraphe s'éveillât là-bas, pour regarder et transmettre la conversation que parlait dans l'air ce sourd-muet en bois !

La partie est grave : ce n'est point chose facile et métier bien sûr que d'avoir des millions d'hommes à gouverner. Il faut leur cacher ses fautes, et pour cela les assermentés rompront des lances, useront des plumes, donneront le meilleur et le moins bon d'eux-mêmes au caprice du maître, au hasard des faits ! — Autant vaut casser des pierres.

« Mon fils, SOYEZ DE L'OPPOSITION. »

Si vous tenez à porter des habits à palmes vertes, si la manie de l'uniforme ou la soif de la gloriole vous tient, soyez, soyez de l'opposition, tous, Joseph, Jean, Pierre, Paul, n'importe ! Certainement, l'opposition donne plus et demande moins que le gouvernement; et il n'est guère (faut-il le dire?), il n'est guère de gens, en dehors des illustrations honorables ou des célébrités serviles, qui n'aient passé par ce chemin dans les savates de Machiavel, pour arriver aux grandes situations. D'autre part, sans beaucoup de mérite ni de courage même, on peut devenir dans les rangs de l'hostilité décidée un officier; car la tactique des partis a besoin d'hommes à porter en avant comme des enseignes ou des guidons, et le choix tombe naturellement sur ceux que le pouvoir a persécutés. Lui-même, en les combattant, les désigne à l'opinion publique, et l'on met en pots les pavots que sa baguette a frappés.

Beaucoup de gens affichent des opinions boudeuses comme on élève des lapins, pour s'en faire des rentes. Je ne leur en veux pas; ils trouvent leur plaisir à ce manége, et, comme des sauvages tatoués, se réjouissent d'être couverts un jour d'oripeaux à collet d'or ou d'argent, et de porter sur la poitrine des verroteries qu'on appelle la médaille des entêtés ou la décoration des ralliés. Quand j'étais tout petit, j'avais aussi ces envies-là, elles m'ont passé. Espérons qu'elles ne me reviendront pas.

Mais dans le camp de MM. Prudhomme père et fils, comme dans ceux que nous avons traversés, l'opposition n'est une force que parce qu'elle est une Autorité, et qu'on est immatriculé par elle, comme les fonctionnaires des administrations ou les chevaux des régiments !

L'opposition a représenté jusqu'ici la haine du pouvoir, mais point encore l'amour de la liberté. Je parle de la plus honnête, de celle qui n'est pas un lupanar de Galathées. Elle n'a pas pour délégué M. Prudhomme ; mais un autre personnage qu'on appelle M⁰ PET-DE-LOUP, *homme sévère, mais juste.*

Dans la légende, M⁰ Pet-de-Loup est un marchand de soupe rechigné, rogue et roide, qui fouette l'élève Galuchet au nom de la saine vertu.

Dans l'histoire, il s'appelle de différents noms, il s'appelle... Cherchez !

Des *Pets-de-Loup*, ces vieux Siamois de la démocratie, qui grignotent les restes d'un parent ou d'un ami, et font de la lessive politique avec leurs cendres ! Ils devraient porter en croix les tibias de leur famille et les baiser religieusement, mais sans rien dire ! De braves gens, certes, et généreux et convaincus ! Mais c'est là le danger ! Ils préviennent l'ironie par la majesté de eur visage, et on n'ose toucher à leurs cheveux blancs, pas plus que les Gaulois, dans les rues de Rome, n'osaient toucher à la barbe des sénateurs assis muets et comme pétrifiés dans leurs chaises curules.

Des *Pets-de-Loup*, ces agrégés qui, fils de l'Université, veulent mener la France à la férule ; qui dénoncent les ignorantins fouettant les fils et lèvent le fouet sur les pères ; qui, par crainte du *calottin*, — les niais — veulent obliger la génération qui vient à passer sous les fourches caudines de l'enseignement dirigé, que dis-je, imposé par les favoris de la fortune, et, sous le même niveau, s'en vont courber toutes les têtes !

Des *Pets-de-Loup*, ces moralistes à outrance, qui pèsent les intentions comme des chiffonniers pèsent leur hotte, qui, par sottise ou par hypocrisie, parce qu'ils sont des niais ou des habiles, étrangleraient dans l'ombre talent, courage, et entraînent les vaillants par le cou avec le lasso de la vertu !

Ils vivent en flattant les passions sottes ou mauvaises, courtisans de l'occasion, et porte-queues des triomphateurs. Gras ou maigres, philosophes ou romanciers, ils jouent au puritanisme, et, tout le long de la procession, avec des mines de convulsionnaires ou de bienheureux, laissent tomber le suif bouillant de leur cierge sur le dos des forts, ou le leur jettent à la face, s'ils ont des gens pour se battre à leur place !

Ah ! quand donc, après le testament de Mᵉ Prudhomme père, criera-t-on dans les rues : *Demandez Le trépas de Mᵉ Pet-de-Loup ?*

« Mais soyez, SOYEZ DE L'OPPOSITION ! »

## PREMIER DÉBUT

Je ne vois partout qu'affiches de conférences et noms de conférenciers.

Dans le nombre, quelques-uns ont déjà vu le feu, ils se sont exercés dans les cénacles, les petits comités et les mansardes.

Je cherche simplement à deviner les émotions de celui qui aborde la tribune pour la première fois.

S'il doit conférencier jeudi, il ne dort plus depuis dimanche.

Il passe les nuits à méditer son exorde, et, le début trouvé, il saute à la péroraison. Le reste vient ensuite, comme il peut !

Pendant le jour, il travaille au *ventre*, fait les recherches, trace les lignes. Tous les quarts d'heure, il se lève et se promène à grands pas dans sa chambre. Il s'arrête à chaque tour devant la glace pour prendre l'attitude de l'orateur, et il commence :

— *Messieurs...*

Il dit « Messieurs » trois fois, puis plus rien. S'il entame une phrase, il ne la finit pas. Il ne débite tout le rouleau que la veille. Ce soir-là il s'habille comme il sera habillé le lendemain, et fait la répétition générale au miroir, prenant des airs penchés ou belliqueux, se meurtrissant la poitrine ou se dessinant un sourire, suivant qu'il veut avoir la grâce blonde ou l'énergie brune, jouer au causeur ou au tribun.

— C'est le grand jour.

Il est sept heures; c'est à sept heures et demie que les bureaux ouvrent, et à huit heures qu'on commence.

Il voudrait, à ce moment-là, remettre la partie, rendre l'argent, s'en aller. Tout se confond et danse dans son cerveau troublé : le malheureux, il ne se rappelle plus seulement la première phrase !

On lui conseille un verre de rhum qu'il boit — à la Sombreuil; les jambes se remettent, le cœur revient.

— Il entre !

Quelquefois il va droit comme une flèche, jette son paletot, s'assied, attaque, mais souvent aussi il perd l'équilibre et la tête, il marche sur les pieds du monde, se cogne aux bancs, renverse les chaises, et arrive à la tribune honteux et violacé.

Il pose ses papiers, tire son mouchoir et tousse.

Ensuite, fondant sur le sucre, il le jette, morceau par morceau, dans le verre.

Le public trouve qu'il perd son temps !

Enfin, refoulant dans sa gorge le dernier chat, il ouvre la bouche, fait aller sa langue et parle.

Mais tous ces regards! seul contre eux tous!... Le vertige l'empoigne, sa pensée s'embrouille, il n'y voit plus clair, ânonne, bredouille... C'est quelquefois un affreux spectacle !

On m'a parlé d'un homme qui avait, dans le désert, chassé le tigre, tué le lion, et qui, dans une conférence, en face de deux cents spectateurs muets, fut pris de la fièvre et dut se retirer, rouge comme un coq, l'œil hagard, le dos humide...

Un autre racontait ses voyages, tout avait bien marché jusque-là ; il arrive au bord d'un fleuve.

« Nous étions, messieurs, au bord du Gange, n'est-ce pas ?

« C'est le Gange, bien ! avec de l'eau... si j'ose m'exprimer ainsi... De l'eau, puis des rives ; oh ! mon Dieu, oui, des rives !... (s'essuyant le front)... je ne vois pas de mal à ça ! »

Il chercha encore une parole, mais ne put pas la trouver. Il fit un signe comme pour dire adieu, ramassa ses livres, son chapeau et s'en alla. On ne l'a pas revu.
— *Je ne vois pas de mal à ça !*

Ah ! c'est un rude moment !
Ce qui troubel le plus — j'ai passé par là — c'est le silence, ce silence que votre voix seule remplit. L'oreille de l'orateur entend, claires et distinctes dans l'air vide, toutes les inutilités et les sottises qu'il peut dire en route. Si, quand i va de travers, on criait, il retrouverait son chemin, ou dans la lutte reprendrait pied. On ne crie pas et, quand il croit aller bien, on se tait encore ; la foule applaudit quand l'orateur ne s'y attend pas et reste froide quand il pensait enlever la salle.

Il y a encore l'auditeur qui dort, ou qui se lève et part... On les assassinerait sur leurs bancs !

Ces conférences ont révélé des gens de talent, et je ne veux point en dire de mal ; mais la véritable éloquence n'a point là son école. Il manque la discussion, la lutte.

Il faut que les passions se choquent pour qu'il y ait des éclairs, et l'on ne pourra se dire un orateur, tant qu'on n'aura pas eu à lutter contre les perfidies du hasard ; il faut, pour que la parole soit, non pas un moulin, mais une meule, qu'elle ait senti la scie et le marteau, et que son jeu ne puisse être gêné par un grain de sel ou un grain de sable.

En attendant, on n'a pour retrouver son sang-froid ou ses idées que la ressource du verre d'eau, dans lequel on tourne la petite cuiller comme la roue d'Ixion, et l'on avale la carafe par gorgées! Une femme disait d'un des nôtres : « Ce n'est pas un orateur, c'est un canard. »

En Angleterre, les conférences se tiennent dans la rue.

Il y avait un certain soir, dans Edgware-Road, un homme à mine respectable, tête de bon enfant, qui, monté sur une chaise, parlait au peuple et lui donnait un conseil : il l'engageait à brûler les maisons.

Il ajoutait même, en étendant le bras :

— En voici une, elle appartient à mon meilleur ami, on pourrait commencer par elle. »

La foule regardait la maison. On discutait.

On ne disait, ma foi, ni oui ni non.

— Êtes-vous bien sûr? faisaient quelques-uns en se grattant la barbe.

— Il fait bien chaud! disait un autre.

Mais un lord qui avait tout entendu, indigné, somma un policeman d'arrêter l'orateur, qui ne résista point et avec lequel on alla au poste en causant. En route, il expliquait encore l'efficacité de son système.

On appela la cause dès le lendemain. C'est ainsi qu'on fait en Angleterre. Le lord était d'un côté, l'accusé de l'autre.

L'alderman s'adressant au lord, lui dit :

— Vous avez fait arrêter cet homme parce qu'il troublait la paix publique? — il occasionnait des désordres?

— Il n'occasionnait pas, à vrai dire, de désordres.

— Que faisait-il?

— Il tenait des discours infâmes...il parlait de brûler les maisons.

— Voilà tout?

— Oui, monsieur le président.

L'alderman se tut et au bout d'un moment, se tournant vers l'accusé :

— Un tel, est-ce que vous croyez qu'il faut brûler les maisons?

— Oui, monsieur le président.

— Vous en êtes convaincu?

— Parfaitement.

L'alderman remit sa toque et répondit :

— Je vous mets en liberté.

Et se tournant en même temps vers le lord, il dit :

— Pourquoi le condamner, puisqu'il n'a fait que dire ce qu'il pense?

## LA MESSE DE LISZT

Il y avait du monde et du meilleur, à la messe de Liszt. Il s'agissait de voir Liszt encore plus que de l'écouter ; c'était affaire de curiosité autant qu'amour de la musique.

La musique, elle est le bonheur de quelques dilettantes difficiles et rares. Elle exige une éducation. On ne peut entendre, ce me semble, avec profit et joie, un *oratorio* ou un opéra si l'on ne sait pas quelles difficultés l'artiste a dû vaincre, et en quoi son œuvre diffère de celle de ses devanciers et de ses rivaux.

Ou bien il faut que ces symphonies et ces grands airs répondent à des sentiments généreux et à des impressions personnelles.

Comme elles sont diverses alors ! Ce qui fait rêver celui-ci fait dormir celui-là ; chacun est esclave de la vie vécue, et voilà comment les uns sont émus par une romance, les autres par un chant d'église : quelques-uns ne sont émus par rien et préfèrent *Bu qui s'avance* aux chefs-d'œuvre « du vieux *Bethov'* ».

Je n'ai donc pas confiance en ceux qui, ne sachant

rien de la musique, en parlent avec des larmes dans la voix : ce sont des singes ou des crocodiles ; ils ont beau faire *bravi! brava!* je ne crois pas à leur enthousiasme, et je me figure qu'ils s'ennuient.

Je pensais à Liszt devant la porte.

Je desire croire à la sincérité de ces conversions illustres. Mais il me semble qu'on devrait, à partir de ce moment, dire à la vie mondaine un éternel et suprême adieu, et éteindre dans son cœur tout charbon d'orgueil !

Je craindrais même de faire servir ma gloire à la gloire du ciel, j'immolerais sur l'autel, passé, avenir, et je sacrifierais bravement l'artiste au charbonnier.

Le couvent ne devrait pas être, en ce siècle léger, une espèce de villa meublée d'instruments à cordes où l'on pourrait continuer dans le silence ses études et cultiver, dans un coin, des lauriers.

Ah ! je ne comprends pas ainsi la grandeur de la vie chrétienne ! Il faut autour de ceux qui se jettent dans les bras de Dieu le mystère des maisons saintes, et je voudrais que la terre n'entendît plus prononcer leurs noms !

Le sceptique se prendra à rêver peut-être, s'il apprend que tel personnage qui avait, par ses folies ou son talent, soulevé autour de son char la poussière, se raye tout d'un coup lui-même du livre des hommes, qu'il va se plonger dans la solitude froide des cloîtres, user ses genoux sur le pavé des dalles, meurtrir sa chair pour punir son âme, en traînant au pied du confessionnal ses remords et ses repentirs comme un vivant traîne son cadavre, jusqu'à l'heure où la mort le poussera dans cette fosse qu'il a creusée lui-même, et qui doit être le berceau de son immortalité. — La poésie de la foi coule à pleins bords !

Mais je ne puis m'empêcher, en face de solennités

comme celle-là, de m'étonner, et je crains que la piété ait plus à perdre qu'à gagner à de tels spectacles.

Cet encens-là grise les têtes, et je ne crois point qu'il purifie les âmes.

Ce qui élève les âmes à Dieu, est-ce l'éloquence du prêtre, la vigueur de l'orchestre, ou bien la rêverie de l'âme et le cri étouffé du cœur ?

Il n'eût fallu aux oreilles d'Emma Bovary qu'un chant de piété douce, entendu quelque soir d'automne, à la porte du presbytère ou à la grille d'un couvent, pour qu'elle devînt une fille du Seigneur au lieu d'être une femme adultère. — Ah! je préfère bien qu'elle ait péché, et le spectacle de son malheur a plus sauvé d'âmes que sa piété égoïste n'en eût guéri! — Mais elle eût eu, à une messe de Liszt, des frémissements d'ardeur païenne, et non pas de foi brûlante; elle aurait songé à l'Opéra, non au couvent.

C'est bien ! j'adore les solennités de l'esprit, et j'aime qu'on fasse fête au talent partout. Seulement, répétons-le, l'église est pour un artiste un mauvais théâtre, et est-ce la peine de se convertir pour venir au bout d'un an planter son pupitre sous la nef et convier *tout Paris* à l'audition d'une partition, comme on convie les journalistes à la première représentation d'une pièce?

J'ai rencontré sur les marches du temple un garçon qui sortait de là enthousiaste, émerveillé; non pas qu'il eut joui de la musique; il n'y croit guère, et l'appelle, avec Théophile Gautier, un bruit plus cher et plus désagréable qu'un autre; mais devant cette foule assemblée pour faire triomphe à l'illustre converti, l'envie lui avait pris de se convertir aussi!

« Vous souvenez-vous, me disait-il, quand X.... alla
« demander asile aux oratoriens, un soir d'hiver?

« On lui avait refusé la clef de son garni, la nuit me-
« naçait d'être froide, et les années qui suivraient d'être
« tristes!

« S'il voulait déposer aux pieds des autels les chiffons
« de son passé, et son brin de réputation naissante, il
« serait accueilli par les hommes de bonne foi à bras
« ouverts. Il le fit ainsi qu'il y avait songé, et je crois
« même qu'il prit un camarade en route. C'était loin et
« il faisait triste.

« Ils étaient deux quand ils se présentèrent. On les
« accepta tous deux. Ils n'y restèrent que le temps
« d'engraisser un peu, et ils repartirent, en se disant
« incorrigibles, quand le printemps revint.

« Je n'en suis point là, et je ne serais pas fier d'agir
« ainsi.

« Mais j'ai soif de bruit et je suis brûlé par la fièvre
« de l'ambition. A peine vingt amis me connaissent, et
« je voudrais passionner la foule. Il me faut un théâtre,
« une tribune. Cette solennité de Saint-Eustache m'a
« ouvert la voie!

« J'entre dans les ordres, la chronique en parle, je
« me fais recevoir diacre, sous-diacre.

« Puis, un jour, on annonce que M. X..., ancien
« poëte, va prêcher le carême ou faire exécuter une
« messe en musique dans une église. »

Mon ami parlait ainsi.

Il n'en fera rien, je le sais, mais plus d'un pourrait
se laisser aller!

Quelques gens à qui la vie banale n'a pas fait d'assez
doux loisirs ou d'assez éclatants triomphes, peuvent
s'être dit en sortant de Saint-Eustache qu'au lieu de
souffrir et de lutter à l'ombre, ils ont un moyen commode et sans douleur d'attirer l'attention sur eux, et
qu'il leur suffit de déplacer le théâtre de leurs opérations pour asseoir leur renommée, si elle est à faire,
pour la radouber, si elle prend l'eau.

Le monde s'étonne et la foule se presse. Ils ont à la fois pour auditeurs les curieux et les convaincus, et la mode veut qu'on s'extasie à ces spectacles! En tout cas, on est indulgent dans ce pays des indulgences, et l'on aime les conversions tout comme on aime les contrastes : il est bien difficile qu'on ne trouve pas éloquente la parole d'un prêtre qui plaidait l'an passé en cour d'assises et qu'on ne discute pas à grand tapage une messe écrite par un diacre qui fut le plus échevelé des pianistes.

Je ne fréquente guère les églises! Mais, s'il m'en souvient, l'église modeste du village, avec ses chandeliers de cuivre, ses saints de plâtre, son Christ en carton doré, était plus pleine de Dieu, entre ses murs de planches, que Saint-Eustache sous ses arceaux de pierre avec ce compositeur en prière et ces artistes au lutrin !

Un jour mystérieux et doux passait par les vitraux rouges et, dans le bénitier poli comme une pierre de rivière, se reflétait le plafond qui était un tableau du ciel ; le silence était si grand qu'on entendait presque sur les lèvres des pécheresses le murmure de leurs péchés.

Une vieille femme sifflait dans un coin ses patenôtres, et une abeille allait frapper comme une balle d'or la porte luisante du tabernacle.

Quelquefois, du fond de la chapelle, une voix montait, voix d'enfant de chœur ou de jeune fille qui tintait dans l'air comme un grelot d'argent! On se sentait l'âme plus pure à écouter cette chanson innocente et fraîche, et ce solo dans le silence valait toutes les messes dans le bruit...

## JEUNES ÉLÈVES!

Il était sept heures, moins cinq, la Sorbonne était cernée; par les rues Saint-Jacques et Victor-Cousin débouchaient en pelotons les *bahuts* et les lycées de la capitale qui amenaient à la salle de composition les bêtes à concours, flanquées sur les côtés des bouche-trous, menés tous par des pions à barbe noire ou à favoris rouges, sous un soleil qui fondait les pâtés dans le *filet* classique.

Ils avaient l'air moins bête que ceux de mon temps tous ces garçons de quatorze à dix-huit ans qui attendaient là qu'on ouvrit les portes pour s'exercer à mettre en français moderne du grec antique, ou à souder quelque hémistiche traditionnel à un hexamètre latin, comme on attache une queue en papier au derrière d'un hanneton. Ils m'ont semblé n'avoir guère la foi, ces bavards joyeux, et n'être pas bien sûrs que l'opération qu'ils allaient pratiquer dût les empêcher d'être des inutiles ou des impuissants, au cas même où ils arracheraient un premier prix et plieraient sous le chêne et le lierre.

..... *Hedera crescentem ornate poetam.*

Quelques-uns pourtant étaient tristes, préoccupés. C'étaient ceux que la pension nourrit à condition qu'ils auront des couronnes avec lesquelles le marchand de soupe dressera son enseigne, c'étaient les enfants de pauvres, pour qui les parents se saignent aux quatre veines, afin que le fils soutienne la famille plus tard, quand le bras du père ne pourra plus manier l'outil, et que les yeux de la mère auront été usés par les veilles. On les accompagne quelquefois jusqu'à la porte, on leur jette là un dernier encouragement, on leur avoue une douleur tenue cachée, et l'écolier, le cœur gonflé, le cerveau tendu, monte les marches qui mènent à la salle commune.

J'ai vu une mère fiévreuse qui déchirait la jupe de sa robe de laine noire dans ses doigts crispés, en suivant d'un regard plein de larmes son fils. Elle n'eût pas été plus agitée et son émotion eût fait moins de peine s'il s'était agi d'un duel ou d'une bataille! Un père à moustaches grises, aux traits durs, tenait la batterie de cuisine et l'attirail classique d'un blondin de quinze ans à la mine éveillée et fine, qui paraissait fort indifférent et ressemblait plus à un enfant d'amour qu'à un fils d'officier. Les *hum! hum!* et les *brr, brr*, de l'auteur de ses jours ne mordaient pas sur sa gaieté; il appelait son père : « Le vieux! » dans les groupes dont il était l'orateur aimable. On disait autour de ce moutard que la timbale du jour serait pour lui et que pas un ne savait faire aussi bien une macédoine brillante avec des sétons de Cicéron et des rognures de Sénèque.

On reconnaissait dans le tas ceux qui sont nés pions maîtres d'école, et qui resteront cela toute leur vie, le cou pris dans le col en crin du pédantisme, voués au noir, ayant des pantalons enflés du genou et des redingotes plissées aux reins, chipies glabres, pimbêches à barbe, qui seront raides, boutonnés, fermés, partout, dans la vie publique et la vie privée, avec leurs amis, leurs enfants, leur femme, en classe, à table, dans la rue, au lit!

Parmi les externes libres se coudoyaient le discours français bavard et la version grecque silencieuse, l'aristocrate et le plébéien. C'était ici la jaquette de fantaisie, trop courte, avec la poche pour le porte-cigare et le bouton pour accrocher la blague, le pantalon collant, le gilet échancré, le chapeau étrusque; là c'était le paletot-sac taillé dans un manteau d'aïeul, la culotte en tire-bouchon, le soulier à clous, la casquette à côtes ; les uns souriaient sous de maigres moustaches, d'autres riaient à pleine bouche, et la chopine démocratique bousculait de son gros ventre la gorge maigre des fioles longues ; aristocratie, bourgeoisie et peuple avaient en ligne leurs fils et comptaient leurs représentants.

Cette scène me mettait en mémoire le temps où, moi aussi, je donnais comme *vers latins* quelques espérances. Triste temps que celui-là, et que je ne regrette point, il s'en faut !

Jamais je ne me suis tant ennuyé que dans cette grande maison presque vide, où nous rôdions quelques-uns, à travers une cour sans arbres, sous la direction d'un bonhomme bouffi de vanité, grossier avec les faibles, indélicat avec les pauvres et qui puait le parvenu d'une lieue à la ronde. Il me reprocha une fois, je crois, de n'avoir pas trouvé bons des épinards à l'eau dont j'avais exprimé le jus dans une carafe, et me menaça de la guillotine avant que j'eusse atteint trente ans ! J'ai trente ans.

On me réveilla, ce jour-là, à cinq heures, et un de mes camarades et moi nous partîmes d'un pied lent du côté de la Sorbonne. On nous avait chargés de viande froide, et une *demi-supérieure* passait, comme une tête de coq, son cou rouge à travers les mailles de nos filets.

Captif, humilié et triste dans cette prison au geôlier bête de la rue du faubourg Saint-Honoré, n'ayant pas même de correspondant attitré pour me faire sortir le dimanche, j'éprouvai une joie sauvage ce matin-là à boire, sous le soleil levant, un peu d'air libre, et peu s'en fallut, ma foi, que je ne partisse à l'aventure ! Je serais allé dans les champs, sous les arbres, cassant les fleurs, cueillant les mûres, et j'aurais dîné à l'ombre, contre une haie épaisse et verte.

Mais on n'ose pas conquérir ainsi sa liberté, quand on a quinze ans, après qu'on a entendu dire au collége, chez soi, que c'est une honte de manquer la classe et presque un vol fait aux parents que de ne pas tâcher d'avoir des prix. Je fis ce sacrifice à la famille, au préjugé, et j'allai me mêler aux groupes.

J'ai dit que les collégiens de ce temps-là avaient l'air plus bête que ceux d'aujourd'hui. C'est vrai; surtout ils semblaient plus gauches. On était presque jaloux d'About, qui avait déjà l'allure aisée, l'air un peu crâne.

Nous n'avions pas, pour la plupart, ce laisser-aller de la tournure et de l'esprit qu'ont les écoliers d'à présent. *Charlemagne* ne se gênait pas, mais était plus cynique que distingué.

Je me trouvais dans la salle, à côté d'un de ses plus glorieux représentants ; j'étais mal mis, très-mal, mais mon voisin, lui, n'était qu'une tache d'encre, un flot de graisse. A travers notre conversation à bâtons rompus, il s'aperçut de l'étonnement que me causait l'impudeur de sa toilette.

— Tu me trouves bien sale, dit-il avec la majesté d'un chef chez les Osages. Tu me trouves sale, eh bien ! je t'en montrerai de plus sales à Charlemagne !

Et nous trinquâmes.

Il ajouta :

— Tu es républicain, toi?

Je lui avouai mon faible, et nous arrivâmes à nous entendre sur le chiffre des têtes à faire couper.

Notre composition se ressentit de la ferveur de nos convictions. L'amour de l'émeute nous rapprocha en nous altérant. Il avait, lui, apporté une cafetière à esprit-de-vin, et nous fîmes chauffer des demi-tasses. On sirotait : la composition n'avançait pas. J'avais pourtant fait un commencement, seize ou dix-huit hexamètres gonflés de vent, que je trouvai à céder pour une fiole de bourgogne à un bouche-trou de Stanislas; mon voisin traita de son côté pour un spondaïque et un rejet; nous eûmes de quoi manger et de quoi boire.

Ah! ce n'était pas l'air des champs, le parfum des prés! — Il régnait dans la salle une odeur de porc cuit, d'encre vinaigrée, de marc bouilli, — mais c'était la tradition classique noyée dans nos gobelets, et le calembour français riant au nez de la poésie romaine. Je ne regrette pas cette journée ainsi perdue, et je me demande à quoi pouvait bien me servir d'avoir, cette année-là, un prix de vers latins! — A quoi? A être de l'école normale? J'avais l'espérance d'occuper un jour une chaire vermoulue dans quelque lycée de province... Belle perspective!

Pour supérieurs j'aurais eu l'évêque, le préfet, le maire, les adjoints, le recteur, l'inspecteur, le proviseur, le censeur, M. le premier président, le procureur général, l'avocat impérial et les gendarmes. Je débutais juste après la loi Falloux, et ce qui pouvait m'arriver de plus honorable, c'était d'être disgracié, dégommé, chassé comme tous ces vaillants jeunes hommes que la Terreur blanche précipita de leur chaire sur le pavé, et à qui il fallut des trésors d'énergie pour se relever de leur chute et prendre autre part leur élan.

Je fis donc aussi bien, dans cette journée chaude de juillet, de perdre mon temps avec le Diogène ardent de Charlemagne, et, en choquant nos tasses, écoliers terribles, nous portions sans le savoir un défi à la tradition et un toast à la liberté.

Et pourtant l'esclavage du collége, le fardeau de la convention, écrasaient encore nos épaules maigres sous leurs vestes grasses! Ce n'est pas pour rien que j'ai rapporté la question de mon voisin! — « Es-tu républicain ? » et que j'ai touché un mot de la guillotine.

Les réflexions pénibles me sont venues à l'esprit devant cette maison carrée qu'on nomme la Sorbonne, au milieu de ces écoliers portant leurs dictionnaires, lexiques, gradus (Alexandre, Noël ou Quicherat), chargés de marmites et de bidons comme des soldats en campagne, et allant s'escrimer à *monter au* mât de cocagne universitaire.

Qu'y a-t-il en haut?

Il y a, comme prix, des gobelets percés, des couverts de bois, des fruits pleins de cendre.

On ne retire de l'éducation universitaire quelque profit qu'à condition d'endosser une livrée ou d'avoir un groom, c'est-à-dire d'être un gagiste ou un fils de riche. A qui a des diplômes, des grades, le ministère donne assez volontiers du pain, la croix ; pour peu qu'on ait lu de très-gros livres ou qu'on connaisse une grande dame, on peut, sans idées, sans talent, sans trop de bassesse même, trouver dans la carrière honneur, profit. Les gages alors s'appellent des émoluments, et l'on arrive à la tombe par le chemin tout creux, tout long, en suivant la queue. Au cimetière, il est parlé de vos recherches et de vos vertus ; vos garçons ensuite ont une bourse et vos filles épousent un helléniste, et c'est tout.

Mais encore les places sont rares, les trous sont bouchés; pour arriver il faut non pas s'abaisser, peut-être, mais se diminuer, bien sûr ; il faut flatter l'un et lâcher l'autre, il faut enfin jouer la partie comme un malin, en mettant dans son jeu le plus d'atouts possible : c'est l'histoire de toutes les administrations passées, présentes et futures. Les forts, qui se contentent de travailler chez eux et se tuent à la peine, dans l'ombre, ceux-là arrivent tard, et le lendemain on les enterre. Au-dessous des forts et des heureux, il y a le troupeau banal. Je l'ai vu de près. — Ah ! il faut pour vivre content dans ce parc avoir l'ambition bien courte, le cerveau bien faible ou le cœur bien haut!

Voilà ce qu'offre l'Université à ses employés et à ses favoris : tels sont ceux pour qui elle peut être charitable et généreuse. Est-ce bien la peine vraiment de s'ennuyer dix ans sur les bancs du collége pour prendre place à ce steeple-chase, quand le prix de la course est si faible, qu'il y a sur la piste tant de barrières, ces trous, ces flaques, quand, au poteau, les juges sont souvent injustes? A moins qu'on ne s'appelle Saint-Marc Girardin, Laboulaye, Littré! Mais quoi? N'ont-ils pas éprouvé encore, tout illustres qu'ils sont, l'humiliation de la défaite? Est-ce qu'ils n'auraient pas tous fait leur nom, assis leur popularité, leur gloire, sans que la main d'un ministre s'avançât pour leur tendre la perche ou leur sceller la bouche?

Quand on a des rentes, on peut aviser au cuir vert d'un haut fauteuil universitaire.

Il suffira de prendre une spécialité après avoir passé un doctorat ou deux. Ces vieux savants, blanchis sous le harnais, sont fiers de voir des gens qui n'y sont point forcés s'occuper de choses dont ils sont les vestales, et ils doivent, même dans leur for intérieur, s'étonner beaucoup de la curiosité rétrograde et stérile de ces dandys du bouquinage.

Mais, à part ces hommes qui y trouvent leur vie, et ces autres qui y cherchent leur gloire, qui donc tire bénéfice de cette éducation? Ah! il est temps de mettre à bas l'édifice pour faire du jour, laisser de la place ! Donnons le coup de pioche dans cette bastille qui a ses assises rue de Grenelle-Saint-Germain, et porte le drapeau de la France à sa fenêtre!

Je m'explique mal :

Je réclame pour tous la liberté. Je laisse le ministre maître dans son département, puisque département il y a, et je supplie seulement qu'on m'accorde le droit de m'instruire à ma façon, d'élever mes fils comme je l'entends, de n'être pas tenu à les faire boire dans les vieux bidons où croupit l'eau malsaine de l'antiquité. S'il leur prenait, un jour, l'envie de professer l'athéisme ou l'ultramontanisme, dans une boutique, je désirerais qu'on laissât peser sur eux le fardeau de ce ridicule ou de cette audace.

La liberté !

Il ne faut pas que l'on nous entraîne à la Sorbonne pour baccalauréat, en prison pour irréligion, il ne faut pas qu'on nous impose une éducation qui nous fait vaniteux ou misérables !

Aussi, l'autre matin, en regardant tous ces enfants, ces jeunes hommes, qui, par le soleil ardent, allaient s'empiler dans cette salle empestée d'encre, je me disais que nous n'étions pas dignes de la liberté, nous qui menions encore la France sur les bords du Tibre et de l'Eurotas pour y faire travailler nos fils, les gorger de cette eau et les bourrer de cette paille.

La société devrait pourtant s'en corriger; elle entretient dans son sein, avec ses colléges, un foyer éternel d'émeute! Il faut bien que ces déclassés se casent ou se vengent, et voilà pourquoi il coule tant d'absinthe dans les poitrines ou de sang sur les pierres! Ils deviennent ivrognes ou émeutiers. Pour moi, quand il m'en tombe un sous la main, cynique ou désespéré, moribond ou épileptique, je le redresse comme on dresse un blessé sur un lit d'hôpital, en face de l'assassin qui l'a frappé.

J'ai entendu des gens se fâcher ou s'attrister de ces spectacles; mais à tous les coins de rues, si l'on n'y met ordre, on trouvera des bacheliers mourant de faim; ce ne sont pas des exceptions, c'est la nécessité! Les victimes de l'éducation stérile peupleront bientôt les hôpitaux et les prisons!

Ceci dit, pour réclamer simplement la liberté à l'abri de laquelle une génération d'orateurs nouveaux nous débarrasserait bien vite de ces guenilles qui traînent entre nos jambes, ferait de nos enfants des hommes, et, au lieu de barbouiller les intelligences toutes fraîches avec du latin et du grec moisis, s'essayerait à parler et enseigner la langue qui convient aux aspirations et aux besoins de la jeune humanité.

Tel est mon discours de distribution de prix, jeunes élèves !...

# LA MORT

## LES FILS DU RÉGIMENT

J'étais allé chez Dumesnil, le maitre d'armes, lui demander des leçons de combat. Je voulais, en quelques semaines, apprendre un jeu imprévu, rapide ; il me fallait un ou deux coups hardis que je placerais sur le terrain, au péril de ma vie. Je suis pour les luttes courtes, dussent-elles tripler le danger. C'est de la lâcheté ou de la paresse.

Dumesnil me laissa parler et quand j'eus fini, me regardant en face, il me dit :

— Avez-vous une femme, un fils ?

Je suis à marier encore, et je n'ai guère eu le temps d'avoir des fils, mais la phrase est restée gravée dans mon esprit, et quand je vois un des nôtres monter en fiacre avec des épées dans le fourreau ou des pistolets dans leur boîte, je me rappelle ce mot simple et songe à ceux que cet homme peut laisser derrière lui et que sa mort ruinerait en les désespérant !

Grave question, celle-là, et qu'il faudrait avoir le courage de regarder en face, pour l'étudier et la résoudre !

Il est peu de carrières aussi pénibles et plus ingrates que la carrière littéraire; on n'y gagne convenablement sa vie qu'à partir du jour où l'on a un nom.

Pour l'avoir, ce nom, il faut travailler, lutter, lutter longtemps; et, au moment où l'on arrive, tout n'est pas dit. On doit à ce moment-là payer en honnête homme des dettes que les intérêts ont grossies et s'inquiéter du passé avant d'avoir confiance dans l'avenir. On pourrait nommer des gens illustres qui ont dû attendre leur troisième triomphe pour imposer silence au dernier créancier.

Tout le monde n'est pas illustre; et la vie de l'homme à qui son talent a donné la notoriété et non pas la gloire, se passe dans une lutte perpétuelle contre les nécessités de la vie. Il peut tout au plus avoir un intérieur modeste, élever ses fils; quand sa copie arrive à valoir non pas un écu mais un louis la page, il est obligé à des frais nouveaux. C'est le coupé et non plus l'omnibus, un logement de quatre pièces au lieu d'un garni de cinquante francs, que sais-je? L'habit noir s'use, les gants se fanent; souvent on ne gagne de l'argent que parce qu'on en dépense, et si dans la nuit on meurt, le lendemain il n'y a dans la maison pour tout potage que les reliefs du dîner de la veille, au milieu desquels traînent quelques feuillets de copie.

Le public a entendu parler des folies de Roger de Beauvoir et de la prodigalité de Dumas père; il a vu Lamartine tendre le casque; on lui a parlé d'un poëte courant les rues borgnes et d'un grand critique couchant au cabaret; quelques paresseux, sans vergogne et sans courage, se sont dits hommes de lettres (sans avoir jamais rien écrit peut-être); on a jugé sur ces exemples obscurs ou célèbres toute la famille des artistes; la foule ne croit pas que le métier soit vraiment si dur, et ne sait pas qu'on n'y décroche sa vie qu'à force de courage et de patience. — Mais je ne fais pas d'homélies.

On peut s'enrichir là comme ailleurs; et si l'on souffre, tant pis! nous devions savoir, en nous lançant dans la mêlée, ce que nous faisions. Aussi n'est-ce point au nom des lutteurs que je parle, mais au nom de ceux qu'ils laissent après eux sans ressource, quand la mort les prend.

Je n'ai pas à discuter les fautes des pères, dussé-je expliquer et faire excuser leur folie.

Il est une loi qui veut qu'un homme n'ait pas telle qualité sans manquer de telle autre, si bien que l'imprévoyance fut souvent la sœur du génie!

Mais non : la veuve et les enfants sont là qui pleurent et qui vont avoir faim...

Que faire? Ouvrir des souscriptions, demander à quelque ministère un secours. — Hélas!

L'argent que donne l'administration, si généreux que soit l'Etat, n'est jamais qu'un argent de hasard, accordé par l'un, retiré par l'autre ; un changement de ministère, une calomnie, un caprice peuvent, du jour au lendemain, détruire les ressources sur lesquelles comptent des affamés.

On mit jadis en avant le projet d'une société placée sous le patronage de quelques hommes financiers ou politiques qui auraient apporté les premiers fonds. Il y avait là un danger : c'était se lier les mains. A moins d'avoir affaire à des bienfaiteurs anonymes, morts ou désintéressés, il n'y fallait pas songer ; on se trouvait en face d'hommes publics et militants, à qui l'on était enchaîné par la reconnaissance préventive, et qu'on était gêné pour attaquer ou pour défendre.

C'était créer, en se désarmant, l'oligarchie de la charité. Ce qu'est devenue cette idée généreuse, je l'ignore. Mais elle était autant un péril qu'un remède.

Il faudrait, pour enlever tout caractère d'humiliation à ces démarches du lendemain, que la protection des orphelins fût la règle et non l'exception; un contrat d'honneur lierait entre eux tous les membres de la grande famille des lettres; on ne laisserait pas la mort maîtresse de la place, on formerait une assurance contre le destin : si bien qu'un homme de notre métier, au moment de rendre l'âme, pourrait s'endormir du dernier sommeil sans que son agonie fût troublée par la perspective des douleurs honteuses qui attendent la veuve ou les enfants à la sortie du cimetière!

Et il ne faudrait point, avant d'adopter les fils, regarder s'ils sont nés d'une union consacrée par la loi et qui ferait d'eux des héritiers, s'il y avait un héritage! Il y a l'égalité devant le malheur, et tous les préjugés doivent se taire quand les malheureux sont des enfants. C'est à nous à donner l'exemple de cette indépendance généreuse, et, dans ces cas funèbres, nous ferions acte à la fois d'esprits libres et de gens de cœur.

C'est le grand argument des hommes de la bourgeoisie contre les hommes de lettres; ils leur reprochent l'irrégularité de leur vie. Nous avons dit qu'aux yeux de ceux qui ne regardent pas les choses de près, la littérature était soit un théâtre d'orgies dorées où des affolés de luxe chevauchaient sur la fantaisie ruineuse et folle, soit l'asile d'un tas de vagabonds sans feu ni lieu, qui travaillent juste assez pour pouvoir se griser d'absinthe dans les brasseries ou les caboulots, à cinq sous la chope, à trois sous le verre; un pays de meurt-de-soif et de rôdeurs de nuit, qui n'ont pas le temps de boucler leur gilet entre l'ivresse de la veille et l'indigestion du lendemain !

Tout cela n'est vrai que pour quelques-uns, bien rares, que nul d'entre nous ne plaint ni n'excuse, qu'ils soient ruinés ou morts, qu'ils s'appellent Alexandre, Alphonse, Eugène! La littérature n'est pas composée seulement de ces dandys ou de ces drôles, on ne roule pas ainsi sur des tapis de fleurs ou des tas de boue, et c'est un métier comme un autre à cette heure, celui d'artiste ou d'homme de lettres.

Un métier comme un autre : qu'ai-je dit là?

Presque toujours, c'est contre le gré des parents, et poussé par l'irrésistible vocation, qu'on s'enrégimente dans ce bataillon d'aventuriers, et qu'on fait campagne. Peu de littérateurs ont la chance de se voir encouragés et soutenus par leur famille dans la voie douloureuse où ils s'engagent, — sans savoir à quelles tristesses ils s'exposent, hélas!

Qu'il y ait au début des hésitations et des écarts, je le comprends, et quand on a soif de gloire, on a soif aussi de publicité; on la cherche, on la prend partout, et l'on essaye ses harangues, on éprouve ses théories, on lit ses drames, on hurle ses vers dans le premier coin du monde où il y a dix hommes réunis, le soir ou la nuit, dans une mansarde ou dans la rue, au cabaret ou au cénacle. On fait, mon Dieu, plus de bruit que de mal, mais ce bruit réveille les bourgeois qui dorment, ou fait peur aux pères qui passent, et c'est un crime que le commun des gens ne pardonne pas!

Malheur à ceux qui s'attardent dans ces parages et qui donnent raison par leur paresse aux reproches d'abord injustes, puis légitimes, d'un monde qui ne veut pas de tapageurs et d'inutiles! Mais ceux-là ne sont que des impuissants ou des lâches, à qui le succès ne vient jamais ou qui le gâchent tout de suite.

Les vaillants, s'ils se sont laissé aller à vau l'eau, se mettent à remonter le courant et brisent le flot à coup d'épaule. Ils seront connus ou resteront obscurs, suivant qu'ils ont ou n'ont pas de talent; mais ils prennent rang parmi les gens méritants et dignes.

L'époque de travail commence : il arrive alors parfois que le passé, sous la forme de quelque maîtresse ancienne, est rivé à vous : c'est souvent une chaîne qu'il faut à tout prix couper; souvent aussi un lien qu'on ne peut briser, sans être ingrat ou cruel.

Dans cette vie des premières années pleine de démarches douloureuses, d'efforts stériles, de déceptions et de déboires, alors qu'on vit en dehors des relations bourgeoises et presque hors la loi commune, quand on n'a pour dot que la malédiction de son père et la conviction de son génie! sur ce pavé brûlant de Paris, à moins d'être un niais ou un fou, comment songer à faire un mariage heureux?

Que si l'on demande par hasard le consentement du père pour épouser une brave fille, courageuse, mais pauvre, il est le premier à se fâcher. Là-dessus, souvent on coupe au pauvre diable les vivres, on lui reproche comme un crime, un jour, de se marier; comme une honte, plus tard, de ne l'être pas! C'est à se demander s'il ne vaut pas mieux écouter simplement la voix de l'affection et le cri du cœur!

J'ai pour ces femmes qui restent avec un des nôtres jusqu'au dernier moment, de l'estime. Sans y être contraints ni l'un ni l'autre, ils ne se sont pas quittés et ont partagé bravement l'aventure et la peine. Il faut pardonner beaucoup à celles qui n'ont pas craint de subir les vicissitudes d'une existence si souvent pénible, et l'on ne saurait croire combien cette irrégularité apparente a sauvé d'irréguliers? Ils n'avaient pas, en vivant ainsi, l'amour de la vie factice, mais la nostalgie de la vie tranquille.

Si je puis défendre celles-là, que dirai-je des autres? de celles qui ont tous les droits que donnent les traditions de la vertu et la sanction des lois. Mais ce n'est point des mères que je veux parler, et, si elles sont seules, elles subiront, en dehors de l'amitié qui a ses devoirs et de la pitié qui a ses heures, elles subiront la loi fatale ! Je plaide moins au nom de l'humanité que pour l'honneur et la gloire des lettres.

Parmi ceux dont la littérature et la politique à cette heure sont fières, il en est plus d'un *sorti de rien*, qui a grandi, fait ses classes, sous le patronage d'un protecteur qui croyait à lui, ou aux frais du village qui aimait son père ; il semble qu'ils se fassent un devoir, ceux-là, d'être les premiers partout, et ils payent le capital de la dette par leur travail, et les intérêts par leurs triomphes.

Sans nous ériger en commune, ni jouer à l'académicien, ne pourrions-nous avoir nos boursiers aussi ? Ce seraient ces enfants-là. Proudhon était un pensionnaire de Besançon ; — si nous avions seulement sur dix bourses la monnaie d'un Proudhon ! — Il en est qui travaillaient et mangeaient pour rien chez Favart, Massé, Jauffret ou Massin...

Dussent les enfants que nous élèverons à nos frais n'être ni des héros ni des génies, c'est épargner à des mourants bien des angoisses et rassurer en pleine santé des gens qu'un accident bête ou tragique peut faire disparaître demain ; c'est ouvrir au désintéressement et au courage des hommes la carrière plus libre, que garantir les enfants contre les entraînements et les angoisses de la misère, si un malheur les fait orphelins.

Mais j'espère plus encore. — Du fond d'un de ces cœurs reconnaissants, d'une de ces têtes brunes ou blondes, qui sait s'il ne s'échappera pas un jour quelque pensée dont ils enrichiront, *ces fils du régiment*, l'humanité ? Nous serons tous leur débiteurs alors, et ils n'auront jamais été les nôtres..

Nous n'avons besoin, croyez-moi, ni du pouvoir, ni de

la finance ; nous sommes assez riches, si nous nous comptons, pour nourrir de pain blanc quelques bouches d'enfants.

Quand un des nôtres disparaîtrait alors, ce serait avec autant d'orgueil que de douleur qu'en marge de son acte de décès, nous écririons :

Mort à la peine, *tué à l'ennemi !*

Telle est l'idée : il s'agit d'organiser contre le malheur une conjuration fraternelle, d'épargner des angoisses à ceux qui partent, et d'épargner à ceux qui restent les douleurs et les dangers de la vie sans pain !

Ce n'est point un bureau d'aumône, c'est une caisse d'assurances : nous faisons crédit à des orphelins.

# BONVIN

*.... La branche avait cassé : c'est le seul dégât qu'il ait commis dans sa vie. Il avait tout juste trente-deux ans.*

Ainsi écrivait François Bonvin, en annonçant que son frère s'était pendu.

J'ai connu le suicidé.

Il y a quelques années, j'occupais au bout du monde de modestes fonctions d'employé : j'étais au bureau des mariages, à la mairie de Vaugirard.

Je me mêlais depuis quelques jours à peine de faire signer des actes par des mains gantées de mouton blanc, quand un jour je tendis la plume à un garçon qui fixa ma curiosité ; il portait le nom d'un peintre que j'avais rencontré souvent dans les cénacles littéraires, il avait l'allure plébéienne, mais le front large, l'œil doux. Les traits de sa jeune femme étaient empreints de bonté et d'énergie.

Le garçon de bureau appela pour la salle des mariages.

— *Monsieur Bonvin !*
*Les pères et mères du futur !*

Je vois encore le sourire que ce pluriel fit venir sur les lèvres du jeune homme, que le souvenir de son frère et son visage distingué me rendaient sympathique.

Je demandai ce qu'il faisait ; j'appris qu'il faisait des tableaux, de la musique, et tenait, dans la plaine de Vaugirard, une guinguette où l'on allait boire, sous les feuilles vertes, un vin au litre qui arrosait gaiement des gibelottes célèbres.

J'allai deux ou trois fois, par des soirs d'été, sacrifier là un lapin à Esculape.

Hier, j'ai refait le chemin : il tombait une pluie fine comme une poussière froide, l'air était gris, le vent gémissait dans la plaine. Une femme en coiffe blanche, en robe noire, était assise entre un petit garçon de deux ans qui demandait son père et une enfant d'un mois pendu au sein. Une autre fille plus grande jouait dans le jardin d'une voisine. C'étaient la veuve et les trois enfants.

La misère et le malheur ont creusé des traces ; le jardin où j'avais vu autrefois des salades si fraîches, des choux si verts, est maintenant tout plein de feuilles sèches, de branches mortes.

Je me suis adossé contre la margelle du puits, et j'ai égaré au loin mon regard et mon rêve.

Une plaine immense semée de maisons tristes, des tas de moellons blancs, de terre jaune, un moulin qui tournait au haut d'un toit, comme un fou : tel était l'horizon.

L'endroit est mauvais pour les âmes malades, et Léon

Bonvin était de la race des énergiques, mais des souffrants.

Il n'a jamais joué à l'incompris, et il ne se plaignait pas d'être méconnu. Doué comme un poëte, il était brave comme un héros; sa bravoure était modeste, obscure; il portait le tablier du marchand de vins, avec des poches sur le ventre et le foret à la ceinture; il servait les maçons quand ils avaient soif, et renvoyait les ivrognes quand on se battait : fort comme un hercule, doux comme une femme. Il peignait un paysage, ou déchiffrait un morceau de Mozart quand il avait percé les barriques ou mis son vin en bouteilles.

Il arrivait, sans doute, que son cœur saignait quand il se sentait retenu à ce métier par force; mais jamais il ne fit entendre une plainte, et il étouffa toute sa vie le soupir.

Au moment de sa mort seulement, il laissa éclater sa douleur, et un paysan l'entendit dans les bois qui criait :
« J'ai trop souffert! »

Le soir, il était mort.

Les clients étaient rares; un concurrent était venu; on allait au café d'en face, il n'était plus roi dans la plaine!

Il a eu peur de voir sa femme et ses enfants souffrir; et il a eu honte aussi, lui qui croyait avoir quelque chose là, il a eu honte d'être vaincu par la fatalité.

Il était né sous une pâle étoile.

J'ai entendu dire que, tout jeune, il était le souffre-douleur de la famille : non qu'il fût victime, mais sa sensibilité native était souvent froissée jusqu'aux larmes; il les cachait, ces larmes, mais elles crevaient en sanglots dans son cœur d'enfant.

Le père Bonvin était dur : honnête comme l'or, dur comme la pierre.

Je me le rappelle, quand il venait réchauffer au

soleil, sur la place de la Mairie, son corps épuisé ; je reconnaissais de loin son catarrhe.

Il racontait d'une voix cassée ses campagnes.

Il avait fait la guerre d'Espagne, assisté à l'exécution des généraux Mallet et Labedoyère, était devenu gendarme de la Seine, puis enfin garde champêtre à Vaugirard.

Son courage est resté célèbre.

Les carrières de Paris étaient alors infestées par des troupes de vagabonds qui devenaient au besoin assassins.

Le père Bonvin préserva Vaugirard de leurs méfaits. Il allait tout seul, quelquefois, en excursion : trouvait-il une botte de paille gisant en oreiller, il approchait la main, tâtait si elle était chaude, et, le soir, sûr de trouver son homme au nid, il revenait.

Il dut arrêter bien des pauvres honteux, mais plus d'une fois il rendit de sérieux services et joua audacieusement sa vie.

Il n'avait pas de la sensibilité à revendre, cet ancien gendarme, et lorsqu'il rentrait chez lui, tout se taisait ; on tremblait quand il criait.

Ils étaient quatre fils il y a huit jours.

Sur les quatre, François l'aîné, et Léon le suicidé, ont seuls eu la *maladie*, c'est-à-dire se sont sentis pris de la fièvre de l'art. Ni l'un ni l'autre, du reste, ne perdit dans la paresse les rudes vertus de son origine. François a porté des fardeaux pour vivre. Léon tenait un cabaret. C'est lui, plus jeune, qui s'est lassé le premier !

Il avait bâti la maison où il vivait, sous l'œil du père, ramassant le bois perdu, gâchant la boue.

Les entrepreneurs dont il faisait les comptes lui donnaient un moellon par-ci, du plâtre par-là.

Il avait planté ces bosquets et ces tonnelles.

L'autre jour, on lui notifia d'avoir à promener la hache dans la haie qui bordait la guinguette et gênait, dit-on, le chemin.

Il se vit ruiné, c'était tout l'attrait de la maisonnette! Il se dit enfin qu'il fallait mourir avant que mourussent ces pauvres buissons derrière lesquels il avait vécu et qui l'avaient fait vivre.

Il aimait les fleurs, les feuilles.

Quand il le pouvait, il partait avec sa boîte à couleurs sous le bras, et il allait peindre au fond d'un bois.

Peut-être aimait-il à venir s'asseoir à l'ombre de l'arbre auquel il s'est pendu.

Il a promené un dernier regard sur cette nature qu'il aimait tant, attaché la corde... puis la mort a fermé ses yeux pleins de larmes!

Sa femme m'a dit qu'après être une première fois parti, il revint, resta à la maison jusqu'à trois heures, au milieu de ses enfants qu'il adorait.

Il repartit; elle ne l'a pas revu!

# LE DUEL

On parle duel partout depuis quelque temps.

Je n'ai pas autorité pour prêcher la concorde à tout prix, ayant péché comme les autres en cette matière ; mais je n'en suis pas, pour cela, plus fier, et j'avoue bien haut que je ne vois dans le duel qu'une application particulière de la brutalité. J'ai pris longtemps ce courage physique pour une vertu morale, et il m'est arrivé d'en vouloir à certains littérateurs qu'on insultait à outrance et qui ne se décidaient pas à tenter l'aventure. Je trouve aujourd'hui qu'ils étaient vraiment des hommes, et je me souhaiterais ce dédain légitime des préjugés qui empêche qu'on aille offrir sa vie ou menacer celle d'un autre, pour la plus grande joie de la galerie.

Je comprends presque que, dans la vie privée, pour couper court à une situation gênante ou douloureuse, pour marcher libre dans sa maison ou dans la rue, on ait recours à ce moyen ! C'est, à vrai dire, le plus commode et le plus rapide ; pour peu qu'on ait eu Dumesnil pour professeur et qu'on ait du sang-froid. Il suffit d'un quart d'heure d'intrépidité. En France, on a volontiers ce quart d'heure, et c'est une joie que de crever une calomnie du bout de son épée ou de décharger sa colère avec son pistolet !

Cependant, ces acceptations ou ces refus de rencontres, cet échange de balles ou de coups d'épée ne prouvent pas infailliblement le courage ou la lâcheté d'un homme. Qu'il me soit permis à ce propos de rappeler un souvenir personnel, douloureux et saisissant !

A l'époque de folle jeunesse où, tout dépaysé dans la France muette, nous dépensions à tous les vents l'énergie amassée en vain, au lendemain presque d'une rencontre où j'avais eu la main fatale, je fus insulté d'une façon violente par un poëte ouvrier qui jouissait dans un cercle de jeunes gens, devenus depuis mes amis, d'une popularité dont je m'amusai tout haut, car elle me parut niaise et tyrannique. J'avais demandé une rencontre.

Demander une *rencontre*, cela sonnait alors à mon oreille comme un cri de héros, et, avec le coin d'un œil poché, je regardai, le soir, dans la glace, quelle attitude je prendrais à *l'heure suprême !*

Le poëte ouvrier refusa de se battre. Un de ses disciples faillit prendre sa place ; à la fin pourtant, la galerie, indignée qu'on m'eût de cette façon provoqué et qu'on ne voulût point me rendre raison, la galerie se tourna contre le provocateur qui hurlait mais fuyait, et les témoins signèrent un procès-verbal, où l'on signalait la conduite de l'insulteur. Au bas de ce procès-verbal était écrit le nom de Fernand Belligera, celui-là même qui a demandé au suicide, une nuit d'hiver, un remède infaillible contre la tristesse du cœur.

Il arriva que Fernand Belligera regretta d'avoir signé ce certificat de poltronnerie infligé au Gilbert son ami, et, de fait, il était à moitié endormi, paraît-il, quand on lui avait présenté le papier et la plume. Le procès-verbal avait été inséré dans la *Chronique de*

*Paris*, dirigée par M. René de Rovigo. Fernand Belligera écrivit à la *Chronique* une lettre où il déclarait se repentir d'avoir mis son nom au bas de la pièce imprimée. — Brave garçon ! il faisait acte de vrai courage ! Mais on n'accepta pas les choses ainsi autour de moi. J'avais pour témoin, dans cette affaire, un ami de province, nature follement violente, qui regarda comme une insulte personnelle ce retour plein de franchise, et se laissa aller à un geste brutal qui atteignit Fernand Belligera au visage. On ne se battit pas pourtant, ni avec mon ami, ni avec moi, et dans le camp des petits duellistes j'avais entendu bien souvent reprocher à Belligera de n'être point à cette occasion allé sur le terrain. Moi-même, je m'en étais tout bas étonné.

La stupeur fut grande, la douleur profonde, le regret amer, quand nous apprîmes que Fernand Belligera lui-même avait attaché la corde pour se pendre et qu'il avait de sa propre main rejeté sa vie dans l'espace. Tous les reproches de faiblesse tombaient. Il faut être brave pour se suicider, quoi qu'on dise, et on est, je crois, de la race des forts quand, au lieu d'éviter la mort, on l'appelle, et qu'on l'arrête pour qu'elle vous emporte avant qu'elle ait pu le vouloir ou l'espérer.

Ceux qui étaient à Paris il y a quinze ou seize ans se souviendront peut-être aussi d'une autre aventure dont le récit se trouve tout au long dans la *Gazette des Tribunaux* de cette époque. C'est l'histoire d'un jeune étudiant, qui, après une querelle au Prado, forcé de se battre au pistolet, plutôt que d'affronter la balle, s'asphyxia dans la nuit, en écrivant de sa main mourante une lettre dans laquelle il expliquait comment la pensée seule de voir en face de lui la gueule du canon lui faisait peur ! Ce trou noir qui le menaçait, la balle venant broyer les os dans la poitrine, il y avait là, disait-il, des sensations qu'il ne pourrait pas supporter, et comme il ne voulait pas vivre avec un grain de honte à la main ou au front, il se tuait.

Je laisse aux philosophes et aux spadassins le soin de méditer ces deux histoires. Croyez-vous qu'ils n'étaient pas braves, ces suicidés? Et sur un duel évité, jugerez-vous maintenant du courage d'un homme?

Mais s'il en est ainsi dans la vie privée, qu'est-ce donc dans la vie publique?

Le courage, le vrai courage consiste-t-il à aller, un matin ou un soir, laisser un peu de sa peau ou de son sang sur l'herbe verte?

Que je le dise franchement! Nous portons le poids de souvenirs bien lourds, et je sens peser sur nos épaules, comme un joug, le fardeau de l'héroïsme!

Toute une race d'hommes jeunes, vaillants, croit encore à la sainteté de la violence, et pourvu que la vie soit jouée carrément, au soleil des faubourgs ou de Vincennes, elle se figure que c'est une victoire, et que la défaite même est un triomphe. On croit aux dictatures, aux insurrections, au combat en masse, au duel singulier, et on pourrait dire que ce n'est pas la vérité, mais la mort qui est le génie de ce bataillon!

Si je combats la doctrine de la conviction armée, ce n'est point que l'odeur de la poudre me fasse mal! non! Elle m'a grisé comme les autres; je suis des montagnes, j'ai la curiosité du péril et je frémis quand les clairons sonnent! Mais je me suis dit un jour qu'il fallait mettre son intelligence au-dessus de son tempérament, et sacrifier à l'amour de la vérité sa fantaisie chevaleresque et militaire!

Quel but poursuivons-nous, nous tous que le pouvoir n'aime guère? Le triomphe de la vérité et de la justice! Pensez-vous donc, disciples héroïques d'héroïques plagiaires, pensez-vous que ce soit dans le sang encore que doive grandir l'idée nouvelle ?

Qu'il ait fallu des héros, la guerre, je veux le croire, j'y consens. — Je ne discute pas longtemps les morts. — Mais qu'à cette heure, il se trouve encore des gens sous le soleil pour adorer cette horrible idole, et que ces gens croient être et soient aux yeux de quelques-uns les représentants de l'esprit nouveau, c'est ce qui provoque en nous les plus désespérantes réflexions, et je demande quand finira cette confusion, quand la lumière se fera sur ce malentendu !

Oui, il y a une école de jeunes hommes, courageux, honnêtes, désintéressés, qui, après les écoles terribles que nous avons faites, prennent encore les moyens pour le but, l'héroïsme pour une opinion, et veulent imposer par la force la haine de la force. Ils acceptent, en attendant, les moyens que le hasard leur offre d'affirmer leur conviction, et soulignent leur mépris ou leur haine avec la pointe d'un fleuret.

C'est mal comprendre la liberté. Certes, il me semble qu'on va tout à l'encontre du but qu'il faut atteindre quand, au lieu de respecter l'opinion des autres, on la soupçonne ; quand, au lieu d'appeler sur le champ de la discussion les intelligences, on provoque des luttes dans lesquelles la pointe d'une épée peut percer la main ou la langue d'un ami de la liberté, dans lesquelles la balle aveugle d'un pistolet ira fracasser une tête où la pensée travaille, et, comme on mouche une chandelle au tir, éteindre une âme !

Mais la question est encore plus grave. On remplace les hommes. Pour un qui meurt, dix apparaissent. C'est le principe même qui est en péril ; c'est la tradition lourde de la force qui reste debout et que nous cimentons de notre sang !

Tant que nous autres, qui parlons d'indépendance, nous ferons intervenir, même avec tout l'éclat du courage, le spectre d'une autorité brutale comme celle de l'habileté sur le terrain ou de l'héroïsme dans la rue, tant que nous accepterons la juridiction de la poudre ou du fer, dussions-nous étonner le monde par l'impétuosité avec laquelle, isolés ou maladroits, nous fondrons sur une armée ou nous avancerons sur un tireur, nous ne serons jamais que des dévoués illogiques, des orgueilleux timides. — Fous que nous sommes! — Nous crions : Mort au préjugé! et c'est lui qui nous passe la main et nous crie : Tuez-vous!

Mais, qu'on le sache! l'idée de liberté ne se dégagera victorieuse et féconde que du respect mutuel des convictions diverses, et nos dissentiments ne devraient pas provoquer nos querelles, mais causer notre joie. Nous ne devrions pas nous battre, mais nous saluer; et quand le talent de l'adversaire ayant la vérité pour lui aurait marché sur le ventre d'une erreur ou d'une sottise, nous trouver heureux d'être vaincus! Qu'importent les épithètes qu'on se sera lancées dans la bagarre? Chacun aura fait de son mieux : s'il y a eu des calomniateurs ou des méchants, qu'ils restent avec leur méchanceté, leur calomnie!

Nous qui voulons, dans la mesure de nos forces, dégager un peu de cette inconnue qui s'appelle la Vérité, est-ce que nous devrions, jamais, nous préoccuper de ce qu'on dit derrière nous, en face de nous-mêmes, sur nos personnes! Fuyons les mauvais lieux, voilà tout. Ayons plus de courage, plus de talent en politique ou en littérature. Au lieu de nous fâcher, travaillons! arrachons au cœur ses secrets et à l'histoire ses leçons.

On n'a pas trop des jours que le hasard vous laisse pour mener à bonne fin sa tâche et faire profiter la cause que l'on défend de toute la science dont on est maitre, de toute l'énergie que l'on a. Abattre une vie ou repousser un régiment n'est pas écraser une tyrannie. Faire feu sur les hommes n'est pas éclairer les choses. Souvent on jette dans le brouillard un rayon de gloire, et la vérité n'est pas près de triompher, hélas! le jour où l'erreur prend le nom de martyre!

Repoussant donc tout ce qui est le courage du corps, le triomphe brutal du fait, je regarde cet appel aux armes comme un signe d'infériorité ou de faiblesse, comme l'aveu d'un tort ou la rancune d'une défaite. Je n'ose répondre, hélas! que, moi le premier, je ne succomberai pas sous l'influence de craintes égoïstes et poussé peut-être par un orgueil puéril! Mais nous ne serons dignes d'être vraiment libres que le jour où nous aurons bravement montré que nous acceptons tout entière et avec sa franchise la liberté.

Il faudrait — je le dirai toujours — que nous, les opposants, les vaincus, nous donnassions l'exemple du courage intelligent et vrai. La plume à la main ou la parole aux lèvres, quand nous parlons de cette généreuse liberté, nous affirmons qu'elle sait apaiser, non irriter, alimenter, non tuer, nous répondons d'elle. Puis, dès qu'elle nous gêne, nous la menaçons, gouvernants avec des décrets, journalistes avec des cartels. Je comprends qu'on n'aie pas confiance en nous dans la foule, et nous avons mauvaise grâce à reprocher à l'autorité ses susceptibilités, ses inquiétudes, nous qui sommes autant qu'elle inquiets et susceptibles!

Il serait temps que nous y vissions clair et que nous cessassions d'être des dupes en même temps que des martyrs, dans la vie publique ou la vie privée, partout où les hommes remplaceront l'idée par le fait, la discussion par le combat, et accepteront pour arbitre le dieu aveugle des batailles!

Tout ce que je viens de dire, hélas! tout ce que je dirai encore pourra persuader, convaincre, mais n'empêchera rien.

Il faudrait, pour que ces vieux préjugés tombassent, que tout le monde eût les moyens et la faculté de parler, qu'il fût toujours possible de répondre et de se défendre.

Dans le code de la vie politique, pour ne parler que de celle-là, la tradition militaire est tellement en vigueur encore qu'on en voudrait au journaliste militant de son silence; et il est si bien entendu, dans le monde des galants hommes, qu'une injure écrite est chose lourde et punissable, qu'on en arriverait malgré soi à se départir de sa résolution, si inutile et si violente qu'elle parût.

C'est dire qu'il n'y a à ce préjugé bête et fatal qu'un remède, la liberté.

Avec la liberté de parler, d'écrire, il ne serait plus nécessaire bientôt de recourir au hasard des armes pour se venger. Du jour où tout le monde aurait le droit d'imprimer sur un chiffon de papier vélin ou à chandelle ce qu'il lui plairait, où il pourrait l'afficher, le colporter, le vendre, le donner pour rien, le lire tout haut, ce jour-là l'insulte littéraire ou politique tomberait d'elle-même.

Je me figure la France dans la semaine qui suivrait la proclamation de la liberté absolue et illimitée de la presse; ce serait pendant ces huit jours un terrible tohu-bohu, sans doute, il s'en dirait des sottises, on en vomirait des injures! Mais l'injure alors ne serait plus la balle qui tire sa force de ce qu'elle est comprimée dans sa prison rayée. Cette prison une fois détruite, c'est-à-dire tout règlement ayant disparu, toute entrave manquant, la diffamation et la calomnie n'auraient plus de prise et plus de force. Allez! ce serait bientôt fini!

Les coups seraient émoussés par avance, on arriverait à s'en soucier comme de ça! Ces histoires d'injures dont le dénoûment est maintenant un procès ou un drame, une condamnation ou un duel, tomberaient du domaine de la tragédie dans celui de la farce, et l'on s'inquiéterait des bavardages malicieux ou méchants, tout juste comme on s'inquiète des plaisanteries grasses du *Tintamarre*.

Que dis-je? le moment viendrait bien vite où l'on s'apercevrait qu'à ce métier on perd son temps, et alors la manie d'attaquer par derrière les gens ferait place au désir plus noble d'attaquer les questions en face.

Le duel, la révolte, sont les protestations des captifs dans leur cage. Le gouvernement a des lois contre le duel et s'arme de mesures préventives terribles contre la révolte. Il n'y aura ni duel ni révolte s'il veut nous donner la liberté!

En tout cas ne faudrait-il en appeler à ce jugement des armes qu'au dernier moment, quand on serait bien sûr qu'il y a eu un insulteur et une insulte! C'est chose sacrée que la vie, parce que c'est chose pénible et dure, et que l'existence d'un homme protége souvent le repos d'une famille, l'avenir d'un enfant, l'honneur d'une femme!

De grâce, n'usons pas, en l'aiguisant à faux, cet instrument de réparation sanglante, et ne tirons les épées de leur fourreau qu'à l'heure où les explications ont prouvé la faute de l'un, le malheur de l'autre! — Tâchons de n'aller sur le terrain que quand l'honneur a reçu des blessures telles qu'elles ne peuvent être fermées que par la mort!

# LE CONDAMNÉ A MORT

Il est peut-être assis, l'œil ouvert, dans son cachot : il voit à travers la fenêtre les lumières qui tremblent et il entend le vent qui souffle dans la solitude de la nuit ; peut-être une bouffée d'air frais lui arrive-t-elle en plein visage par la porte que le greffier ouvre, et sous cette fraîcheur il sent en lui courir à pleins flots la vie.

Mais, remuant sa tête, il se dit qu'elle va tout à l'heure tomber, qu'il bouge pour la dernière fois les lèvres et qu'il n'entendra plus le son de sa voix...

On va le prendre, lui, si robuste, capable de faire encore pendant un demi-siècle reculer la mort, et on le poussera sous le couteau, les mains et les pieds liés !

Il aura peut-être du courage — les criminels en ont souvent, et ils montent sans trébucher les marches fatales — mais ce courage de la dernière heure résisterait-il à la pensée que, le bourreau ayant fait son devoir, tout ne sera pas dit, et que celui qui va mourir, quand on l'aura guillotiné, ne sera pas mort ?

Tant que le coup suprême n'est pas donné, le supplicié a pour soutenir son attitude la vigueur de son tempérament fatal, et il se roidit contre la peur de toutes les forces de son corps, de toute l'énergie de son âme.

Mais que vaut la pensée dans une tête détachée du tronc, et de quel œil regarder la mort, si l'on se dit qu'elle ne viendra, décisive et sûre, qu'après une minute de convulsions, qui sera une éternité de douleur !

Des hommes de science, des médecins illustres, ont étudié cette question. S'il faut en croire ce que quelques-uns disent, non, la guillotine, en tranchant la tête, ne tranche pas du coup la vie ; l'existence dure dans le chef ici, dans le tronc là, et le cerveau éprouve la sensation de la souffrance dans le domaine de la mort.

On cite des exemples affreux : la joue de Charlotte Corday rougissant sous l'injure infâme du bourreau ; je ne sais quel criminel, tué sur le billot, qui se redressa de toute sa hauteur deux fois.

— O homme ! si cela est vrai, si celui que ta volonté tue se débat et pense, coupé en deux, dans le panier rouge de sang, n'as-tu pas peur d'user d'un droit légitime, mais terrible !

Quoi ! cette tête vit encore, ce décapité souffre ! je n'ose y songer, et je ne comprends pas qu'on ouvre à l'horreur cette porte !

Un homme de grand savoir et de grand cœur, le docteur Ménessier, a fait sur ce sujet une étude que je viens de lire.

Il ne se sent pas, hélas, assez convaincu pour conclure ; mais il croit ou plutôt il espère que Guillotin avait raison : la souffrance ne doit pas survivre à la décapitation.

Pourtant des expériences faites sur des têtes d'animaux ont produit des résultats qui semblent donner tort aux espérances consolantes du docteur Ménessier.

— Dans un abattoir de Paris, un veau fut suspendu à l'aide d'une corde, on lui trancha la tête avec un couteau. Cette opération dura une demi-minute. La tête fut aussitôt portée sur une table et perdit encore deux onces et demie de sang dans l'espace de six minutes. Pendant la première minute, tous les muscles de la face étaient agités, ainsi que ceux du cou; des convulsions rapides et désordonnées, et pendant les deux minutes suivantes, les convulsions avaient pris un autre caractère : la langue était tirée hors de la bouche, qui s'ouvrait et se refermait alternativement; les naseaux s'entr'ouvraient comme si l'animal avait eu la respiration difficile. Les convulsions devenaient plus actives lorsqu'on piquait la langue avec une aiguille.

En approchant le doigt de l'œil dans la direction de la pupille, à distance d'un pouce, l'œil s'est précipitamment fermé et rouvert l'instant d'après, comme s'il avait voulu éviter le choc d'un corps; à plusieurs reprises le phénomène s'est répété, puis l'œil ne s'est plus fermé que lorsqu'on a touché les paupières, puis enfin lorsqu'on a irrité la membrane conjonctive. Un fait très-remarquable, c'est que l'œil se tenait d'autant plus fermé qu'on prolongeait le contact.

A la fin de la quatrième minute, ces phénomènes avaient complétement cessé. Alors la moelle allongée ayant été piquée avec un stylet, les convulsions se sont renouvelées dans toute la face, dans la langue et dans les yeux ; mais l'œil ne répondait plus aux excitations, et à la sixième minute tout était terminé. —

J'ai peur!

Il n'y a pas entre la bête et l'homme un abîme si grand, qu'on ne puisse craindre pour eux des sensations pareilles. Le corps est soumis à des lois fatales qu'il doit subir.

Dans l'horreur de l'hésitation où plonge cette incertitude, mieux vaudrait mille fois modérer le châtiment que suspendre sur une tête la menace d'une telle agonie !

— Il y a deux ans, un condamné à mort s'évada de sa cellule. C'était un paysan de l'Orne qui avait tué, et dont on voulait avoir le sang parce qu'il avait versé celui d'un autre.

Il put échapper aux recherches ; on ne l'a point encore repris. Il est caché on ne sait où, dans les forêts de son pays, peut-être ; peut-être aussi dans le fond d'un couvent austère ; il pioche la terre, il creuse sa fosse ! Où qu'il soit, n'est-il point heureux qu'il ait fui ?

Qui donc est mort parce qu'on ne l'a pas tué ? Oserais-tu, toi qui saurais sa retraite, le livrer au bourreau ?

Le jour se lève, j'ouvre ma fenêtre au vent du matin : l'air est doux, le ciel est triste. Est-ce que là-bas, par ce temps calme, sur l'horizon gris, la machine rouge est dressée ? Peut-être !

En ce moment, le couteau tombe, la tête roule ; un regard s'échappe des yeux du guillotiné !

FIN

# TABLE DES MATIÈRES

|  | Pages. |
|---|---|
| LA RUE | 1 |
| La Rue | 3 |
| La Rue maudite | 9 |
| Le Convoi du pauvre | 13 |
| Autour du Panthéon | 21 |
| L'Homme orange | 25 |
| De la Croix-Rouge à Vaugirard | 29 |
| Les Faillis | 34 |
| La Rue de province | 39 |
| Violettes | 46 |
| SOUVENIRS | 49 |
| Mai | 51 |
| Le Dernier Soir | 56 |
| La Lessive | 65 |
| Pâques | 67 |
| Prends ton sac | 72 |
| Le Jour de l'an | 77 |
| Un Grand Voyage | 86 |
| LES SALTIMBANQUES | 91 |
| La Parade | 93 |
| Laroche | 98 |
| Une Poignée de monstres | 104 |
| L'Homme aux rats | 104 |
| L'Homme au pavé | 105 |
| La belle Césarine ou la Vénus au râble | 108 |
| Le Grimacier | 113 |
| L'Entre-sort | 119 |
| Lilliput | 119 |
| Géants | 121 |
| Colosses | 124 |
| La Femme à barbe | 126 |

| | |
|---|---|
| Les Chanteurs ambulants. | 130 |
| Boxeurs, Lutteurs. | 136 |
| La Boxe anglaise. | 147 |
| Tom Sayers. | 156 |
| Pitres, puces, éléphants, tirangeurs de brèmes. | 160 |
| Les Dompteurs. | 168 |
| LONDRES. | 177 |
| *A un Rédacteur en chef.* | 179 |
| Demain seulement. | 188 |
| All Right. | 194 |
| LA SERVITUDE. | 209 |
| Les Galériens. | 211 |
| Encore le boulet. | 221 |
| Proudhon. | 229 |
| Courbet. | 248 |
| L'Académie. | 253 |
| Deux Ames. | 259 |
| Testament de M. Prudhomme. | 264 |
| Premier début. | 271 |
| La Messe de Liszt. | 276 |
| *Jeunes Élèves.* | 281 |
| LA MORT. | 291 |
| Les Fils du régiment. | 293 |
| Bonvin. | 301 |
| Le Duel. | 306 |
| Le Condamné à Mort. | 315 |

PARIS. — IMP POUPART-DAVYL ET COMP., RUE DU BAC, 30

www.ingramcontent.com/pod-product-compliance
Lightning Source LLC
Chambersburg PA
CBHW071239160426
43196CB00009B/1118